마애불을 찾아가는 여행

마음에 위로가 필요할 때

마애불을 찾아가는 여행

천년 세월 비바람을 맞으며 누군가의 마음공양을 기다리고 있을 부처님을 찾아가는 여행 │ 유동후 지음

TP
AZ
토파즈

일상의 무력감에 지쳐 마음과 몸이 무겁던 어느 날 사진기 하나 챙겨 들고 길을 떠났습니다. 산으로 들로 쏘다니며 사진을 찍고 바라보는 것만으로도 눈물겨운 해넘이도 보았습니다. 그러다가 남녘 땅 어느 산그늘에 숨어 있던 마애불 한 기를 만나면서 우리나라 구석구석에 흩어져 있는 돌부처들을 찾아다니기 시작했습니다. 독실한 불자도 못 되고, 마애불이 뭔지도 몰랐습니다. 수인이 어떻고 석가와 아미타불이 어떻게 다른지도 모르던 초짜 무지렁이가 말입니다.

마애불이란 '암벽에 새긴 불상'으로, 깎아지른 절벽 등에 부조(浮彫)나 선각(線刻)으로 조성한 불상이라고 합니다. 기원전 2~3세기에 조성된 인도의 아잔타, 엘로라 석굴사원 등이 시초로 알려졌으며 4세기 중엽 중국 둔황의 톈포동〔千佛洞〕을 비롯하여 톈티 산〔天梯山〕·마이지 산〔麥積山〕·윈강〔雲崗〕·룽먼〔龍門〕 등의 마애석불이 세계적이라고 합니다. 이런 불상의 조성 양식이 우리나라에 처음 전해진 것은 7세기 전후 충청도 지역이고, 그 대표적인 작품이 바로 '백제의 미소'로 알려진 서산마애삼존불입니다. 아침 해가 뜰 무렵 마애불 앞에 서면 그 섬세하고 아름다운 불상의 미소에 감탄하면서 절로 숙연해지고 말지요. 어느 불상 앞에서는 부처님의 긴 그림자가 어둠에 묻힐 때까지 꼼짝없이 묵상에 잠긴 수행자도 보았습니다. 그 자체가 감동이었습니다.

이 책은 지난 5년간 제가 만난 여러 돌부처 가운데서 마애불만 선별하여 안내서처럼 엮은 것입니다. 오래된 석불 가운데 조성 당시 그대로 자연의 품안에 있어서 자연스럽고 아름다우며, 압도적인 규모를 자랑하는 것이 마애불입니다. 마애불은 그 자체로 박진감 넘치는 예술품으로, 마주하는 순간 절집 부처님과는 차원이 다른 영감과 감명을 안겨줍니다.

많은 이들은 자신이 다니는 절간의 부처님은 잘 압니다. 하지만 법당 밖 부처님에 대해서는 잘 모르는 것 같습니다. 그러다가 중국이나 태국이라도 여행하게 되면 거기서 만나는 불상의 규모에 압도당하곤 합니다. 정작 더 훌륭한 부처님들이 우리 땅 곳곳에 숨어 있다는 사실은 모른 채 말입니다.

아웃도어의 일상화 시대, 물질 만능에서 벗어나 나를 회복하고 건강을 위해 걷기와 등산 등 야외활동이 많아지는 이즈음 감히 '마애불을 찾아가는 떠나는 여행'을 제안해봅니다. 절 밖의 돌부처들, 우리의 무관심 속에 천년 세월 비바람을 맞아온 불상들, 가까운 들녘과 깊은 산 속에 숨어서 누군가의 마음공양을 기다리고 있을 부처님을 찾아가면 어떨까요? 불교 수행자는 물론 간절한 염원이 있는 기도객, 문화제에 관심 있는 여행자를 가리지 않고 부처님은 모든 분을 언제나 염화미소로 맞아줄 것입니다. 어느 숲에서 마애불을 만나면 경외감에 엎드려 절을 올려도 좋고, 무심한 세월에 상처 입은 돌을 가만히 어루만져봐도 좋겠지요. 그래서 천년 전 바로 그 자리에서 동아줄 하나에 목숨 매달고 그 숱한 시간 단단한 화강암을 쪼아댔을 석공의 땀방울과 숨소리라도 느껴보면 어떨까요? 하염없이 긴 세월, 묵묵히 찾아오는 이들을 기다려왔을 부처님의 마음이 전해질지도 모를 일입니다.

부디 이 책과 인연이 된 모든 이들에게 부처님의 가피가 함께하길 기원합니다.

• 이 책은 북한 지역을 제외한 우리나라 전역에 분포된 대표 마애불을 두루 다뤘고 가능한 한 많은 마애불을 소개하려 했으나, 답사 결과 마멸이 너무 심하여 작품성이 떨어지는 불상은 제외했습니다. 선별하면서 미숙한 점이나 누락된 부분이 있다면 전적으로 필자의 책임입니다.
• 불상에 대한 기본 정보와 전문 지식은 문화재청 자료와 '한국민족문화대백과' 등 여러 자료를 참조했습니다.

차례

004 • 서문

⊙ 마애불을 찾아가는 여행 | 1 | 서울 · 인천 · 경기

014 • 북한산의 대형 마애불 | 구기동 마애여래좌상 |
016 • 삼천승려의 영광을 간직한 곳 | 삼천사지 마애여래입상 |
018 • 도심 속 백성들의 희망 | 안양암 마애관음보살좌상 |
020 • 명성황후의 염원이 서린 곳 | 학도암 마애관음보살좌상 |
022 • 끊이지 않는 참배객 | 도선사 마애불입상 |
024 • 백불로 변하다 | 보타사 마애좌상 |
026 • 염원을 비는 보도각 백불 | 옥천암 마애좌상 |
028 • 관악산의 미륵불 | 봉천동 마애미륵불좌상 |
030 • 중생을 구원하는 약사불 | 하남 교산동 마애약사여래좌상 |
032 • 미사대로의 숨은 미소 | 배알미동 마애불 |
034 • 장군바위 부처님 | 시흥 소래산 마애상 |
036 • 우리나라 유일의 마애종 | 석수동 마애종 |
038 • 자손의 번영을 기원하는 치성광여래불 | 삼막사 마애삼존불 |
040 • 네모난 석실의 부처 | 망경암 마애여래좌상 |
042 • 파사성의 수호불 | 양평 상자포리 마애여래입상 |
044 • 부처울의 수호신 | 여주 계신리 마애여래입상 |
046 • 부처 떠난 절터를 지키는 두 보살 | 문수산 마애보살상 |
048 • 암자를 지키는 고승바위 | 영월암 마애여래입상 |
050 • 판석에 새긴 희망 | 동산리 마애여래상 |
052 • 부처박골의 불국토 | 소고리 마애여래좌상 · 마애삼존석불 |
054 • 보관이 화려한 미륵보살 | 태평흥국명 마애보살좌상 |
056 • 우리나라 최고의 쌍미륵 | 파주 용미리 석불입상 |
058 • 우리나라 3대 관음 도량 | 보문사 마애석불좌상 |

060 • 굴암사의 두 마애불 | 굴암사 마애여래좌상과 마애선각좌불상 |

063 • 석남계곡의 돌부처 | 석남사 마애여래입상 |

◉ 마애불을 찾아가는 여행 | 2 | 대전 · 충남

068 • 태학산의 미륵불 | 천안 삼태리 마애여래입상 |

070 • 학의 부리로 완성하려던 꿈 | 천안 성불사 마애석가삼존 십육나한상 및 불입상 |

072 • 날이 저물어 또다시 백학은 날아가고 | 만일사 마애불 |

074 • 천년 시공을 뛰어넘는 백제 최고의 미소 | 서산 마애삼존불상 |

077 • 1보살 2여래의 파격적인 구도 | 태안 마애삼존불입상 |

079 • 계룡산 마애불 | 논산 상도리 마애불 |

081 • 낙조봉 아래 조릿대 숲의 돌부처 | 논산 수락리 마애불 |

083 • 소박한 이웃을 닮은 얼굴 | 논산 신풍리 마애불 |

086 • 천년고찰을 향한 그리움 | 연산 송정리 마애삼존불 |

088 • 우리나라 최초의 석조사방불 | 예산 화전리 사면석불 |

090 • 신도시의 부흥을 기원하는 불상 | 홍성 신경리 마애여래입상 |

093 • 명문화된 최고(最古)의 마애불 | 용봉사 마애불 |

095 • 아들을 점지해주는 | 홍성 구절암 마애불 |

096 • 민초들의 염원을 들어주던 | 부여 홍산 상천리 마애불입상 |

098 • 용화 세상을 꿈꾸던 중생들의 희망 | 대천 왕대사 마애불 |

100 • 대전의 유일한 마애불 | 보문산 마애여래좌상 |

◉ 마애불을 찾아가는 여행 | 3 | 세종 · 충북

104 • 미혹을 떨치고 만나고 싶은 | 청주 정하동 마애비로자나불좌상 |

106 • 깨어져 날지 못하는 꿈 | 송용리 마애불 |

108 • 폐사지의 석탑과 불상들 | 남하리 사지마애불상군 |

110 • 부처당 고개의 수호신 | 진천 태화 4년명 마애불입상 |

112 • 누군가의 치성을 들어주던 어여쁜 임 | 진천 노원리 석조마애여래입상 |

114 • 김유신의 수련장, 장수굴 | 진천 사곡리 마애여래입상 |

116 • 극락전에서 예불 받는 | 진천 산수리 마애여래좌상 |

118 • 지장보살 그림자에 숨어 있는 마애불 | 음성 미타사 마애여래입상 |

120 • 접경지대의 증언자 | 봉황리 마애불상군 |

122 • 뱃사람들의 수호불 | 중원 창동 마애불 |

124 • 덕주공주의 그리움이 머물던 그곳 | 제천 덕주사 마애여래입상 |

128 • 살아 숨 쉬듯 생동감 넘치는 얼굴 | 법주사 마애여래의상 |

132 • 화양구곡을 품은 미륵불 | 괴산 도명산 마애불 |

135 • 배극렴을 세 번 찾아온 이성계 | 괴산 삼방리 마애여래좌상 |

137 • 희귀한 이불병좌상 | 괴산 원풍리 마애불좌상 |

139 • 운해와 일출이 장관인 | 용암사 마애불 |

⊙ **마애불을 찾아가는 여행 | 4 | 전북**

144 • 천지개벽의 비기를 품은 | 선운사 도솔암 마애불 |

148 • 처녀의 슬픈 넋이 피로 흐르는 | 운선암 마애여래상 |

150 • 석판에 그림을 그린 듯한 | 암치리 선각석불좌상 |

152 • 대부산의 대형 불상 | 완주 수만리 마애석불 |

154 • 쌀바위와 피바위의 전설 | 도통암 마애석불좌상 |

157 • 무속인들의 순례지 | 문수사 마애여래좌상 |

159 • 궁선대사의 옛 절터를 지키는 | 석산리 마애여래좌상 |

161 • 옛 절터의 영광을 그리는 | 개령암지 마애불상군 |

163 • 이성계를 승리로 이끈 여신 | 여원치 마애불상 |

165 • 부처 모퉁이의 약사여래불 | 남원 호기리 마애여래좌상 |

167 • 풍악산의 염화미소 | 남원 신계리 마애여래좌상 |

169 • 호성암지의 미륵불 | 노적봉 마애여래좌상 |

171 • 호환을 막아주던 | 견두산 마애여래입상 |

173 • 누군가를 향한 하염없는 기다림 | 서곡리 마애여래좌상 |

⊙ **마애불을 찾아가는 여행 | 5 | 광주 · 전남**

176 • 가학정 길목의 찡그린 부처 | 용진산 마애여래좌상 |

178 • 원효의 약사여래불 | 운천사 마애여래좌상 |

180 • 원추형 마애불과 석불입상 | 나주 철천리 마애칠불상 |

182 • 천불천탑과 천지개벽의 비밀 | 화순 운주사 마애여래좌상 |

185 • 부처골을 지키는 단아한 부처님 | 담양 영천리 마애여래상 |

187 • 원효가 손톱으로 새긴 | 구례 사성암 마애여래입상 |

190 • 해방구를 증언하는 | 유신리 마애여래좌상 |

192 • 꽃향기에 취해 잊을세라 | 선암사 마애여래입상 |

194 • 월출산의 정기가 느껴지는 | 월출산 마애여래입상 |

197 • 스승의 덕을 기리는 | 구룡리 마애여래좌상 |

198 • 형형한 눈빛에 부드러운 미소 | 북미륵암마애여래좌상 |

201 • 진도평야의 풍요를 기원하는 | 금골산 마애여래좌상 |

204 • 진도 앞바다의 안녕을 기원하는 | 향동리 마애여래입상 |

◉ 마애불을 찾아가는 여행 | 6 | 대구 · 경북

208 • 정병을 든 관음보살 | 삼릉계곡 마애관음보살상 |

210 • 최고의 선각마애불 | 삼릉계곡 선각육존불 |

212 • 부처님의 권위와 위엄 | 삼릉계곡 선각여래좌상 |

214 • 먼 하늘을 응시한 위엄 있는 얼굴 | 삼릉계곡 마애석가여래좌상 |

216 • 사실적인 묘사가 아름다운 | 용장사지 마애여래좌상 |

219 • 머리를 잃은 부처 | 약수계곡 마애입불상 |

221 • 신라 유일의 삼세불 | 경주 배리 윤을곡 마애불좌상 |

224 • 내남 들녘을 지키는 미완의 부처 | 백운대 마애불입상 |

226 • 어머니처럼 푸근한 미소 | 경주 남산 불곡 마애여래좌상 |

228 • 불국토의 만다라 | 경주 남산 탑곡 마애조상군 |

231 • 명상에 잠긴 부처의 미소 | 보리사 마애석불 |

233 • 통일신라시대 최고의 걸작 | 경주 남산 칠불암 마애불상군 |

236 • 하늘에서 하강한 듯 신비로운 | 경주 남산 신선암 마애보살반가상 |

238 • 문무대왕의 화장터를 지키는 | 낭산 마애삼존불 |

240 • 소금강에 화현한 부처님 | 굴불사지 석불상 |

243 • 소금강의 아미타삼존불 | 경주 동천동 마애삼존불좌상 |

245 • 힘찬 통일신라시대의 걸작 | 경주 서악리 마애석불상 |

248 • 서방정토로 안내하는 아미타불 | 경주 두대리 마애석불입상 |

250 • 화랑의 꿈을 보듬던 미륵불 | 단석산 신선사 마애불상군 |

253 • 한국의 둔황석굴 | 경주 골굴암 마애여래좌상 |

256 • 구름 위에 떠 있는 | 동화사 입구 마애불좌상 |

258 • 팔공산 동봉 아래 염불 소리 | 동화사 염불암 마애여래좌상 및 보살좌상 |

260 • 중생의 눈물을 어루만지는 | 팔공산 동봉 석조약사여래입상 |

262 • 불꽃무늬에 휩싸여 있는 | 팔공산 마애약사여래좌상 |

264 • 기울어진 바위에 기울어진 불상 | 신무동 삼성암지 마애약사여래입상 |

266 • 부인사 계곡의 또 다른 부처 | 신무동 마애불좌상 |

268 • 암벽 속에서 얼굴을 들이내미는 | 읍내동 마애불 |

270 • 원효를 그리는 마음 | 경산 원원암 마애여래좌상 |

272 • 장수의 목숨을 구해준 처녀 | 구미 황상동 마애여래입상 |

274 • 지게꾼 대신 자동차를 굽어보는 | 군위 불로리 마애보살입상 |

276 • 절터로 가는 길목의 | 금릉 은기리 마애반가보살상 |

278 • 위풍당당한 국보 | 봉화 북지리 마애여래좌상 |

280 • 천년 세월 기다려 마음을 공양 받는 | 봉화 동면리 마애비로자나불입상 |

282 • 장중하고 활력이 넘치는 | 영주 가흥동 마애삼존불상 |

284 • 언덕 위 보호각 아래 | 영풍 월호리 마애석불좌상 |

286 • 마애삼존불과 석조여래불의 조화 | 흑석사 마애삼존불상 |

288 • 풍요로운 들녘을 염원하는 | 영주 신암리 마애삼존석불 |

290 • 여섯 장군의 화신 | 청도 장육산 마애여래좌상 |

292 • 삼존불 옆 또 하나의 여래불 | 칠곡 노석동 마애불상군 |

294 • 사면 석불의 전설 | 대승사 마애여래좌상 |

297 • 1년에 딱 하루만 볼 수 있는 | 봉암사 마애보살좌상 |

299 • 금오산의 보물 | 금오산 마애보살입상 |

⊙ 마애불을 찾아가는 여행 | 7 | 울산 · 경남

304 • 석굴사원의 부조상 | 가섭암지 마애삼존불상 |

306 • 해인사를 끌고 가는 선장불 | 합천 치인리 마애불입상 |

310 • 밤나무 숲의 아미타여래불 | 함양 대덕리 마애여래입상 |

312 • 강건하면서도 온화한 얼굴 | 함양 마천면 마애여래입상 |

314 • 양천 강변의 부처덤 | 도전리 마애불상군 |

316 • 십리벚꽃길 너머 돌부처 | 쌍계사 마애불 |

318 • 시루떡 바위 불상 | 이명산 마애석조여래좌상 |

320 • 남해 전망대 아래 | 하동 금오산 마애불 |

322 • 방어산의 보물 | 방어산 마애불 |

324 • 베틀바위의 슬픈 전설 | 감리 마애여래상 |

327 • 가야고분군 옆 여래불 | 창녕 송현동 마애여래좌상 |

330 • 장군바위의 전설 | 삼정자동 마애불 |

333 • 대통령으로 환생했던 부처 | 진영 봉화산 마애불 |

336 • 거등왕의 초상화 | 초선대 마애석불 |

338 • 물망골의 아미타불 | 구산동 마애불 |

340 • 원효의 수도처 반고굴 | 양산 호계리 마애불 |

342 • 금개구리를 보았는가? | 양산 통도사 자장암 마애아미타삼존불 |

346 • 경남의 최대 마애불 | 가산리 마애여래입상 |

350 • 한 폭의 불화처럼 섬세한 | 양산 원효암 마애아미타삼존불입상 |

352 • 방바위의 약사여래불 | 어물동 마애여래좌상 |

◉ 마애불을 찾아가는 여행 | 8 | 강원

356 • 금학산의 명물 | 동송읍 마애불상 |

358 • 둥근 바위에 둥글게 새긴 불상 | 영월 무릉리 마애여래좌상 |

360 • 점점 잊혀가는 | 원주 수암리 마애삼존불상 |

362 • 부처님은 어디에? | 원주 평장리 마애공양보살상 |

364 • 사바세계를 굽어보는 치악산의 부처님 | 원주 흥양리 마애불좌상 |

366 • 절벽에 매달려 부처님을 새긴 간절한 마음 | 주포리 미륵불 |

370 • **이해를 돕기 위한 용어 해설**

북한산의 대형 마애불 | 구기동 마애여래좌상

삼천승려의 영광을 간직한 곳 | 삼천사지 마애여래입상

도심 속 백성들의 희망 | 안양암 마애관음보살좌상

명성황후의 염원이 서린 곳 | 학도암 마애관음보살좌상

끊이지 않는 참배객 | 도선사 마애불입상

백불로 변하다 | 보타사 마애좌상

염원을 비는 보도각 백불 | 옥천암 마애좌상

관악산의 미륵불 | 봉천동 마애미륵불좌상

중생을 구원하는 약사불 | 하남 교산동 마애약사여래좌상

미사대로의 숨은 미소 | 배알미동 마애불

장군바위 부처님 | 시흥 소래산 마애상

우리나라 유일의 마애종 | 석수동 마애종

자손의 번영을 기원하는 치성광여래불 | 삼막사 마애삼존불

네모난 석실의 부처 | 망경암 마애여래좌상

파사성의 수호불 | 양평 상자포리 마애여래입상

부처울의 수호신 | 여주 계신리 마애여래입상

부처 떠난 절터를 지키는 두 보살 | 문수산 마애보살상

암자를 지키는 고승바위 | 영월암 마애여래입상

판석에 새긴 희망 | 동산리 마애여래상

부처박골의 불국토 | 소고리 마애여래좌상 · 마애삼존석불

보관이 화려한 미륵보살 | 태평흥국명 마애보살좌상

우리나라 최고의 쌍미륵 | 파주 용미리 석불입상

우리나라 3대 관음 도량 | 보문사 마애석불좌상

굴암사의 두 마애불 | 굴암사 마애여래좌상과 마애선각좌불상

석남계곡의 돌부처 | 석남사 마애여래입상

마애불을 찾아가는 여행 ❶
서울 · 인천 · 경기

북한산의 대형 마애불

구기동 마애여래좌상

구분 : 보물 제215호 | **시대** : 고려시대 | **규모** : 높이 5m

구기동 마애여래좌상(舊基洞 磨崖如來坐像)은 진흥왕 순수비(眞興王 巡狩碑)가 우뚝 서 있는 북한산(北漢山) 비봉 아래, 승가사(僧伽寺) 뒤쪽 화강암 벽에 남향으로 조성되어 있다. 거대한 바위 면에 감실을 파고 돋을새김으로 대형 불상을 새겼다. 머리 위에 팔각의 머릿돌을 끼워 올려 불상의 얼굴을 보호하고 있어 보존 상태가 좋은 편이다.

소발의 머리 위에 큼직한 육계가 있고, 얼굴은 사각에 가까울 정도로 풍만하고 박력이 넘쳐 보인다. 얼굴 가득 엷은 미소를 짓고 있으며 큼직한 코와 장대한 귀가 위엄을 더해준다. 수인은 항마촉지인을 짓고 있으며 불신은 건장하고 당당하며 각지고 평면적이다. 잘록한 허리와 절도 있는 팔, 장대하고 큼직한 하체도 매력적이다.

우견편단의 법의는 얇아 보이고, 왼팔에 묘사된 옷 주름은 세로로 평행한 무늬라서 기하학적인 추상성도 엿보인다. 앙련과 복련이 겹친 연꽃무늬 대좌도 아름답다.

전체적으로 균형미가 뛰어나고 조각 기법이 우수하며 옷 주름도 매우 율동적이다. 강인한 인상을 풍기는 얼굴, 평면적인 신체 등 전통적인 양식에 약간의 추상성을 가미한 고려 초기의 대표적 작

품으로 평가된다.

승가사는 대한불교 조계종 본사인 조계사의 말사이다. 756년(경덕왕 15)에 수태(秀台)가 창건하여 당시 당나라에서 생불(生佛)로 불리던 승가(僧伽)를 사모한다는 뜻으로 승가사라 이름 붙였다. 이후 여러 차례 중수와 중창을 거듭하다가 1957년 이후에 대웅전과 영산전, 약사전 등을 갖췄고 산신각, 향로각, 동정각, 범종각, 대방, 요사채 등이 좁고 가파른 지형에 따라 적절히 배열되었다. 여러 왕이 행차해 기도했다는 기록이 남아 있고, 고승 함허(涵虛)의 수도처였으며, 조선 후기에는 성월(城月)이 팔도도승통(八道都僧統)이 되어 불교 진흥에 매진했던 중요 사찰이다.

예로부터 승가사는 영험한 기도처로도 유명하다. 절 뒤편 108계단 끝에 우뚝한 마애불과 약사전에 모신 약사여래불의 영험함, 약수의 효험 등이 참배객들을 불러 모으고 있다.

⊙ 찾아가기
• 주소 : 서울특별시 종로구 구기동 산 2-1
• 내비게이션 : 승가사 입구

내부순환도로 홍제IC → 홍은 사거리 → 구기터널 삼거리 → 승가사 입구
구기터널 삼거리에서 승가사 입구로 접근하면 주택가 뒤쪽에 승가사로 향하는 가파른 차도가 나온다. 비봉 4길을 따라 2km, 걸어서 한 시간 남짓 걸린다. 내비게이션에 승가사를 입력하고 접근하면 엉뚱한 위치로 안내하므로 주의해야 한다.

삼천승려의 영광을 간직한 곳

삼천사지 마애여래입상

구분 : 보물 제657호 | **시대** : 고려시대 | **규모** : 높이 2.6m

삼천사지 마애여래입상(三川寺址 磨崖如來立像)은 북한산 삼천사 계곡의 병풍바위에 얕은 홈을 파고 조성한 여래불이다.

삼천사는 661년(신라 문무왕 1) 원효(元曉)가 창건했다. 『동국여지승람』과 『북한지』에 의하면 승려 3,000명이 수도할 정도로 규모가 대단했던 사찰로, 삼천사라는 이름도 승려의 숫자에서 유래한 것이다. 임진왜란 당시 승병들의 집결지이기도 했는데, 현재의 사찰은 1970년대 이후 중흥 불사

를 일으켜 대웅보전, 산령각, 천태각, 요사채 등의 건물과 석탑을 조성한 것이다.

마애불은 섬세하게 선각한 여래입상으로, 얼굴과 상체는 얕게 부조하고 하반신과 광배 및 대좌는 융기선으로 표현하여 입체감이 약하고 신체 조형미도 다소 떨어져 보인다. 소발의 머리 위에는 육계가 큼직하고 살짝 치뜬 눈은 눈초리가 길어 귀 근처까지 닿는다. 두툼한 코와 이어진 두 눈썹 사이에는 백호공이 뚫려 있다. 양 귀는 크고 길며 입은 꼭 다물어 입 언저리가 오목하고, 전체적으로 온화하고 중후한 인상을 풍긴다. 삼도는 굵고 긴 목에 두 줄, 가슴 부분에 한 줄의 선을 둘렀다. 법의는 통견의, 굽힌 왼팔에는 겨드랑이 사이로 물결 모양의 옷 주름이 촘

촘하다. 조화로운 상체에 비해 하체는 조금 불안정해 보인다. U자형으로 트인 가슴 사이로 비스듬한 내의와 리본형으로 묶은 군의의 띠 매듭이 보이고 두 가닥의 긴 끈이 무릎 위로 늘어져 있다. 오른손은 손가락을 펴서 옷자락을 잡았고 왼손은 배 앞에서 손바닥을 구부렸는데, 잡고 있는 물건은 표현하지 않았다. 두 줄의 융기선으로 머리 광배와 몸 광배를 구분했는데, 몸 광배는 신체의 윤곽을 따라 단선으로 깊게 팠다. 발 밑 대좌는 중엽의 단판앙련좌이고 각 꽃잎 사이에는 간엽이 표현되었다. 불상의 좌우 바위 면에 네모진 가구공이 뚫려 있어 목조 가구가 있었던 듯싶다. 머리 위에는 별도의 큰 바위가 보개처럼 얹혀 있다.

원만한 얼굴에 신체가 균형을 이루고 있어 고려 초기의 마애불로 여겨진다.

⊙ **찾아가기**
- 주소 : 서울특별시 은평구 진관외동 산 127-1
- 내비게이션 : 삼천사지 마애여래입상 / 삼천사
  1번 국도 구파발역이나 연신내역에서 은평뉴타운 뒤쪽으로 접근하여 '삼천사 입구' 이정표를 찾아 접근한다.

도심 속 백성들의 희망

안양암 마애관음보살좌상

___

구분 : 서울특별시 유형문화재 제122호 | **시대** : 조선시대 | **규모** : 높이 3.5m

___

안양암 마애관음보살좌상(安養庵 磨崖觀音菩薩坐像)은 서울 종로구 창신동 안양암에 조성된 보살상이다. 1909년 화강암 동쪽 면을 파서 조성한 작품으로, '안양암 석감 마애관음보살상'으로도 불린다.

천연 암벽에 반원형 석감을 만들고 그 안에 얕게 조각한 보살상은 전체 높이 3.5m, 감실 너비 0.3m, 무릎 너비 2m 크기다. 전면과 좌우에 연꽃을 새긴 팔각형의 돌기둥이 세워져 있고, 기둥을 잇는 돌에 '觀音殿(관음전)'이라고 새겨져 있다.

머리에 쓴 원통형 보관에 화불을 묘사했고 관대(冠帶) 양쪽에는 수술 장식을 달았다. 넓적한 얼굴에 눈은 반쯤 뜨고 있으며 코는 뭉툭하다. 백호와 눈, 입은 채색되어 있다. 통견의 법의에 어깨는 각진 모양이다. 오른손은 손바닥을 펴서 배에 댔고 왼손은 엄지와 검지를 가슴 앞에서 맞댔다.

광배는 두광과 신광을 네 줄의 선으로 묘사했고 두광 바깥에는 산스크리트어로 '옴'자를 양각했으며, 전각의 왼쪽에 마애불과 관련된 명문이 보인다.

자세가 안정적이며 넓고 각진 어깨가 중량감을 느껴지게 해 전체적으로 묵직하고 풍만하다.

⊙ 찾아가기

• 주소 : 서울특별시 종로구 창신동 130-2

• 내비게이션 : 안양암 마애관음보살좌상 / 안양암

  지하철 1 · 4호선 동대문역 3번 출구, 창신시장을 지나 창신 5길을 따라가면 안양암이 나온다. 지하철역에서 400m 거리다.

명성황후의 염원이 서린 곳

학도암 마애관음보살좌상

구분 : 서울특별시 유형문화재 제124호 | **시대** : 조선시대 | **규모** : 높이 13.4m

불암산(佛巖山) 중턱, 학도암이라는 암자 뒤쪽 절벽에 학도암 마애관음보살좌상(鶴到庵 磨崖觀音菩薩坐像)이 조성되어 있다. 돋을새김으로 선각한 관세음보살상으로 높이 13.4m, 너비 7m의 대형 불상이다. 당당한 체구에 얼굴이 원만하고 또렷하며 머리에는 아미타불의 화불을 모신 화려한 보관을 쓰고 있다. 각 부분의 높낮이와 크기·굵기의 비례가 자연스러워 균형미가 돋보이는 것이 특징이다. 보관 테두리 양쪽에는 한 줄씩 구슬을 단 마름모꼴의 사슬 장식이 어깨까지 드리워져 있어서 화려함과 위엄이 느껴진다.

가늘고 긴 눈에 코가 두툼하고 입술은 얇은 편이다. 목에는 삼도가 표현되었고 법의는 통견의로 가슴 부분에 매듭이 지어진 내의가 보인다. 수인은 하품중생인을 짓고 있으며 왼쪽 손목에 '卍(만)'자 무늬가 장식된 두꺼운 팔찌가 보인다. 앙련과 복련이 겹친 연꽃무늬 대좌에 광배는 신광과 두광이 흐릿하게 표현되었다.

마애불 가슴 중앙에 작은 사각 홈이 보이는데, 복장 감실의 흔적이다. 불상을 조성할 때 불상 내부에 부처를 상징하는 사리와 불경 등을 넣어두는 것으로, 고창 선운사 도솔암 마애불(禪雲寺 兜率庵 磨崖佛, 보물 제1200호)과 비슷하다. 19세기 작품으로 조각기법상 최고의 기량을 뽐내는 수작에 해당한다.

학도암은 '학이 찾아드는 곳'이라 이름 붙일 만큼 풍광이 수려한데, 1624년 무공대사가 창건했다고 전해진다. 바위 측면에 남아 있는 50자의 명문에 의하면 1870년(고종 7) 명성황후가 마애불을 조성했으며, 1878년(고종 15) 절을 중창하면서 마애불의 선각을 보강했다고 한다. 지금의 암자는 1955년에 재건한 것으로 중창 불사가 계속되고 있다.

⊙ **찾아가기**
- 주소 : 서울특별시 노원구 중계본동 산 3
- 내비게이션 : 학도암 마애관음보살좌상 / 학도암
  동부간선도로 → 녹천 교차로 → 중계역 → 청암고등학교 → 은행 사거리 → 학도암
  지하철 4호선 상계역에서 불암초등학교를 지나면 불암산 등산로 입구임을 알리는 '학도암' 이정표가 보인다.

끊이지 않는 참배객

도선사 마애불입상

___

구분 : 서울특별시 유형문화재 제34호 | **시대** : 조선시대 | **규모** : 높이 8.4m

___

도봉산(道峰山) 자락에 자리를 잡은 도선사는 사계절 많은 이들이 찾아와 용맹정진하는 사찰로 유명하다. 그 중심에는 도선사 마애불입상(道詵寺 磨崖佛立像)이 있다. 대웅전 뒤편 바위의 동남향을 깎아 부조한 대형 불상이다. 언제부턴가 영험 있기로 소문이 나면서 참배객이 끊이지 않는다.

바위 높이는 20m, 직사각형의 청동 보호각 안에 안치된 불상의 크기는 8.4m다. 소발의 머리 위에 육계가 있고 넓적한 사각형 얼굴에 눈·코·입이 크게 묘사되었다. 어깨는 각진 모양이고 목은 어깨와 거의 붙어 있어 전체적으로 둔중하면서 양감이 전혀 없는 평판적인 느낌이 강하다.

법의는 통견의이고 옷 주름은 양각과 선각으로 간략하게 처리했다. 오른손은 가슴께에 들어 엄지와 검지를 맞댔고 왼손은 배 부분에서 손바닥을 위로 향했다.

도선사는 862년(경문왕 2)에 도선(道詵)이 창건했는데, 이곳의 산세가 천년 뒤의 말법 시대에 불법을 다시 일으킬 곳이라 예언하면서 절을 세우고 큰 암석을 손으로 갈라 이 마애관음보살상을 만들었다고 전해진다. 그러나 불상의 조성 기법으로 볼 때 조선 중기 이후에

만들어진 것으로 추측된다. 조선시대의 억불정책으로 방치되다시피 했던 것이 1863년(철종 14) 나라의 기도 도량으로 지정되면서 유명세를 떨치기 시작했다.

⊙ 찾아가기
- 주소 : 서울특별시 강북구 우이동 산 69
- 내비게이션 : 도선사 마애불입상 / 도선사
  지하철 4호선 수유역에서 6km 거리. 우이동 입구에서 도선사 이정표를 따라가다 보면 주차장이 나타난다. 우이동 입구에서 도선사까지 셔틀버스가 운행된다.

백불로 변하다

보타사 마애좌상

구분 : 서울특별시 유형문화재 제89호 | **시대** : 고려시대 | **규모** : 높이 5m

서울 성북구 안암동에 위치한 보타사 마애좌상(普陀寺 磨崖坐像)은 개운사(開運寺)에 딸린 보타사의 대웅전 뒤쪽에 있다. 화강암 벽에 돋을새김으로 보살상을 조각했는데, 머리에 뿔이 있는 보관을 썼고 뿔 끝에는 복잡한 타원형 장식이 늘어져 있다. 볼륨 있는 얼굴이 고려시대 불상 조각의 특징을 잘 보여준다. 목에는 삼도가 있고 커다란 두 귀와 발끝에는 노리개가 달려 있다.

법의는 통견의이고 옷 주름은 두 어깨에서 무릎까지 부드럽게 늘어져 있다. 널찍하게 양발을 포갠 결가부좌 자세로 오른손은 어깨높이로 올려 엄지와 검지를 맞댔고, 왼손은 무릎 아래로 내려 엄지와 중지를 맞댔다.

몸체와 얼굴에 흰 칠을 해서 석불이라기보다 백불(白佛)의 인상을 풍기는데 입술은 붉은색, 눈과 눈썹 윤곽은 검은색이 칠해져 있다. 불상의 어깨 좌우에 홈이 파여 있는 것으로 보아 보호전각이 있었던 것으로 추측된다. 오른쪽 아래에는 조성 당시의 명문이 남아 있다.

개운사는 대한불교 조계종 직할교구 본사인 조계사의 말사로, 1396년(태조 5) 무학대사(無學大師)가 창건했다. 처음에는 영도사(永導寺)라 불렸으나 1779년(정조 3) 홍빈(洪嬪)의 묘가 절 곁에 들어서자 지금의 위치로 옮겨 짓고 개운사로 개칭했다. 근대에 정호(鼎鎬)가 불교 전문 강원을 개설하여 불교계 지도자를 양성했는데, 이것이 훗날 중앙승가대학교(中央僧伽大學校)가 되었다. 경내에는 대웅전, 명부전, 칠성각, 독성각, 종각, 선방 등의 요사체가 있다.

⊙ 찾아가기
• 주소 : 서울특별시 성북구 안암동
  5가 7
• 내비게이션 : 보타사 마애좌상
  안암동 고려대학교 근처, 중앙승
  가대학교에서 100m 거리다.

염원을 비는 보도각 백불

옥천암 마애좌상

구분 : 서울특별시 유형문화재 제17호 | **시대** : 고려시대 | **규모** : 높이 5m

옥천암 마애좌상(玉泉庵 磨崖坐像)은 서울 서대문구 홍은동 옥천암 경내의 암석에 새겨진 관음보살로, 5m 높이의 석불이다. 불상에 흰 칠이 되어 있고 정면 한 칸 측면, 두 칸의 보도각(普渡閣)을 지어 불상을 보호하고 있어서 '보도각 백불'로도 불린다.

태조 이성계가 한양을 도읍으로 정할 때 이 마애불 앞에서 기원했고 고종(高宗)의 어머니도 이곳에서 아들을 위해 축원했다는 이야기가 전해진다.

커다란 바위의 평평한 면에 새긴 불상에는 호분(胡粉)과 금분(金粉)이 칠해져 있다. 머리에는 꽃무늬가 장식된 화려한 보관을 썼고, 머리카락은 길게 팔꿈치까지 늘어져 있다. 둥근 얼굴에 눈은 가늘고 입은 작게 표현한 고려시대 불상의 일반적인 특징을 보여준다.

양어깨를 감싼 법의의 얇은 주름이 신체 전반에 부드럽게 흘러내린다. 오른손은 들어 엄지와 중지를 맞댔고 왼손은 무릎 위에 올려놓았다.

옥천암 마애좌상에는 재미있는 탄생 설화가 전해진다. 조선 명종 때 김수동이란 사내가 중매로 해수라는 처녀를 아내로 맞아들였는데, 시어머니의 구박이 어찌나 심했던지 얼마 후 시댁에서 쫓겨나 결국에는 굶어 죽기에 이르렀다. 죽음을 예감한 그녀는 자신의 화병을 식혀줄 수 있도록 물이 흐르는 냇가에 묻어주기를 바랐고, 김수동은 소원대로 그녀를 바위 아래 강바닥에 묻어주었다. 그 후 김수동은 아내의 죽음을 안타까워하며 그 바위에 부인의 모습을 새겨 넣었는데, 그 모습이 해수관음을 닮았다 하여 사람들은 '해수관음(海水觀音)'이라 부르며 신성시했다고 한다.

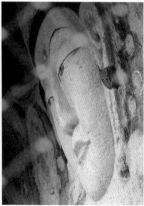

⊙ 찾아가기
- 주소 : 서울특별시 서대문구 홍은동 8
- 내비게이션 : 옥천암 마애좌상 / 보도각 백불
  내부순환도로 홍제IC → 홍은 사거리 → 세검정로 → 옥천암 마애좌상

관악산의 미륵불

봉천동 마애미륵불좌상

구분 : 서울특별시 유형문화재 제49호 | **시대 :** 조선시대 | **규모 :** 높이 1.6m

관악산(冠岳山) 북쪽 중턱의 커다란 바위 면에 돋을새김으로 조각한 불상으로, 정식 명칭은 봉천동 마애미륵불좌상(奉天洞 磨崖彌勒佛坐像)이다.

가로 5m, 세로 6m의 커다란 절벽에 1.6m 높이로 마애불을 새겼는데, 연꽃 대좌 위에 연꽃 봉오리를 들고 있는 미륵불이다. 갸름하면서도 풍만해 보이는 얼굴이 온화한 인상을 풍긴다. 볼륨감이 있는 둥근 어깨에 늘씬하게 표현된 몸은 왼쪽으로 살짝 틀고 있다. 소발의 머리에 낮게 육계를 표현했고 두광은 이중의 태를 둘렀으며 신광은 외줄로 표현했다. 법의의 가슴께가 약간 돌출되어 있는데, 안에 평행의 내의와 묶은 매듭 등이 섬세하게 조각되었다.

불상 우측에 '彌勒尊佛崇禎三年庚午四月日大施主朴山會兩主(미륵존불숭정삼년경오사월일대시주박산회양주)'라는 명문이 남아 있어서 1630년에 만들어졌다는 것과, 불상이 미륵불이며 시주자가 누구인지까지 명확히 밝히고 있다. 17세기 조선 사회에도 미륵 신앙이 유행했음을 알 수 있게 해주는 귀중한 작품이다.

⊙ 찾아가기

- 주소 : 서울특별시 관악구 봉천동 산 4-9
- 내비게이션 : 봉천동 마애미륵불좌상 / 인헌아파트 / 보성사

  지하철 2호선 낙성대역에서 1km 거리다. (마을버스 02번)
  미륵불을 보려면 관악산 등산로상에 위치한 상봉약수터를 찾아가야 하는데, 봉천동 인헌아파트 쪽에서 오르는 길이 가장 가깝다. 낙성대 터널 진입 직전에 있는 인헌아파트 우측 등산로를 따라 오르면 된다. 관악산 등산로와 '관악산 둘레길'에 포함된 코스로, 걷기 좋은 산길을 따라 오르다 보면 전망대도 있어서 지루하지 않다. 30분쯤 걷다 보면 상봉약수터가 나오고, 약수터 밑으로 계단을 따라가다가 우측 바위 군락을 향해 50m쯤 다가서면 서쪽을 바라보고 있는 미륵불을 만날 수 있다.

중생을 구원하는 약사불

하남 교산동 마애약사여래좌상

구분 : 보물 제981호 | **시대** : 고려시대 | **규모** : 높이 0.9m

중생을 질병으로부터 구원해주는 약사여래불을 형상화한 하남 교산동 마애약사여래좌상(河南 校山洞 磨崖藥師如來坐像)은 경기도 하남시 교산동에 위치한 선법사(善法寺)의 한 귀퉁이, 소소한 폭포 옆 암벽에 양각되어 있다.

머리의 육계는 작은 편이고 체구는 길고 커 보인다. 연꽃 대좌 위에 결가부좌로 앉아 있는 부처가 방금 조각해놓은 듯 생생하다. 얼굴에 부드러운 미소를 머금었고 우견편단의 법의는 왼쪽 가슴에서 접혀 있다. 왼손은 손바닥을 위로 하여 약합을 들었고 오른손은 시무외인을 지었다. 광배는 두광과 신광이 각각 삼중 원을 그리고 있으며 주위로 불꽃무늬를 둘렀다. 대좌는 복판의 앙련좌를 이중의 대석이 받치고 중대에는 네 개의 모서리 기둥이 있으며, 그 밑으로 다시 이중의 대석과 단판 복련좌가 새겨져 있다.

불상 왼쪽에 '太平二年丁丑七月十九日賜以重修爲今上皇帝萬歲頌(태평이년정축칠월십구일사이중수위금상황제만세송)', 즉 '태평 2년에 고석불을 중수한다'는 내용의 명문이 남아 있어

'태평2년명마애약사불좌상'이라고도 불린다. 태평 2년은 송 태종의 연호로 977년(경종 2)이다. 규모는 작아도 부드럽고 단아하며 정제미가 돋보인다.

⊙ **찾아가기**
- 주소 : 경기도 하남시 교산동 55-1
- 내비게이션 : 하남 교산동 마애약사여래좌상 / 태평2년명마애약사불좌상 / 선법사
  올림픽대교 남단 → 서하남IC 입구 사거리 → 동성고 입구 삼거리 → 이성산성 입구 삼거리 → 교산교 → 선법사
  중부고속도로 하남TG, '만남의 광장'에서 교산동 방향으로 5km 거리다.

미사대로의 숨은 미소

배알미동 마애불

구분 : 미지정 | **시대 :** 조선시대 | **규모 :** 높이 2m

경기도 하남에서 팔당대교를 끼고 미사대로를 따라가다 보면 도로변 숲 속에 오래된 돌부처가 숨어 있는데, 배알미동 마애불(拜謁尾洞 摩崖佛)이다.

불상은 자연 암반을 감실 모양으로 얕게 파고 들어가 돋을새김으로 조각했다. 머리에 적당한 육계가 솟아 있으며 이마에 백호가 찍혀 있다. 불상의 머리 위에 바위가 처마처럼 돌출되어 있어 불상의 안면을 보호하고 있다. 양 귀는 늘어져 어깨에 닿았고 목에는 삼도가 뚜렷하다. 둥근 얼굴에 눈썹까지 반달 모양으로 둥글게 조각되어 회화적인 인상을 풍긴다. 눈은 가늘고 길며 코는 마멸되어 있다.

불상은 앙련과 복련의 연꽃 대좌 위에 결가부좌를 하고 있으며, 통견의 법의에 흘러내린 옷 주름이 무릎까지 덮고 있다. 광배는 표현되지 않았다. 수인은 중품중생인이고 왼손은 가볍게 펴서 단전 위에 놓았다.

보존상태가 양호한 불상으로, 조선 후기 작품으로 추정된다.

불상이 위치한 배알미동은 옛날에 관리가 낙향하거나 귀양 갈 때 한양을 향해 마지막으로 인사를 올리던 곳이라 하여 '배알미' 라는 이름이 붙었다. 즉 마지막으로 왕을 배알하던 곳이다.

⊙ 찾아가기
• 주소 : 경기도 하남시 배알미동 159-18
• 내비게이션 : 옛골토성 하남점
　내비게이션에 주소를 입력하여 옛골토성 주차장에 도착한 다음 도로 맞은편을 잘 살펴보면 마애불에 접근할 수 있는 작은 출입구가 보인다.

장군바위 부처님

시흥 소래산 마애상

구분 : 보물 제1324호 | **시대** : 고려시대 | **규모** : 높이 14m

시흥 소래산 마애상(始興 蘇萊山 磨崖像)은 소래산 중턱의 장군바위[병풍바위] 암벽에 얇게 음각되어 대야동 일대를 굽어보고 있다. 높이 14m, 어깨 너비 3.8m, 불두 3.5m의 거불이다.

머리에는 당초문이 새겨진 원통형 보관을 썼고, 옆으로 작고 좁은 관대가 휘날린다. 보관에 당초문을 새겨 넣은 희귀한 모양이다. 둥근 얼굴에 눈·코·입을 부리부리할 정도로 큼직하게 묘사했다. 양 귀는 길게 늘어져 있으며 목에 굵직한 삼도가 둘러져 있어 근엄한 분위기를 자아낸다.

법의는 통견의이고 가슴에는 대각선으로 가로지른 꽃무늬 엄액의와 띠 매듭이 보인다. 가슴 아래쪽에서 흘러내린 옷 주름이 발목까지 유려하게 이어졌다. 연꽃 대좌 위에서 두 발을 벌리고 서 있는데 발가락까지 섬세하게 표현했다. 오른손을 가슴께에 들어 안으로 향했고 왼손은 들어 위로 향

했다.

원통형 보관과 통견의 법의는 고려 전기 불상의 보편적인 특징이다. 비록 선각의 깊이가 얕고 오랜 풍화작용으로 형상을 뚜렷이 구분하기 힘들지만, 회화적 표현이 뛰어나다는 평가를 받고 있다.

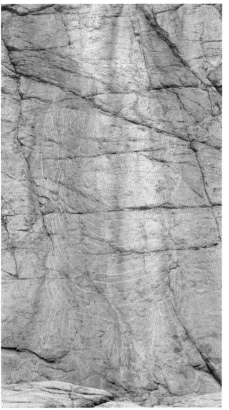

⊙ 찾아가기
- 주소 : 경기도 시흥시 대야동 산 140-3
- 내비게이션 : 시흥 소래산 마애상 / 소래산 산림욕장
  서울외곽순환도로 시흥IC → 대야 사거리에서 여우고개 방면
  → 소래산 산림욕장
  산림욕장에서 청룡약수터까지 300m는 경사가 있는 오르막이고, 약수터에서 마애불까지 400m는 완만한 산책로다. 마애불에서 10분쯤 더 오르면 소래산 정상인데, 부천 시내와 인천 앞바다를 한눈에 조망할 수 있다.

우리나라 유일의 마애종

석수동 마애종

구분 : 경기도 유형문화재 제92호 | **시대** : 고려시대 | **규모** : 높이 4m, 너비 3m

안양예술공원 입구 주차장 한쪽에 우리나라 유일의 마애종인 석수동 마애종(石水洞 磨崖鐘)이 자리 잡고 있다. 마애종이란 암벽에 종을 새긴 것으로, 석수동 마애종은 남서향의 암벽에 장방형 목조 가구와 그 안의 종을 새겨 넣고 스님이 그 종을 치는 장면을 묘사했다.

상단의 보(樑) 중앙에 쇠사슬을 연결해 종을 걸어둔 모양을 새겼는데, 용뉴(龍鈕)와 음통(音筒)이 뚜렷하다. 종의 상단에는 장방형 유곽(乳廓)을 두 군데에 배치했고, 그 안에 각각 아홉 개의 원형 유두(乳頭)를 양각했다. 종신(鐘身)의 중단에는 연화문이 새겨진 당좌(撞座)를 표현하고 하단에는 음각선으로 하대(下帶)를 표시했다. 그리고 종의 오른쪽에 긴 막대로 종을 치는 스님을 조각했다.

우리나라에 현존하는 유일한 마애종으로 가치가 높으며, 종의 표현 양식도 청동제와 다를 바 없어 종 연구에 귀한 자료로 평가된다. 인근 중초사지(中初寺址) 유적과의 연관성을 생각해볼 때 고려 초기의 작품으로 추정된다.

안양예술공원은 안양유원지의 새 이름이다. 무질서하던 계곡의 기반시설들을 정비하여 인공폭포, 야외무대, 전시관, 산책로 등을 갖췄고 공공예술 프로젝트를 통해 국내외 유명 작가의 예술작품들을 설치하면서 안양의 명소로 탈바꿈했다.

⊙ 찾아가기
• 주소 : 경기도 안양시 만안구 석수1동 산 32
• 내비게이션 : 석수동 마애종
  제2경인고속도로 석수IC → 경수대로 → 예술공원 사거리 → 안양예술공원

자손의 번영을 기원하는 치성광여래불

삼막사 마애삼존불

구분 : 경기도 유형문화재 제94호 | **시대** : 조선시대 | **규모** : 본존불 높이 1.6m

경기도 안양 삼막사 경내에 있는 삼막사 마애삼존불(三幕寺 磨崖三尊佛)은 일광보살과 월광
보살을 협시로 거느린 치성광여래불(熾盛光如來佛)이다. 주로 칠성탱화에서 볼 수 있는 구
도인데 마애불로 조성한 점이 특이하다. 자연 암벽에 감실을 조성하고 그 안에 부조로 조
성한 삼존불로, 근래에 칠성각을 세워 봉안했다.

치성광여래는 북극성을 부처로 바꿔 부르는 이름으로, 불교에서 칠성 신앙을 받아들이면
서 생겨난 명칭이다. 북두칠성은 '7여래(七如來)', 해는 '일광변조소재보살(日光遍照消災菩
薩)', 달은 '월광변조소재보살(月光遍照消災菩薩)'로 부른다. 치성광여래는 북극성을, 일
광·월광은 해와 달을 상징한다. 조각상으로 꾸민 예는 없고 주로 칠성각이나 삼성각에

후불탱화로 모신다. 일광·월광여래와 함께 삼존불을 이루고 주변에는 7여래와 7원성군이 배치된다. 아이의 수명을 관장하고 재물과 재능을 준다고 하여 예로부터 민간신앙의 돈독한 숭배 대상이 되었다. 특히 약사불과 비슷한 효능이 있다고 여겨 자식이 없거나 아들을 바라는 여자, 장수를 원하는 이들의 축원이 많았다.

본존불은 소발의 머리에 작은 육계가 있고, 반달형 계주(髻珠)가 표현되었다. 사각에 가까운 얼굴에는 눈·코·입을 율동감 넘치게 표현하여 중후하고 자비로운 인상을 풍긴다. 목은 아주 짧고 법의는 통견의이며 가슴에는 내의의 매듭이 보인다. 신체 전면에 두꺼운 옷 주름이 보이고 양손은 배 부근에서 여의주를 들고 있다. 좌우 협시인 일광·월광보살은 모두 합장한 모습인데 머리에 소박한 삼산관(三山冠)을 쓰고 있다. 불상 하단에 '乾隆二十八年癸未八月日化主悟心(건륭이십팔년계미팔월일화주오심)'이란 명문이 있어 1763년(영조 39)에 조성되었음을 알 수 있다.

삼막사는 677년(문무왕 17) 원효·의상·윤필 3대사가 관악산에 들어와 막(幕)을 치고 수도한 것이 시초라고 한다. 원효가 창건하고 신라 말 도선이 중건하여 관음사(觀音寺)라 했다가 고려 태조 때 중수하여 삼막사로 개칭했다.

1348년(충숙왕 4) 나옹이 이곳에서 수도했고 1394년(태조 3)에는 무학이 국운융성을 기원했다. 삼막사로 일컬어지던 조선시대 때부터 남왈삼막(南曰三幕)이라 불렸는데, 남서울의 수찰(首刹)이자 한양 인근의 4대 명찰 중 하나로 통했기 때문이다.

현존하는 당우로는 대웅전과 명부전, 망해루, 대방 등이 있고 3층 석탑과 거북 모양의 감로정석조 등이 유적으로 남아 있다.

⊙ **찾아가기**
- 주소 : 경기도 안양시 만안구 석수동 산 10-1
- 내비게이션 : 삼막사 / 염불암
  제2경인고속도로 석수IC → 경수대로 → 예술공원 사거리 → 안양예술공원
  삼막골 주차장에서 2.8km, 30분쯤 포장도로를 걸으면 되고, 삼막사에서 5분을 오르면 칠성각이다. 안양예술공원 안쪽 염불암에서 등산로를 따라 찾아갈 수도 있는데, 소요시간은 비슷하다. 안양예술공원의 석수동 마애종 → 염불암 → 삼막사 코스를 추천한다.

네모난 석실의 부처

망경암 마애여래좌상

구분 : 경기도 유형문화재 제102호 | **시대** : 조선시대 | **규모** : 높이 1.2m

도심이 한눈에 굽어보이는 경기도 성남 망경암의 바위 한쪽을 우묵하게 파서 방을 만들고 그 안에 돋을새김으로 조성한 것이 망경암 마애여래좌상(望京庵 磨崖如來坐像)이다.

석실 마애불이 새겨진 바위에는 불상 말고도 곳곳에 방을 파서 각자를 해놓았는데, 모두 열네 군데나 된다. 그중 고종 원년(1897년) 이규승이 관음상을 새기고 불사를 일으켰다는 글귀가 있어 1897년에 조성한 관음상으로 보고 있다. 하지만 상(像)의 형식이 관음이 아닌 여래의 특징을 보여서 불상이 명문에 해당하는 작품인지는 알 수가 없다.

불상의 얼굴은 마멸이 심한 편이다. 결가부좌 자세에 머리는 소발이고 통견의 가사를 걸쳤는데, 오른손은 가슴에 댔고 왼손은 항마촉지인 수인을 짓고 있다. 조선 후기 때 작품으로 조각 솜씨는 특별하지 않지만, 조성 연대가 남아 있어 가치가 있다.

성남 망경암은 고려 말에서 조선 초까지 역대 왕들이 찾아와 국태민안을 기원하는 장소였다. 특히 세종의 7남으로 천연두를 앓다 죽은 평원대군과, 그가 죽은 뒤 양자로 입적한 예

종의 2남 제안대군의 명복을 빌기 위해 왕실
에서 칠성단을 만들고 칠성제를 지내면서
칠성대(七星臺)라 불리기도 했다.

⊙ **찾아가기**
• 주소 : 경기도 성남시 수정구 복정동 553-1
• 내비게이션 : 망경암 마애여래좌상
　서울외곽순환도로 송파IC → 복정역 → 가천대역 → 망경암

파사성의 수호불

양평 상자포리 마애여래입상

구분 : 경기도 유형문화재 제171호 | **시대** : 고려시대 | **규모** : 높이 5.5m

경기도 여주 이포대교 한쪽 천서리에서 산을 오르면 여주 · 이천 · 양평 일대가 한눈에 조
망되는 파사산성(婆娑山城)이 나타난다. 그 산성 서북쪽에 병풍처럼 웅장한 암벽이 둘러쳐
져 있고 그 중앙에 대형 선각 마애여래상이 조성되어 있다. 바로 양평 상자포리 마애여래
입상(楊平 上紫浦里 磨崖如來立像)이다.

불상은 소발에 큼직한 육계가 있다. 원만한 상호에는 이목구비가 정밀하게 묘사되었고,
법의는 좌견편단형(左肩偏袒形)으로 옷 주름이 원을 그리며 양옆으로 늘어져 있다. 끝 부분
은 직선으로 잘렸고 그 아래에 홑잎의 복련좌가 새겨져 있다.

수인은 오른손을 배꼽 앞에 두고 왼손은 가슴 앞에 들었다. 광배는 두광만 이중 원광으로
둘렀고 머리 주위에는 별다른 장식이 없다. 하단은 마멸이 심해 전체적인 윤곽을 구분하
기 힘든데, 주변에서 기왓장 등이 발견된 점으로 미뤄보아 파사성과 관련된 옛 절터로 추
정된다.

둘레가 약 2km쯤 되는 파사성은 성의 한쪽이 강 쪽으로 돌출된 원추형으로, 강의 상 · 하
류를 한눈에 조망할 수 있는 요충지에 해당한다. 파사성이란 지명은 옛날에 이곳이 파사국
(婆娑國)이었기 때문이라는 설과 신라 파사왕(婆娑王)이 축성했기 때문이라는 설이 엇갈린
다. 성은 여러 차례 축조된 흔적을 엿볼 수 있는데, 현재의 모습은 임진왜란 때 승려 의암
이 승군을 모아 개축한 것이라고 한다.

⊙ 찾아가기

- 주소 : 경기도 양평군 개군면 상자포리 산 36-1
- 내비게이션 : 파사성 / 대신석재

중부내륙고속도로 북여주IC → 이여로를 따라 4.5km → 이포대교 → 천서 사거리에서 1.4km 지점 → 대신석재

서울에서 양평을 거쳐 여주로 가는 37번 국도를 따라가다 이포대교 사거리 200m 못 미처 파사성 안내 표지판이 보인다. 입구에는 산성으로 오르는 서너 개의 등산로가 있는데, 모두 30분 정도면 성곽에 오를 수 있다. 작은 주차장이 딸린 대신석재 쪽에서 올라가는 길이 수월하고 수호사 쪽은 조금 가파르다.

부처울의 수호신

여주 계신리 마애여래입상

구분 : 경기도 유형문화재 제98호 | **시대** : 고려시대 | **규모** : 높이 2.2m

경기도 여주 계신리 '부처울'에 석불암(石佛庵)이 있는데, 그 암자 강가 직벽에 불상이 새겨져 있다. 높이 4.5m, 넓이 2m의 바위에 석가여래불을 양각한 여주 계신리 마애여래입상(驪州 桂信里 磨崖如來立像)이다.

마애불이 새겨진 곳은 이천 쪽에서 흘러내린 복하천이 남한강과 합류하는 지점이다. 한강 상류에서 뗏목을 타고 내려오던 사람들이 이곳에 들러 불공을 드린데 부처울 또는 불암동(佛岩洞)이라는 마을 이름이 유래했다. 남한강의 수운을 낀 신앙의 대상으로 오랜 세월 절벽에 서서 오가는 뱃사공들의 무사행로를 염원해온 부처님이다.

원형의 두광과 대좌를 갖춘 불상의 머리는 소발에 육계가 큼직하다. 얼굴은 네모 반듯한 모양이고 뺨에는 살이 통통하다. 눈·코·입이 정제되어 상호가 원만하고 두 귀는 어깨까지 닿아 있다. 짧아 보이는 목에는 삼도가 뚜렷하다.

통견의 법의가 넓은 어깨를 덮고 있으며 옷 주름은 양팔을 휘감고 흘러내린다. U자형 주름과 띠 매듭, 불의를 고정한 고리 등의 표현이 정교하다. 오른손은 어깨까지 들어 올려 손바닥을 안으로 향했고 왼손은 손바닥을 옆으로 보이고 있다.

광배는 삼중의 두광만 표현했는데 가장자리에 생동감 넘치는 불꽃무늬를 새겼다. 선각한 연화좌 위에는 떡 벌린 발을 낮은 부조로 조각했다.

건장한 신체, 유려한 옷 주름, 세련된 연꽃무
늬 대좌 등은 통일신라시대 양식인 데 반해 도
식화된 얼굴과 하체 등은 고려 전기 때의 표현
기법이다.

⊙ 찾아가기
- 주소 : 경기도 여주군 흥천면 계신리 559
- 내비게이션 : 계신리 마애여래입상
  중부내륙고속도로 북여주IC → 이포초등학교 앞 삼거리에서
  우회전 → 1.4km 지점에서 좌측 → 석불암

부처 떠난 절터를 지키는 두 보살

문수산 마애보살상

구분 : 경기도 유형문화재 제120호 | **시대** : 고려시대 | **규모** : 높이 각 2.7m

문수산 마애보살상(文殊山 磨崖菩薩像)은 경기도 용인 문수산 옛 절터 인근에 남아 있다. 절터에서 약간 떨어진 바위 면을 다듬어 대칭되게 2기의 입상을 새겼는데, 돋을새김과 선각 기법을 사용했다. 두 보살 모두 연꽃 대좌 위에 서 있고, 정면을 향한 왼쪽 보살상은 고개를 오른쪽으로 조금 틀었다. 머리에 보관을 썼고 풍만한 얼굴에 눈·코·입이 선명하다. 목은 짧아 어깨와 거의 붙었지만 굵은 삼도가 보이고, 직각에 가까운 어깨에는 가사도 없고 아무런 장식도 없는 대신 허리에 군의의 매듭만 표현되었다. 오른손은 아래로 내리고 왼손은 가슴께에 구부려 엄지와 검지를 맞댔는데 팔목에 팔찌를 하고 있다.

오른쪽 보살상은 왼쪽 보살상과 대칭이다. 얼굴 부분이 조금 돋보인다는 점과 보관이 없는 소발

로 표현된 점을 제외하면 거의 똑같다. 눈이 귀에 닿을 듯 양옆으로 길고 눈썹부터 코까지 활 모양의 선이 이어져 있다. 적당한 크기의 입술에는 미소를 머금고 있으며 양손은 왼쪽 보살상과 반대이다.

두 보살상 모두 신체보다 얼굴이 크고 어깨를 움츠려 조금 경직된 모습이지만, 대담하게 단순화한 형태와 상호, 손, 발 등의 표현이 고려 초기의 작품으로 보인다. 앞선 시기의 선각마애불 조성 수법을 계승한 작품으로, 주존불 없이 보살상만 조성한 희귀한 사례이다.

⊙ 찾아가기
- 주소 : 경기도 용인시 처인구 원삼면 문촌리 산 25
- 내비게이션 : 곱든고개터널
  영동고속도로 용인IC → 용인 시내에서 처인구 쪽 57번 도로 → 와우정사 → 곱든고개터널
  고개 정상의 곱든고개터널을 지나자마자 주차장과 함께 마애불 이정표가 보인다. 등산로를 따라 문수산 정상까지 올라간 다음 반대편으로 200m쯤 계단을 내려가면 커다란 마애불 바위가 보인다. 편도 2km 거리다.

암자를 지키는 고승바위

영월암 마애여래입상

구분 : 보물 제822호 | **시대** : 고려시대 | **규모** : 높이 9.6m

세계 도자기박람회 개최지로 유명한 경기도 이천 설봉저수지 위로 올라가면 이천 시내를 한눈에 조망할 수 있는 영월암(映月庵)이 있다. 수령 600년이 넘는 은행나무가 입구에서 방문객을 맞이하는 이 절은 신라 의상대사가 창건한 사찰로, 절간의 당우들이 자연 지세를 그대로 살려 산자락에 안긴 듯해서 마음이 편안해진다. 그 중심에는 무엇보다도 대웅전 뒤쪽에 병풍처럼 서 있는 영월암 마애여래입상(映月庵 磨崖如來立像)이 있다. 대형 천연암석을 다듬어 바위 한 면이 꽉 차도록 마애불을 새겼다.

육계 없는 소발에 목에는 삼도가 뚜렷하고, 원만하고 복스러운 얼굴에 이목구비가 시원스럽다. 육중한 몸 전체에 부드러운 가사가 사선으로 물결을 그리며 흘러내리고, 두 손은 가슴에 모아 엄지와 약지를 맞댄 채 손바닥을 밖으로 향한 설법상이다. 머리와 양손은 부조로, 가사의 옷 주름은 선각으로 처리했다. 후덕한 인상과 가사의 형태로 볼 때 암자의 창건과 관련 있는 조사(祖師)나 고승을 기리기 위해 조성한 작품으로 추정된다.

영월암은 대한불교 조계종 제2교구 소속 용주사의 말사다. 의상이 북악사(北岳寺)로 창건한 것을 1774년(영조 50) 영월대사(映月大寺) 낭규(朗奎)가 중창한 뒤 자신의 법호를 따 영월암이라 개칭했다. 보물로 지정된 마애불 말고도 석조 광배 및 연화 좌대 등과 같은 문화재가 있으며, 절 앞에 있는 은행나무 두 그루는 나옹선사가 꽂아둔 지팡이에서 싹이 나 자란 것이라는 설화가 전해진다.

⊙ **찾아가기**

• 주소 : 경기도 이천시 관고동 산 64-1
• 내비게이션 : 영월암 마애여래입상 / 영월암
  중부고속도로 서이천IC → 서이천 삼거리 → 사음동 삼거리에서 충주 장호원 방면 → 설봉공원 → 영월암
  설봉지에서 상류 영월암 쪽으로 계속 진행한다. 평일에는 영월암 턱밑까지 차로 올라갈 수 있지만, 주말에는 주차장에서부터 걸어 올라가야 한다. 20분쯤 올라야 하는 콘크리트 길이 코에 닿을 듯 가파르다.

판석에 새긴 희망

동산리 마애여래상

구분 : 이천시 향토유적 제9호 | **시대** : 고려시대 | **규모** : 높이 2m

경기도 이천 호법면 동산리 산기슭에 서 있는 동산리 마애여래상(東山里 磨崖如來像)은 네 모난 화강암 판석에 얕게 선각한 마애여래상이다. 판석의 높이는 2m, 폭 0.8m, 두께 0.2m로 윗부분이 아랫부분보다 조금 넓다.

조금 과장되게 표현한 머리는 소발이고 큼직한 육계가 있다. 상호는 둥글고 원만하지만 코 부위가 조금 마멸되었다. 큰 귀는 어깨까지 늘어져 있고 목에 삼도가 뚜렷하다. 오른손 은 가슴 높이에서 엄지와 검지를 맞댔고 왼손은 손바닥을 위로 하여 배 위에 댔다. 머리 뒤 쪽에 둥근 광배를 표현했고, 입상이지만 무릎 이하는 생략되어 있다.

기록에 의하면 옛날에 입석사(立石寺)라는 절이 가까이 있었고, 마애불 서쪽에 입석재라는 고개가 있는 점 등으로 미뤄볼 때 모두 이 마애불과 연관이 있는 듯하다.

⊙ 찾아가기

- 주소 : 경기도 이천시 호법면 동산리 산 121
- 내비게이션 : 동산리 마애여래상

  영동고속도로 덕평IC → 백암 방면 → 4km에서 이천 방면 → 800m 지점에서 우회전 → 동산리 마애여래상
  호법면사무소에서 1km 거리의 동산교를 건너면 '동산리 마애여래상 3.5km'라는 표지판이 보인다. 이정표를 따라가면 마을 끝부분, 왼쪽 기슭에 판석이 서 있다.

부처박골의 불국토

소고리 마애여래좌상 · 마애삼존석불

- **소고리 마애여래좌상 — 구분 :** 경기도 유형문화재 제119호 | **시대 :** 고려시대 | **규모 :** 높이 3.7m
- **소고리 마애삼존석불 — 구분 :** 이천시 향토유적 제8호 | **시대 :** 고려시대 | **규모 :** 본존불 높이 2m

---

소고리 마애여래좌상(所古里 磨崖如來坐像)과 소고리 마애삼존석불
(所古里 磨崖三尊石佛)은 경기도 이천 모가면 소고리에서 1km쯤
떨어진 산자락에 있다. 예로부터 '부처박골'이라 불리던 곳으로,
지금도 '부처바윗골'로 통한다.

마애불은 7m나 되는 커다란 바위 한 면에 꽉 차게 불상을 새겼다.
불상의 크기는 3.7m 얕게 돋을새김하고 선각 처리했는데 수법이
정교하고 유려하며 전체적인 균형미가 탁월하다.

소발의 머리에 큼직한 육계가 솟아 있고 인상이 푸근한 둥근 얼굴
에는 눈꼬리가 긴 눈과 코, 굳게 다문 입 등이 섬세하게 묘사되었

다. 양 귀는 길게 늘어졌고 목에는 삼도가 흘러내린다. 법의와 가슴의 U자형 옷 주름, 초전법륜의 수인 등이 법주사 마애여래의상(法住寺 磨崖如來倚像, 보물 제216호)을 떠올리게 한다.

마애여래좌상 바로 아래쪽에 있는 소고리 마애삼존석불(所古里 磨崖三尊石佛)은 남서쪽의 자연석 위에 돋을새김으로 조성되었다. 삼존불 모두 결가부좌한 좌상으로, 신라 토우(土偶)를 연상시킬

정도로 희화적이고 과장되게 묘사되었다. 본존의 머리 위에 굵은 선으로 두광을 표현했고, 기다란 얼굴의 이목구비는 도식화되었다. 목에는 삼도가 있고 양손은 손가락을 벌려 가슴에 댔다. 좌협시 역시 두광을 갖췄고 민머리에 양손은 가슴에 마주 모았다. 높다란 관모를 쓴 우협시는 양손을 합장하고 있다.

일반적인 불상의 범주를 벗어나 매우 도식화된 모습이지만, 소박하고 장난기 넘치는 표정이 오히려 친근감을 안겨준다.

- 주소 : 경기도 이천시 모가면 소고리 91-9
- 내비게이션 : 소고리 마애여래좌상 / 소고리 마애삼존석불
  영동고속도로 양지IC → 17번 국도 → 백봉 교차로 → 은석 사거리 → 휘닉스 스프링스 → 소고리 마애여래좌상
  모가면에 위치한 휘닉스 스프링스 골프장을 찾아가면 된다. 소고3리 마을회관에서 골프장 쪽으로 접근하여 주차장을 200m
  쯤 지나치면 도랑을 건너는 쪽다리가 나온다. 차를 세우고 다리를 건너 산 쪽으로 500m쯤 올라가면 된다.

보관이 화려한 미륵보살

태평흥국명 마애보살좌상

구분 : 보물 제982호 | **시대** : 고려시대 | **규모** : 높이 3.2m

마을의 길가에 바위가 우뚝 솟아 있고, 그 한 면을 다듬어 아름다운 보살상을 새겼다. 속
칭 '미륵바우'로 불리는 화강암에 돋을새김한, 태평흥국명 마애보살좌상(太平興國銘 磨崖菩

薩坐像)이다. 별칭으로 이천 장암리 마애보살반가상(利川 長岩里 磨崖菩薩半跏像)으로도 불린다.

보살상은 한 손에 연꽃을 들고 있는데, 머리에 쓴 화려한 보관에는 작은 부처가 섬세하게 조각되어 있다. 반가상으로 오른발은 활짝 핀 연꽃 대좌 위에 내렸고 왼발은 오른쪽 무릎 위에 얹었다. 얼굴과 몸이 커 보여서 전체적으로 둔중한 느낌이 들고 조각 수법이 조금 떨어져 보이지만, 양어깨를 감싼 천의와 화려한 보관, 연꽃을 든 모습 등이 화려한 조화를 뿜낸다. 바위 뒷면에 '太平興國六年辛巳二月十三日(태평홍국육년신사이월십삼일)'이라는 명문이 남아 있어 981년(경종 6)에 조성된 작품임을 알 수 있다.

⊙ 찾아가기
• 주소 : 경기도 이천시 마장면 장암리 183-1
• 내비게이션 : 태평홍국명 마애보살좌상
  중부고속도로 서이천TG → 첫 삼거리에서 호법 방면으로 우회전 → 장암 삼거리에서 우회전 → 태평홍국명 마애보살좌상

우리나라 최고의 쌍미륵

파주 용미리 석불입상

구분 : 보물 제93호 | **시대** : 고려시대 | **규모** : 높이 17.4m

경기도 파주시 광탄면 용미리에 있는 고려시대의 불상으로, 파주 용미리 석불입상(坡州 龍尾里 石佛立像) 혹은 용미리 마애이불입상이라고 한다.

불신을 조각하고 그 위에 목, 머리, 갓 등을 조성하여 결합한 두 구의 병렬식 불상으로 높이 17.4m에 이르는 거불이다. 이런 식으로 자연 암벽을 이용하여 불신을 조성하는 것은 고려 때 유행하던 수법으로, 안동 이천동 석불상(安東 泥川洞 石佛像, 보물 제115호)이 대표적이다.

오른쪽 불상은 사각 갓을, 왼쪽 불상은 원통형 관을 쓰고 있어서 매우 토속적인 분위기를 풍긴다. 머리 위에 갓이나 천개(天蓋)를 씌운 것은 눈이나 비로부터 불상을 보호하기 위한 것으로, 이것 역시 고려 때 유행하던 조성 방식이다.

가늘고 긴 눈, 큰 코, 꾹 다문 큰 입 등 이목구비가 큼직큼직하다. 오른쪽 불상은 두 손을 가슴 높이로 들어 올려 합장을 하고 있는데, 합장한 손이 유난히 커서 비례가 맞지 않는다. 왼쪽 불상은 두 손으로 연꽃 가지를 들고 있는데 관촉사 석조미륵보살입

상(灌燭寺 石造彌勒菩薩立像, 보물 제218호)과 비슷하다. 통견의 법의가 온몸을 감싸고 있으며 가슴에는 군의를 묶은 띠 매듭이 보이고 그 아래로 U자형 옷 주름이 굵고 선명하다. 한눈에 보기에도 사각 갓을 쓴 불상은 남상(男像)이고, 둥근 갓을 쓴 불상은 여상(女像)이다.

전하는 말에 의하면, 자식이 귀했던 고려 선종(宣宗)은 원신궁주(元信宮主)까지 맞이했지만 왕자를 얻지 못했다. 후대를 염려하며 시름에 잠겨 있던 궁주가 어느 날 밤 꿈을 꾸었는데, 두 명의 도승이 나타나 말했다.

"우린 장지산(長芝山) 남쪽 기슭 바위틈에 사는 사람들이오. 지금 매우 시장하니 먹을 것을 좀 내주시오."

잠에서 깬 궁주가 하도 이상해서 임금에게 꿈 이야기를 털어놓았다. 그러자 임금은 곧 장지산으로 사람을 보내 알아보라 했다. 얼마 후 장지산 아래에 커다란 바위 두 개가 나란히 서 있다는 전갈이 왔다. 이에 선

좋은 몹시 상서로운 일이라 여기고 즉시 그 바위에 두 도승을 새기라 명한 뒤 절을 짓고 불공을 드렸는데, 그해에 한산후(漢山候) 왕자가 태어났다.

선종과 원신궁주의 왕자인 한산후의 탄생 일화가 전해지고 불상 옆에 명문까지 남아 있어 고려시대의 지방화된 불상 양식을 연구하는 데 귀중한 자료로 평가되고 있다.

◉ **찾아가기**
- 주소 : 경기도 파주시 광탄면 용미리 산 8,9
- 내비게이션 : 파주 용미리 석불입상 / 파주 용미리 마애이불입상
  자유로 문발IC → 금촌 교차로 → 장곡검문소 교차로 → 용미리 석불입상

우리나라 3대 관음 도량

보문사 마애석불좌상

구분 : 인천광역시 유형문화재 제29호 | **시대** : 일제 강점기 | **규모** : 높이 9.7m

경기도 강화 외포리 선착장에서 배를 타고 들어가는 석모도 중앙에는 낙가산(落袈山)이 자리 잡고 있다. 이 산자락에 위치한 보문사는 강원도 양양의 낙산사, 경남 남해 금산의 보리암과 함께 3대 관음 도량으로 손꼽히는데, 그 중심에 보문사 마애석불좌상(普門寺 磨崖石佛坐像)이 있다. 불상에 기도를 드리면 아이를 가질 수 있다고 하여 여인들의 발길이 끊이지 않는 영험한 부처님이다.

마애불을 조성한 것은 일제 강점기인 1928년이다. 금강산 표훈사의 주지 이화응과 보문사 주지 배선주가 눈썹 모양으로 움푹 들어간 '눈썹바위'에 대형 좌불을 조각했다. 그 규모가 높이 32척,

너비 11척인데 관세음보살의 32응신(應身)과 11면 화신(化身)을 상징하는 것이다.

불상의 머리에는 커다란 보관을 썼고 보관 가운데에 아미타불을 조각했다. 네모난 얼굴에 코가 넓고 높으며, 기다란 귀는 투박하고 목은 매우 짧다. 이마에는 백호가 있으며 초승달 모양의 눈썹에 길쭉한 두 눈은 눈초리가 조금 위로 올라갔다. 통견의 법의에 가슴에는 큼직한 '卍(만)' 자 무늬가 새겨져 있다. 한 손에 정병을 들었고 연꽃무늬 대좌 위에 앉아 있으며 불상 뒤에는 두광과 신광을 구분하여 표현했다. 두광에는 '六字大明王眞言(육자대명왕진언)'이 새겨져 있고 신광에는 불꽃무

늬 선각이 가득하다.

불상은 얼굴에서 대좌까지 입체감이나 양감이 거의 보이지 않는 평판적인 모습이다. 몸에 비해 얼굴이 너무 크고 하체로 갈수록 왜소해 보이는 구조다. 일제 강점기인 20세기 초반의 근대 불상 조각 양식을 보여주는 작품으로 가치가 있고, 문화재적인 가치보다 성지(聖地)로서 종교적인 의미가 더 크게 부각되는 작품이다.

⊙ **찾아가기**
• 주소 : 인천광역시 강화군 삼산면 매음리 산 293
• 내비게이션 : 외포리 선착장
   올림픽대로 → 김포 방면 48번 국도 → 강화대교 → 알미골 삼거리에서 보문사 방면으로 좌회전 → 찬우물 삼거리 → 외포리 선착장 → 보문사
   외포리 선착장에서 오전 7시부터 오후 7시 30분까지 30분 간격으로 카페리호가 운항된다.

굴암사의 두 마애불
굴암사 마애여래좌상과 마애선각좌불상

• **굴암사 마애여래좌상 — 구분** : 안성시 향토유적 제11호 | **시대** : 조선시대 | **규모** : 높이 3.5m
• **굴암사 마애선각좌불상 — 구분** : 안성시 향토유적 제12호 | **시대** : 고려시대 | **규모** : 높이 3.3m

경기도 안성시 진현리 굴암 마을에 있는 굴암사는 2기의 마애불을 거느리고 있다. 미륵전에 모신 굴암사 마애여래좌상(窟岩寺 磨崖如來座像)과 굴암사 마애선각좌불상(窟岩寺 磨崖線刻座佛像)이다.

절 마당 연못 위 계단에 올라서면 미륵전의 불상이 공양객을 맞는다. 두광을 갖췄고 머리는 소발이며 육계가 있다. 미소를 부드럽게 머금은 얼굴은 복스럽고 인자해 보이며 길게 늘어진 양 귀는 어깨 위까지 닿아 있다. 목에는 삼도가 있고 통견의 법의도 뚜렷하다. 오른손은 전법륜인을 지었고 왼손은

원형지물을 들어 아랫배 부분에 댔다. 조선시대 작품으로 추정된다.

미륵전 바로 옆의 마애선각좌불상은 천연 암벽 전면에 선각되어 있다. 바위에 금이 가고 부분적으로 마멸되었지만 원형을 짐작하기에 부족함이 없다. 머리에 육계가 있고 신광과 두광도 표현되었다. 상호는 원만하고 이목구비가 또렷하며 양 귀는 어깨까지 늘어져 있다. 목의 삼도가 뚜렷하고 흘러내린 법의 자락은 결가부좌한 아랫부분까지 이어졌다. 미륵전 불상보다 이른 고려시대 작품

으로 추정된다.

굴암사는 대한불교 법상종에 소속된 작은 암자로, 고려 때 창건되었다고 하지만 자세한 창
건 연대는 전하지 않는다.

⊙ **찾아가기**
- 주소 : 경기도 안성시 대덕면 진현리 산 26
- 내비게이션 : 굴암사
  안성에서 고삼 방면으로 향하는 '안성맞춤대로' 를 따라가다가 굴암 마을 앞에서 이정표를 따라 들어간다.

석남계곡의 돌부처

석남사 마애여래입상

————

구분 : 경기도 유형문화재 제109호 | **시대** : 고려시대 | **규모** : 높이 4.5m

————

경기도 안성 서운산(瑞雲山)의 석남사가 바라보이는 계곡에는 높이 7m, 너비 6.5m의 대형 암벽이 꽉 찰 정도로 새겨 넣은 마애불이 있다. 얕은 돋을새김으로 조각한 석남사 마애여래입상(石南寺 磨崖如來立像)으로, 삼중 원형 두광과 신광, 앙련의 연화좌를 모두 갖추었다.

소발의 머리 위에 큼직한 육계가 있고 귀는 양옆으로 늘어져 어깨에 닿을 듯하다. 넓적한 얼굴에 눈은 옆으로 길게 뻗어 있고, 입술은 두툼하며 턱에는 깊은 주름이 파여 있다. 목

에는 삼도가 굵직하다. 신체에 비해 손가락은 길고 가는 편인데, 왼손은 가슴에 댄 채 엄지와 중지를 맞댔다. 오른손은 손바닥을 바깥으로 향하고 검지를 뺀 다른 손가락은 접었다. 통견의 법의는 길게 뻗어 내려 바닥까지 흘렀는데 U자형 옷 주름이 가슴에서 배를 지나 양다리로 갈라졌다. 법의 안에는 내의와 묶은 띠 매듭이 선명하다.

바위에 가느다란 균열이 생기면서 불상의 얼굴에 세로로 금이 갔고 이끼가 끼어 있다. 눈과 코 부분이 조금 손상되었지만 불신·광배·대좌가 거의 완전한 작품이다. 투박한 얼굴과 원통형 불신, 도식화된 옷 주름 등으로 미뤄보아 고려 전기 때 작품으로 추정된다.

서운산 석남사는 대한불교 조계종 제2교구 본사인 용주사의 말사로 680년(문무왕 20)에 담화 또는 석선이 창건했다고 전한다. 876년(문성왕 18) 염거가 중수하고 고려 때 광종(光宗)의 왕사였던 혜거국사가 중창하여 승려 수백 명이 수도했다고 한다. 조선 초기 억불숭유 정책으로 전국의 사찰을 통폐합할 때는 안성군을 대표하는 자복사찰로 선정되기도 했다.

⊙ 찾아가기

- 주소 : 경기도 안성시 금광면 상중리 산 22
- 내비게이션 : 석남사 마애여래입상
  평택제천고속도로 남안성IC → 제2산업단지 사거리에
  서 좌회전 → 23번 국도 → 계동 교차로 → 현수 교차
  로에서 진천 방면 → 마둔 저수지 → 석남사
  석남사 주차장에 도착하면 바로 옆에 마애불 이정표가
  보인다. 계곡을 따라 1km쯤 올라가면 등산로에서 조
  금 떨어진 산기슭에 불상이 모셔져 있다.

태학산의 미륵불 | 천안 삼태리 마애여래입상

학의 부리로 완성하려던 꿈 | 천안 성불사 마애석가삼존 십육나한상 및 불입상

날이 저물어 또다시 백학은 날아가고 | 만일사 마애불

천년 시공을 뛰어넘는 백제 최고의 미소 | 서산 마애삼존불상

1보살 2여래의 파격적인 구도 | 태안 마애삼존불입상

계룡산 마애불 | 논산 상도리 마애불

낙조봉 아래 조릿대 숲의 돌부처 | 논산 수락리 마애불

소박한 이웃을 닮은 얼굴 | 논산 신풍리 마애불

천년고찰을 향한 그리움 | 연산 송정리 마애삼존불

우리나라 최초의 석조사방불 | 예산 화전리 사면석불

신도시의 부흥을 기원하는 불상 | 홍성 신경리 마애여래입상

명문화된 최고(最古)의 마애불 | 옹봉사 마애불

아들을 점지해주는 | 홍성 구절암 마애불

민초들의 염원을 들어주던 | 부여 홍산 상천리 마애불입상

용화 세상을 꿈꾸던 중생들의 희망 | 대천 왕대사 마애불

대전의 유일한 마애불 | 보문산 마애여래좌상

태학산의 미륵불
천안 삼태리 마애여래입상

구분 : 보물 제407호 | **시대 :** 고려시대 | **규모 :** 높이 7m

태학산(泰鶴山)은 충남 천안시의 풍세면과 광덕면, 그리고 아산시 배방면의 경계를 이루는데, 이 산 동쪽에 해선암(海仙庵)이 있었고, 신라 흥덕왕 때 진산법사가 광덕사를 세울 때 이곳에 '해선암 마애불'을 조성했다는 기록이 남아 있다. 바로 천안 삼태리 마애여래입상 (天安 三台里 磨崖如來立像)이다.

거대한 바위 면에 새겨진 불상은 복스러우면서도 박력 있는 얼굴에 치켜 올라간 눈매, 광대뼈가 툭 튀어나온 뺨, 큰 코에 작은 입 등 이목구비가 매우 강인한 인상을 풍긴다. 얼굴은 돋을새김하고 신체는 과감하게 선각 처리했는데, 고려 후기 마애불의 전형이다. 소발의 머리카락과 둥글고 큰 육계도 인상적이다. 가슴까지 들어 올린 왼손은 손바닥을 위로 향했고 오른손은 왼손 위에서 손등을 보이고 있는 것이 고려 때 유행하던 미륵불의 수인이다. 목은 짧아서 거의 없는 듯하고 삼도는 가슴까지 내려와 있다. 법의는 넓은 어깨를 통견의로 감싸며 U자형 옷 주름을 형성하고 있다.

마애불은 태학산 자연휴양림 끝자락에 자리 잡고 있다. 휴양림 산책로를 따라 1km쯤 걸으면 태학사와 법왕사가 나오고, 마애불은 그 뒤쪽 등산로 초입에 서 있다. 휴양림에는 천연송림이 울창하고 잔디광장과 수목원, 공연장, 체육시설 등 다양한 편의시설을 갖추고 있다. 마애불 뒤로 1km쯤 더 올라가면 천안과 아산 신도시 일대가 한눈에 조망되는 태학산 정상이다.

⊙ **찾아가기**

• 주소 : 충청남도 천안시 동남구 풍세면 삼태리 산 28-1
• 내비게이션 : 천안 삼태리 마애여래입상 / 태학산 자연휴양림
  천안 남부대로에서 신방통정지구를 잇는 진입도로를 이용하면 되는데, 남관리를 지나 봉강천을 건너면 태학산 자연휴양림 이정표가 나온다.

학의 부리로 완성하려던 꿈

천안 성불사 마애석가삼존 십육나한상 및 불입상

구분 : 충청남도 유형문화재 제169호 | **시대 :** 고려시대 | **규모 :** 본존불 높이 2.2m

충남 천안 태조산(太祖山) 자락의 성불사는 부처를 본존불로, 관세음보살과 지장보살을 좌우 협시불로 모셨다. 그런데 대웅전 안에 부처님이 없다. 바로 절 바깥, 대웅전 뒤쪽 암벽의 마애불을 본존불로 모셨기 때문이다.

천안 성불사 마애석가삼존 십육나한상 및 불입상(天安 成佛寺 磨崖釋迦三尊 十六羅漢像－佛立像)에 얽힌 이야기가 흥미롭다.

까마득한 옛날, 암벽에 백학 한 쌍이 내려앉아 부리로 불상을 쪼아 만들려고 했는데 갑작스런 인기척에 놀라 그만 날아가버리고 말았다는 것이다. 그래서 불상을 다 만들지 못한 절이라는 뜻의 '성불사(成不寺)'로 불리다가 도선국사가 절을 짓고 나서 '성불사(成佛寺)'로 개칭했다고 한다. 경내에는 대웅전, 산신각, 칠성각 등이 남아 있다.

마애불상은 산자락 끝에 우뚝 서 있는 네모난 모양의 바위 양측 면에 새겼는데 바위 앞면에는 윤곽만 흐릿한 불입상을, 오른쪽 면에는 석가삼존불과 십육나한상을 각각 부조로 새겼다.

석불입상은 돋을새김으로 조성했으나 바위 일부가 떨어져 나가 간신히 윤곽만 살펴볼 수 있다. 어렴풋이 남아 있는 육계와 수인, 의문 등이 고려시대 불상 양식을 따르고 있다. 오른발은 뚜렷하지만 왼발은 없어졌다. 바위 오른쪽 아래 중심부에는 커다란 연꽃 대좌가 있고 좌우에 공양상 같은

두 구의 조각상이 보인다. 큰 연꽃 대좌 위 작은 연꽃 대좌에는 석가여래불로 보이는 또 다른 본존
불이 앉아 있는데 우견편단의 법의에 커다란 불두, 눈과 입을 과장되게 표현한 둥글넓적한 얼굴이
다. 좌우에 서 있는 협시보살과 나한상들은 제각각 자연스러운 자세를 취했고, 불상 주변을 둥글
게 파서 마치 감실이나 동굴에 있는 것처럼 묘사했다.

성불사 불상군은 바위의 한 면에 석가삼존과 십육나한을 부조한, 국내에서는 독보적인 작품이다.

⊙ 찾아가기

- 주소 : 충청남도 천안시 안서동 178-8
- 내비게이션 : 성불사
  경부고속도로 천안IC → 안서동 삼거리 → 성불사
  천안IC에서 약 4km 거리다.

날이 저물어 또다시 백학은 날아가고

만일사 마애불

구분 : 충청남도 문화재자료 제255호 | **시대** : 고려시대 | **규모** : 높이 6m

만일사 마애불(晩日寺 磨崖佛)은 충남 천안 성거읍 만일사 경내 영산전과 관음전 사이의 자연 암반에 돋을새김한 불상이다. 미완의 불상에 마멸이 심해 흐릿한 윤곽만 간신히 들여다볼 수 있다. 사각 불두에 긴 귀, 얼굴 윤곽조차 희미하지만 불신은 양어깨가 수평적이고 당당해 보인다. 전체 높이와 너비가 각각 6m인 네모 반듯한 형태로, 주변의 유물과 석탑 등으로 미뤄볼 때 고려시대 불상으로 추정된다.

만일사는 대한불교 조계종 제6교구 본사인 마곡사(麻谷寺)의 말사다. 921년(태조 4) 도선이 전국의 3,800개 비보 사찰(裨補 寺刹) 중 하나로 창건했다고 전하나 연대의 신빙성은 없어 보인다.

고려 혜종 때 만일(晩日)이 석굴 안에 석가모니불을 봉안하고 5층 석탑을 건립한 뒤 만일사라 했다는 기록이 정설 같다. 현존하는 당우로 대웅전, 영산전, 관음전이 남아 있고 만일사 법당 역시 오랜 역사를 자랑한다. 5층 석탑과 석불좌상, 금동불 등의 문화재를 소유하고 있다.

약 2m 크기의 만일사 석불좌상(晚日寺 石佛坐像, 충청남도 문화재자료 제256호)은 인상 깊은 사연을 간직하고 있다. 1002년(목종 5) 불상을 조성하여 천성사(千聖寺)에 봉안했는데 절이 폐사된 후 행방을 알 수가 없었다. 그러다가 일제 강점기 말 쇠붙이들을 공출할 때 대전에 살고 있던 한 일본인이 우연찮게 입수한 것을 주선하여 모셔온 것이라고 한다.

만일사 마애불에 대한 설화도 빼놓을 수 없다.

고려 초 도선이 천안 땅에 이르렀을 때 백학 한 쌍이 내려와 불상을 조성하다가 인기척에 중단한 것이 성불사의 마애불이었다. 학이 다시 하늘로 날아올라 성거산을 굽어보니 만일사의 자리가 좋아 보여서 다시 이곳에 내려앉아 불상을 조성하기 시작했다. 그러나 날이 어두워지자 백학들은 불사를 중단하고 다시 날아가버렸고, 불상은 또다시 미완성으로 남아버렸다. 그래서 절 이름을 '만일사(晚日寺)'라 했다는 것이다.

절 뒤 200m 암벽에서 한 방울씩 떨어지는 석간수(石澗水)가 있는데, 물맛이 좋고 고질병 환자들이 정성 들여 마시고 기도한 뒤 효험을 보았다는 일화가 전해지고 있다.

⊙ 찾아가기
• 주소 : 충청남도 천안시 서북구 성거읍 천흥리 50-2
• 내비게이션 : 만일사 마애불
  경부고속도로 북천안요금소를 빠져나가 성거읍 천흥 저수지 뒤쪽으로 올라간다.
  북천안요금소에서 약 10km 거리다.

천년 시공을 뛰어넘는 백제 최고의 미소

서산 마애삼존불상

구분 : 국보 제84호 | **시대** : 백제시대 | **규모** : 본존불 높이 2.8m, 좌우 협시불 각 1.7m

---

우리나라 마애불 가운데 백미로 손꼽히는 서산 마애삼존불상(瑞山 磨崖三尊佛像). 흔히 '백제의 미소'라 불리는 불상으로, 암벽을 파고 들어가 불상을 조각하고 그 앞에 나무로 처마 같은 집을 달아낸 마애석굴(磨崖石窟) 형식을 취했다. 중앙에 석가여래불을, 좌우에 보살입상과 반가사유상을 배치한 삼존불이다. 법화경의 석가와 미륵, 반가사유상을 형상화했다. 조성 시기는 6세기 말에서 7세기 초로 여겨지는데, 백제 때 이곳이 중국으로 통하는 태안반도와 부여(扶餘)의 길목에 해당했으므로 당시 활발했던 문화 교류의 분위기를 엿볼 수 있는 걸작으로 평가된다.

연꽃잎 대좌 위에 서 있는 본존은 육중하고 중후한 체구로 시무외인과 여원인 수인을 짓고 있다. 소발의 머리에 도톰하고 복스러운 얼굴, 둥근 눈썹, 살구씨 모양의 눈, 얇고 넓은 코에 입술에는 부드러운 미소를 머금었다. 몸은 두툼한 법의에 가려져 있고, 앞면으로 여러 겹의 U자형 옷 주름이 흘러내린다. 둥근 머리 광배 중심에 연꽃을 새기고, 그 둘레로 불꽃무늬를 새겨 넣었다.

머리에 보관을 쓴 우협시 역시 본존처럼 얼굴에 살이 올라 있고, 눈과 입에 만면의 미소를 짓고 있다. 나신의 상체에 목걸이를 했고, 오른손은 위로 하고 왼손은 아래로 늘어뜨려 보주를 잡았다. 좌협시 반가상도 보관을 썼고 만면에 미소를 띤 복스러운 얼굴이다. 상체는 나신이고 두 팔은 크게 마멸되었다. 오른쪽 다리를 왼쪽 다리 위로 올려 왼손으로 잡고 있는 모습, 오른쪽 손가락으로 턱을 받치고 있는 모습이 우아하고 세련돼 보인다. 삼존불 모두 보주형 두광과 복련 연화좌를 갖추고 있다.

용현계곡에서는 마애삼존불뿐 아니라 3km쯤 떨어져 있는 보현사지도 둘러봐야 한다. 발굴 조사가 한창인 이 폐사지는 고려시대의 대규모 사찰로, 발굴 지면을 보호 덮개로 덮어

놓아 조금 어수선하긴 해도 온전하게 남아 있는 당간지주와 5층 석탑, 그리고 고려 광종의 스승이었던 법인국사 부도비 등을 살펴볼 수 있다.

5층 석탑 뒤로 개심사와 일락산으로 가는 등산로가 나 있다. 서산시는 바다와 산이 만나는

지역 특색을 살려 '서산 아라메길'을 조성했는데, 불심 가득한 용현계곡 일대도 이 코스에 포함된다. 아라메길은 서산시 운산면과 해미면 일원의 총연장 16.7km 구간으로, 탐방객들 누구나 자기가 원하는 곳에서 출발하고 멈출 수 있는 친환경 도보여행 코스다. 늦은 봄날 왕벚나무꽃 향기 그윽한 개심사는 우리나라 사찰 가운데 가장 고즈넉하고 아름다운 사찰로 유명하고, 탐방객들도 그 즈음 가장 붐빈다.

⊙ 찾아가기

- 주소 : 충청남도 서산시 운산면 용현리 2-10
- 내비게이션 : 서산 마애삼존불상
  서해안고속도로 서산IC → 운산면 → 숙용벌 삼거리
  → 고풍저수지 → 서산 마애삼존불상

1보살 2여래의 파격적인 구도

태안 마애삼존불입상

구분 : 국보 제307호 | **시대** : 백제시대 | **규모** : 보살상 높이 1.3m, 좌우 협시불 각 2.1m

태안 팔경 중 제1경으로 꼽히는 백화산(白華山) 중턱에 국보 제307호 태안 마애삼존불입상 (泰安 磨崖三尊佛立像)이 자리 잡고 있다. 커다란 바위 동쪽 면에 커다란 감실을 만들고 삼존 불을 조성했는데, 중앙의 작은 보살상 좌우로 커다란 불상 2기를 배치한 파격적인 형식이 다. 일반적인 삼존불 형식이 아닌 '1보살 2여래'의 놀라운 구도는 불교의 불이사상(不二思 想)과 맥이 닿아 있다. 즉 둘이면서도 하나로 귀일하는 사상을 보살이 연결해주는 것으로 대승불교의 이념을 상징하는 것이다.

불상은 하체가 땅에 묻혀 있었던 것을 1995년 발굴하여 지금의 모습을 드러냈다. 세 구 모 두 분명한 복련 대좌를 갖추고 있다. 좌우의 불상은 기본적인 형태가 같은데 오른쪽 여래 의 얼굴이 좀 더 사실적이고, 시무외인과 여원인을 한 수인이 조금 다를 뿐이다. 조각은 환조에 가까운 고부조로 새겼고 당당한 체구에 팽이 모양의 육계를 지니고 있다. 통견의

법의는 묵중하고 가슴에 띠 매듭이 보인다. 얼굴에는 양감이 풍만하고 꽉 다문 입은 미소를 짓고 있지만 강건한 느낌이다.

가운데 보살상은 중앙 부분이 조금 높다란 산 모양의 보관을 썼고 귀 양쪽으로 장식이 늘어져 어깨에 닿아 있다. 양 협시불의 특징을 그대로 이어받으면서도 좀 더 여성적이며 부드러운 느낌이 든다.

태안 마애삼존불입상은 당시 중국과의 교역이 활발했던 지리적 특성상 중국 산둥 지역에서 유행하던 마애석굴의 영향을 받았을 것이다. 오른쪽 여래는 양손을, 왼쪽 여래는 오른손을 새끼손가락과 약손가락을 접고 있는데, 이런 양식은 중국 북위 효문제 때(477년)를 전후해 만들어진 윈강 석굴 포복불 양식에서 비롯된 것이라고 한다.

태안 마애삼존불은 여러모로 서산 마애삼존불상과 비교된다. 둘 다 백제 때 조성된 작품으로 조각 수법이나 모양새, 보존 상태 등으로 미뤄볼 때 태안 마애불이 앞선 것으로 추정된다.

태을암(太乙庵)은 대한불교 조계종 제7교구 본사인 수덕사의 말사다. 정확한 창건 연대는 알 수 없으나 사찰의 명칭이 단군 영정을 모셨던 태일전(太一殿)에서 유래했다고 하며, 현재의 건물들은 근래에 중창한 것이다. 대웅전 앞마당에 서면 태안읍의 전경과 시원스레 펼쳐진 서해를 한눈에 조망할 수 있다.

⊙ 찾아가기
- 주소 : 충청남도 태안군 태안읍 동문리 산 42
- 내비게이션 : 태안 마애삼존불 / 태을암
  서해안고속도로 서산IC → 32번 국도 → 서산 시내 → 평천 교차로 → 태안 읍내 → 교통광장 → 태을암

계룡산 마애불

논산 상도리 마애불

구분: 충청남도 유형문화재 제175호 | **시대**: 고려시대 | **규모**: 높이 6m

논산 상도리 마애불(論山 上道里 磨崖佛)은 계룡산(鷄龍山)의 남서쪽 줄기, 속칭 미륵당골로 통하는 곳에 자리 잡고 있다. 거대한 천연 암벽에 불신을 선각하고 그 위에 불두를 조성하여 결합했다.

머리는 나발에 육계가 크다. 눈은 지그시 감고 있으며 입이 좁고 얼굴은 길고 갸름하다. 목에는 삼도가 표현되었고 법의는 양어깨에 걸쳐 드리워진 통견의로 선각 처리했다. 왼손은 가슴 앞에 두고 오른손은 자연스럽게 아래로 내렸다. 고려시대 거불 양식의 전형을 잘 보여주는 작품이다.

마애불 앞에는 넓은 평지가 남아 있는데 고려 때 사찰 용화사지(龍華寺址)로 알려져 있다. 주변에서 많은 기와 조각이 발견되었다.

한편 상도리 마애불의 들머리에 위치한 신원사(新元寺)도 그냥 지나치기 힘들다. 대한불교 조계종 제6교구 본사인 마곡사(麻谷寺)의 말사로 651년(의자왕 11)에 열반종(涅槃宗)의 개산조 보덕(普德)이 창건했다. 신라 말 도선이 중창했고, 1298년(충렬왕 24)에는 무기(無寄)가, 조선 후기에는 무학(無學)이 중창했다.

계룡산 동서남북 4대 사찰 중 남사(南寺)에 속하며 현존하는 당우로는 대웅전, 향각(香閣), 영원전, 대방(大方), 요사채 등이 있다. 대웅전에는 아미타불을 주존불로 모시고 있으며, 향각의 불상은 명성황후가 봉안한 것이라고 전한다.

부속 암자로는 고왕암, 등운암, 마명암, 남암 등이 남아 있다. 이 가운데 고왕암은 660년(의자왕 21)에 창건했는데, 암자의 이름을 고왕(古王)이라 한 것은 나당연합군이 백제를 침공할 때 백제의 왕자 융(隆)이 피난했다가 이곳에서 항복한 곳이라 하여 붙여진 것이다.

⊙ 찾아가기

- 주소 : 충청남도 논산시 상월면 상도리 산 60
- 내비게이션 : 논산 상도리 마애불

당진상주고속도로 공주IC → 생명과학고 교차로 → 신공주대교 → 23번 국도 → 계룡저수지 → 갑사로 → 신원사 → 논산 상도리 마애불

계룡산 신원사 앞에서 시튼 영성의 집 진입로와 용화사 팻말 중간 내리막길로 접근한다. 내비게이션의 안내를 받아 다가가면 두 개의 굿당 간판이 보이는데, 연화당 쪽으로 들어가야 한다. 굿당 앞 오른쪽 주차장 아래를 살펴보면 가느다란 오솔길이 보인다. 그 길을 따라 샛길을 올라가면 두어 기의 민묘가 보이고, 커다란 바위가 많아질 즈음 등산로 왼쪽으로 커다란 불상 바위가 보인다. 굿당에서 700m, 10분쯤 소요된다.

낙조봉 아래 조릿대 숲의 돌부처

노산 수락리 마애불

___

구분 : 충청남도 문화재자료 제276호 | **시대** : 조선시대 | **규모** : 높이 2.7m

___

논산 수락리 마애불(論山 水落里 磨崖佛)은 대둔산(大芚山) 최고봉인 마천대 북서쪽 낙조봉 아래에 자리 잡고 있다.

바위 면에 움푹 들어가게 새겨서 불상의 전체적인 윤곽은 뚜렷하지만, 오랜 풍화작용으로 마멸이 심한 편이다. 법의는 양어깨를 감싼 우견편단으로 옷 주름이 발목까지 선명하다. 오른손은 자연스럽게 아래로 내렸고 왼손은 손가락 펴서 가슴께에 붙였다. 토속적인 느낌이 강한 불상으로, 제작 연대는 알 수 없지만 조각 기법상 조선 초기 작품으로 추정된다.

대둔산은 전북과 충남의 경계로서 양도에서 나란히 도립공원으로 지정한 산이다. 우리나라 팔경 중 하나로서 최고봉인 마천대를 중심으로 웅장한 기암괴석들이 어깨를 마주하며 위용을 뽐내고 있다.

전북 쪽으로는 임금바위와 입석대를 연결한 구름다리가 유명하고, 마왕문, 신선바위, 넓적바위, 장군봉, 남근바위 등과 같은 기암과 칠성봉, 금강봉 등 첨봉들이 금강산 부럽지 않은 경승지를 뽐낸다.

⊙ 찾아가기

- 주소 : 충청남도 논산시 벌곡면 수락리
- 내비게이션 : 논산 수락리 마애불 / 태고사

  대전 남부순환고속도로 안영IC → 대둔산로 → 선무 교차로 → 두지 삼거리 → 태고사 삼거리 → 태고사 입구

  태고사 주차장에서 등산로를 따라 1km쯤 오르면 능선 위 갈림길이 나타나는데, 줄곧 오르막이라 1시간쯤 소요된다. 갈림길에서 2분쯤 내려가면 낙조산장이고, 산장 뒤꼍 철제 계단 위의 조릿대 숲에 불상이 있다. 능선의 갈림길에서 이정표를 따라 조금 더 오르면 일몰이 아름다운 낙조봉이다.

소박한 이웃을 닮은 얼굴

논산 신풍리 마애불

구분 : 충청남도 유형문화재 제54호 | **시대 :** 고려시대 | **규모 :** 높이 약 3.5m

논산 신풍리 마애불(論山 新豊里 磨崖佛)은 야트막한 산기슭에 있는 약 10m 높이의 바위에 선각되어 있다. 이곳은 영은사(永恩寺)라는 암자가 있었던 자리로, 최근까지도 불상 앞에 사당이 있었다고 한다.

불상은 친근감이 느껴지는 소박한 얼굴이다. 네모난 얼굴, 소발의 머리 위에는 높다란 육계가 있고 미간에는 백호의 흔적이 보인다. 반타원형 눈을 반쯤 뜨고 있으며 코가 넓적하고 입은 매우 작게 묘사했다. 갸름한 귀는 어깨까지 늘어져 있고 짧은 목에는 가느다란 삼도가 보인다. 두 손은 가슴 앞에서 모아 마주 잡았고, 법의는 통견의로 바위 조각이 군데군데 떨어져 나가 불분명하다. 딱딱해 보이는 옷 주름이 목덜미에서 V자형으로 흘러내렸다.

두광은 꼭대기 세 구의 화불로 대신했고 신광도 가느다란 음각선으로 불꽃무늬를 새겼는데 수법은 조금 어색해 보인다. 전체적인 세련미가 조금 떨어져 보이고 간략화한 착의 형태, 토속적인 얼굴 표현 등에서 고려 중기 작품으로 추정된다.

탑정호는 탐방객들을 위한 휴식공원과 걷기 코스가 잘 조성되어 있다. 휴정서원과 계백 장군 묘역도 함께 둘러보면 좋은데, 장군의 무덤에 얽힌 사연도 흥미롭다.

백제 말기인 660년(의자왕 20), 나당연합군 5만이 요충지인 탄현과 백강으로 진격해오자 계백 장군은 황산벌에서 5천의 결사대를 이끌고 맞섰다. 죽음을 각오한 결사대의 용맹스런 활약으로 네 차례의 싸움에서 모두 승리했지만, 수적 열세로 결국 장렬한 최후를 맞고 말았다. 그런데 전투가 끝난 뒤 김유신이 백방으로 수소문해도 계백의 시신이 보이지 않았다. 부근에 있던 백제 유민들이 몰래 시신을 거두어 가장곡에 가매장했기 때문이다. 그 후 오랫동안 무덤을 찾지 못하다가 1966년 봉분의 반 이상이 무너지면서 석곽이 노출되었다.

이에 주민들이 지석을 안치하고 내광 회벽을 완봉한 후 복묘했으며, 1976년에는 봉토를 만들고 비석을 세웠다.

⊙ 찾아가기

- 주소 : 충청남도 논산시 부적면 신
  풍리 산 13
- 내비게이션 : 영사암 / 휴정서원
  천안논산고속도로 서논산IC → 논
  산 교차로에서 대전·논산 방면 →
  부적 교차로 → 외성 삼거리에서 우
  회전 → 탑정호 → 계백 묘역 → 영
  사암

내비게이션에 주소나 마애불을 입
력하면 헤매기 십상이다. 영사암이
나 휴정서원을 입력한다. 탑정호
계백 묘역을 지나쳐 신풍리 쪽으로
좀 더 진행하면 휴정서원이 나온
다. 휴정서원 바로 직전 작은 삼거
리에서 좌측 영사암으로 올라가는
비포장도로가 보인다. 길 끝에 주
차하고 5분쯤 올라가면 조선 때 김
국광 형제가 시묘살이를 했다는 영
사암이 나타나고, 건물 뒤편 바위
에 마애불이 있다.

천년고찰을 향한 그리움

연산 송정리 마애삼존불

구분 : 충청남도 문화재자료 제328호 | **시대** : 고려시대 | **규모** : 본존불 높이 3.2m

연산 송정리 마애삼존불(連山 松亭里 磨崖三尊佛)은 충남 논산 연산면 소재지에서 대전 쪽으로 3km 쯤 떨어진 하송 마을 뒷산에 서 있다. 계룡산 줄기의 남단에 해당하는 곳으로, 왼쪽에는 천년고찰 개태사(開泰寺)가 자리 잡고 있다. 조성 연대나 유래에 대한 기록은 없지만 개태사와 관련 있는 불상이 아닐까 조심스레 추측할 수 있다.

4m쯤 되는 수직 암벽에 입상의 삼존불을 선각했는데 본존불은 3.2m, 좌우 협시불은 1m 정도 높이다. 본존불은 양손을 가슴까지 들어 올려 합장했다. 머리에는 굵은 육계가 표현되었고 두광과

신광도 보인다. 얼굴보다 눈을 크게 묘사했
는데 눈썹 부분만 확인된다. 코도 크고 목에
는 삼도가 있다. 길게 늘어진 법의 자락은
꼭 누비 장삼처럼 보인다. 좌우 협시불은 본
존불의 절반 정도 크기로 본존불과 거의 비
슷하고 광배는 표현되지 않았다.

불상이 새겨진 바위 면이 가로로 갈라져 있
어 본존의 가슴 부위와 우협시의 머리 부분
도 갈라져 있다.

한편 개태사는 936년(태조 19) 고려 태조가 후백제의 신검(神劍)을 무찌르고 삼국을 통일한 것을
기려 '황산'을 '천호산'으로 개칭하고 창건했다고 한다. 이후 퇴락하여 폐사되었다가 1930년에
중창하여 오늘날에 이른다. 문화재로는 보물 제219호인 개태사지 석불입상(開泰寺址 石佛立像)과
5층 석탑, 석조, 철확(鐵鑊) 등이 남아 있다. 철확은 승려들의 국을 끓이던 커다란 가마솥으로 그
크기가 지름 3m, 높이 1m, 둘레 9.4m나 된다.

⊙ 찾아가기

- 주소 : 충청남도 논산시 연산면 송정리 산 41-2
- 내비게이션 : 연산 송정리 마애삼존불 / 송정교
  호남고속도로 계룡IC → 계룡 시내 → 계룡대교 → 개태사
  → 송정교
  개태사에서 약 800m 지점에 철길 건널목과 송정교가 보
  인다. 다리를 건너면 우측 논 끝 외딴집이 보이고 그 집 뒷
  산 8부 능선에 희미하게 불상 바위가 보인다. 길이 따로 없
  고 방향을 어림잡아 올라야 하는데 찾기 힘들지는 않다. 잡
  목을 헤치고 올라가야 하므로 여름철은 피하는 것이 좋다.

우리나라 최초의 석조사방불

예산 화전리 사면석불

구분 : 보물 제794호 | **시대 :** 백제시대 | **규모 :** 본존불 높이 3.1m

예산 화전리 사면석불(禮山 花田里 四面石佛)은 화전리 마을 뒷산에 쓰러져 묻혀 있던 것을
발굴하여 원래의 암반 위에 세운 것이다. 돌출된 돌기둥의 4면으로 깎아 다듬고 사방불을
조성했다. 가장 넓은 면인 남면에 좌상의 본존불을 새기고 동·북·서면에는 입상불을 조
각했다.

본존불은 머리와 팔이 없어졌고 우측 무릎과 광배 일부가 파손되었으나 전체적인 윤곽이
듬직하고 박력이 넘쳐 보인다. 불신은 두꺼운 법의에 가려져 가슴이나 배 등의 양감 표현
은 느낄 수 없지만 매우 세련된 걸작임을 알 수 있다.

동면의 입상은 본존에 비해 소박해 보이면서도 당당해 보인다. 넓은 가슴, 균형 잡힌 어깨

와 힘 있는 팔, 곧은 하체 등이 우아하고 세련된 형태미를 자랑한다. 북면의 입불상도 동면의 불상과 비슷하지만 노출되었던 부분이 있어서 원형 일부를 상실한 모습이고, 전면 노출되었던 서면불도 마멸이 심해 보인다.

이런 사방불의 특징은 중국의 공현석굴(鞏縣石窟) 1·3·4굴(517~528년)과 연관성이 있어 보이고 용문 양식(494~525년)과도 상통한다고 한다. 따라서 백제시대 작품 중 가장 초기의 것으로, 세련미 면에서도 서산 마애삼존불상에 버금갈 정도의 작품이다. 우리나라 최초의 사면석불로, 고대 조각사와 백제 미술사를 연구하는 데 귀중한 자료로 평가된다.

⊙ **찾아가기**
- 주소 : 충청남도 예산군 봉산면 화전리 61
- 내비게이션 : 예산 화전리 사면석불
  당진상주고속도로 고덕IC → 덕산 방면 → 대지
  사거리 → 봉산면사무소 → 화전2리 마을회관 →
  예산 화전리 사면석불

신도시의 부흥을 기원하는 불상

홍성 신경리 마애여래입상

구분 : 보물 제355호 | **시대 :** 고려시대 | **규모 :** 높이 4m

충남 홍성 용봉사(龍鳳寺)는 대한불교 조계종 제7교구 본사인 수덕사의 말사다. 정확한 창건 연대는 알 수 없으나 현존하는 유물로 볼 때 백제 말기에 창건된 것으로 보이며, 괘불 영산회상도(보물 제1262호)와 부도, 석조 등이 유물로 남아 있다. 현재의 대웅전과 극락전, 산신각 등은 1980년대에 옛 절터에서 위치를 조금 옮겨 중창한 것이다.

용봉사에서 좌측 등산로를 따라 10분쯤 올라가면 옛 용봉사지의 널찍한 공터와 함께 4m 높이의 대형 불상이 나타나는데, 바로 홍성 신경리 마애여래입상(洪城 新耕里 磨崖如來立像) 이다. 툭 튀어나온 바위 한 면을 다듬어 감실을 만들고 그 안에 돋을새김으로 대형 마애불 을 조성했다.

앞으로 조금 기울어진 형태의 불상은 소발에 상투 모양의 육계가 큼직하다. 몸에 비해 얼 굴이 크고 풍만하며 입가에 은은한 미소를 띠고 있어 온화한 인상을 풍긴다. 목이 짧아서

삼도는 가슴에 표현되었다. 법의는 통견의이고 아래로 내려갈수록 도식적으로 선각 처리
했다. 왼손은 시무외인을, 오른손은 여원인을 지었고, 광배는 쪼아낸 바위 면을 이용해 윤
곽선만 간략하게 표현했다.

얼굴 부분은 입체감이 살아 있고 원만한 데 비해 아래로 내려갈수록 볼륨감이 약해지고 균
형미가 떨어짐을 알 수 있는데, 이는 고려 초기 마애불의 특징 중 하나다.

용봉산(龍鳳山)은 홍성의 진산으로 가야산, 덕숭산과 함께 덕산도립공원으로 지정된 산이
다. 능선에 오르면 오형제바위, 공룡바위, 칼바위 등 기암이 즐비하다. 마애불 답사는 용
봉산 등산을 병행하면 더없이 좋겠지만, 불상 뒤편의 바위에만 올라도 산 정상은 물론 맞
은편 병풍바위와 홍성 들을 한눈에 조망할 수 있다. 충남도청이 이전하여 내포 신도시로
거듭나고 있는 홍성 들녘은 이제 새로운 도약을 꿈꾸고 있다.

⊙ 찾아가기
- 주소 : 충청남도 홍성군 홍북면 신경리 산 80-1
- 내비게이션 : 신경리 마애여래입상 / 용봉사
  당진상주고속도로 고덕IC → 622번 도로 → 덕산읍 → 읍내 사거리에서 홍성 방면 → 수암산로 → 송산 교차로 → 도청대
  로 → 용봉사
  용봉산 공용주차장에 주차하고 상가단지를 지나면 용봉사 일주문이 나타난다.

명문화된 최고(最古)의 마애불

용봉사 마애불

구분 : 충청남도 유형문화재 제118호 | **시대** : 통일신라시대 | **규모** : 높이 2.3m

용봉사 일주문 통과 후 왼쪽으로 보이는 첫 번째 바위에 용봉사 마애불(龍鳳寺 磨崖佛)이 새겨져 있다. 천연 절벽 바위 면이 커다랗게 떨어져 나간 곳에 감실을 만들고 돋을새김으로 불상을 조성했다.

불상의 머리 부분은 두드러지게 부조하고 하체는 얕게 표현했는데, 두상에 비해 손이 작고 입 주위를 움푹 파서 파격적인 미소를 연출했다. 또 불상의 오른쪽 어깨 옆에 3행 31자의 불상 조성기를 남겨 불상 연구에 중요한 자료를 제공하고 있다. 마멸이 심한 글귀 가운데 전문가들이 판독해낸 것은 모두 세 가지인데, 소성왕 원년(799년) 대조법사가 조성했다는 것과 후원자는 장진대사라는 것, 그리고 명문화된 마애불 중 가장 오래된 작품이라는 것이다.

불상은 소발에 상투 모양의 육계가 솟아 있다. 타원형인 얼굴은 풍만하고 눈과 입에는 흐뭇한 미소가 번져 있어 8세기 신라 불상의 흔적이 엿보인다. 두 귀는 길고 목에는 삼도가 있다. 오른쪽은 내리고 왼쪽은 들고 있는 홍성 지역 특유의 수인을 하고 있으며, 신체에 비해 매우 작게 표현되었다. 옷 주름은 U자형으로 둘러져 있고 불신은 원통형인데, 자연스러운 어깨에 비해 가슴은 양감이 부족하다. 두 다리는 굴곡을 찾아보기 힘들고 무릎 아래 하반신의 표현도 불분명하다. 9세기 마애불의 시작을 일러주는 불상으로 높이 평가된다.

⊙ 찾아가기

- 주소 : 충청남도 홍성군 홍북면 신경리 510-24
- 내비게이션 : 용봉사 마애불 / 용봉사
  당진상주고속도로 고덕IC → 622번 도로 → 덕산읍 → 읍내 사거리에서 홍성 방면 → 수암산로 → 송산 교차로 → 도청대로 → 용봉사
  용봉사를 나서서 용봉초등학교 방향으로 3km쯤 이동하면 용봉산 서쪽의 또 다른 불상 '상하리 미륵불'을 감상할 수 있다. 높이 8m의 거불로 절벽 아래 수직으로 솟아 있는 바위 면을 깎아 조성한 장대한 규모가 보는 이를 압도한다.

아들을 점지해주는

홍성 구절암 마애불

구분 : 충청남도 유형문화재 제361호 | **시대 :** 미상 | **규모 :** 높이 3.3m, 너비 2.4m

홍성 구절암 마애불(洪城 九節庵 磨崖佛)은 보개산(寶蓋山) 구절암 경내에 새겨져 있는 불상
이다. 지각변동으로 인해 조금 기울어진 상태로 연화 좌대에 봉안되었다. 머리에는 구슬
로 장식된 보관을 썼고, 신체에 비해 얼굴이 매우 크며 소발에 육계가 보인다. 눈썹 사이
에는 동그란 백호가 뚜렷하고 손과 발은 세밀하게 조각했다. 전국의 많은 마애불이 입상인
데 반해 구절암 마애불은 연꽃 대좌 위에 앉아 있는 것이 독특하다.

햇볕의 진행 방향에 따라 마애불이 숨었다 나타나기를 반복한다고 하고, 지극 정성으로 염
원하면 아들을 점지해준다는 말이 전해진다.

보개산 정상부에 위치한 구절암은 일명 칠절사(七節寺)라고도 불리는데, 정확한 창건 시기
는 알 수 없으나 '康熙(강희)'라고 새겨진 조선시대의 기와 조각이 발견된 점으로 볼 때 청
나라 강희제의 재위기인 1662~1722년에 창건되거나 중건된 것으로 추정된다. 법당과 산

신각, 요사채로 구성된 조촐한 암자로 절 마당에서 바라보는 들판 전경이 시원스레 와닿는다.

⊙ **찾아가기**
- 주소 : 충청남도 홍성군 구항면 지정리 570-1
- 내비게이션 : 홍성 구절암 마애불 / 구절암
  서해안고속도로 홍성IC → 29번 국도 → 구항 교차로에서 우회전 → 1km 지점에서 화산리 방면 → 지석 마을에서 구절암 이정표를 따라 진행 → 구절암

민초들의 염원을 들어주던
부여 홍산 상천리 마애불입상

구분 : 충청남도 유형문화재 제140호 | **시대** : 고려시대 | **규모** : 높이 5.2m

상천리 야산 바위에 새겨진 여래불로, 정식 명칭은 부여 홍산 상천리 마애불입상(扶餘 鴻山 上川里 磨崖佛立像)이다.

앞쪽으로 조금 기울어진 커다란 바위에 얕은 부조로 불상을 새겼는데, 신체에 비해 얼굴이 크고 우람해 보인다. 소발의 머리에 육계가 솟아 있고, 넓고 둥근 얼굴에 눈이 가느다랗고 입술이 두꺼워서 토속적인 인상을 풍긴다.

법의는 우견편단으로 옷자락이 왼쪽 어깨를 덮고 있는데, 나비 모양으로 묶은 띠 매듭이 매우 독

특하다. 옷 주름은 배 부분에서 아래로 둥글게 늘
어져 있다. 왼손은 배 앞에 대어 손바닥을 벌렸고
오른손은 자연스럽게 늘어뜨려 엄지와 검지를 맞
댔다. 발 아래쪽은 땅에 묻혀 있는 상태다.
주변에 별다른 사지의 흔적이 없는 것으로 보아
민불로 조성된 것으로 보인다. 보존 상태도 비교
적 양호하고 부여 지역에서 보기 드문 대형 마애
불이다.

⊙ **찾아가기**
- 주소 : 충청남도 부여군 홍산면 상천리 산 104-1
- 내비게이션 : 부여 홍산 상천리 마애불입상
  서천공주고속도로 서부여IC → 좌홍 교차로 → 교원 삼거리 → 삽
  티로를 따라 2km → 부여 홍산 상천리 마애불입상
  마애불이 위치한 곳은 산의 8부 능선에 해당하지만, 야산에 밤나무
  밭이 조성되어 있어 승용차로 바로 밑에까지 접근할 수 있고 주차
  장도 있다.

용화 세상을 꿈꾸던 중생들의 희망

대천 왕대사 마애불

구분 : 충청남도 문화재자료 제317호 | **시대** : 고려시대 | **규모** : 높이 3.3m

대천 왕대사 마애불(大川 王臺寺 磨崖佛)은 충남 보령시 내항동 왕대사 서쪽 암벽에 음각된 고려시대 마애불이다.

왕대사란 절 이름은 신라 마지막 임금인 경순왕의 미륵 세계 실현을 위한 이 지역 순례와 관련된 것으로 전해지며, 불상도 그즈음 조성되었을 것으로 추측된다. 용화 세상을 꿈꾸는 중생들에게 희망의 상징으로 숭배되어온 불상인데, 오랜 세월의 풍화로 세부 표현은 정확히 알아보기 힘들다.

소발의 머리에 주위로 보주형 광배가 보인다. 그러나 안타깝게도 마멸이 심해 얼굴 식별이 힘들고 귀도 너무 커서 균형이 맞지 않는다. 목 부위가 짧아 턱과 가슴이 붙은 것 같고 법의와 수인도 흐릿하다. 삼도와 불신 아랫부분도 불분명한 것이, 전반적으로 보존 상태가 좋지 못한 편이다.

⊙ 찾아가기

- 주소 : 충청남도 보령시 내항동 산 97
- 내비게이션 : 대천 왕대사 마애불

  서해안고속도로 대천IC → 터미널 사거리 → 어항
  방면으로 5분 → 왕대사
  왕대사의 배후인 왕대산은 해발 124m의 바위산으
  로, 시야가 탁 트이는 정상에서 서해 낙조를 감상하
  기에 안성맞춤이다. 서해안 최대 해수욕장인 대천
  해수욕장도 가깝다.

대전의 유일한 마애불

보문산 마애여래좌상

구분 : 대전광역시 유형문화재 제19호 | **시대** : 고려시대 | **규모** : 높이 3.2m

대전 중구 석교동에 위치한 복전암(福田庵)에서 보문산으로 오르는 등산로가 있는데, 이 길로 1km쯤 올라가면 보문산 마애여래좌상(寶文山 磨崖如來坐像)이 자리 잡고 있다. 보문산성 동쪽에 해당하는 곳이다.

등산로 한쪽에 가로세로 6m쯤 되는 천연 바위가 있는데, 그 하단 가운데의 평평한 면을 골라 여래불을 조성했다. 바위 윗부분이 동쪽으로 뻗어 비바람을 가려주고 있어서 보존 상태가 좋다.

결가부좌한 좌불로, 머리 위에 육계가 있고 목에는 삼도가 뚜렷하다. 눈썹이 굵고 눈은 가늘게 내리떴으며 입술은 두터워 보인다. 코도 뭉툭하여 전체적으로 풍만하다. 법의는 통견의로 선각 처리했다. 오른손은 가슴 앞에 들고 왼손은 배 위에 얹었는데 마멸이 심해 수인은 알아보기 힘들다. 불상 주위로 두광과 신광을 둥글게 새겼는데 바깥을 선으로 음각하고 내부는 정으로 쪼아 윤곽을 분명히 했다. 조각 기법이 우수한 불상이고 고려 후기 작품으로 추정된다.

'복밭'이라는 의미를 지닌 복전암은 현재 30여 명의 비구니가 상주하는 비구 사찰이다. 전설에 의하면 마애불 아래쪽에 오래전부터 신묘사(神妙寺)라는 절이 있었는데, 어느 날 마애불 정상에 있던 큰 바위가 굴러떨어져 절간이 크게 파손되었다. 이에 당시 풍수지리에 능한 학조대사가 좀 더 아래쪽에다 터를 골라 새 암자를 짓고 부서진 절에 있던 불상을 옮겨다 모셨는데, 그것이 지금의 복전암이다. 이때 옮겨온 불상과 함께 산에 있는 마애불도 모시게 했는데, 그 후 마애불은 복전암의 주불인 관음불과 함께 섬겨지면서 많은 이들이 찾아와 예불하게 되었다고 한다.

⊙ 찾아가기

- 주소 : 대전광역시 중구 석교동 17
- 내비게이션 : 보문산 마애여래좌상 / 복전암

  중부고속도로 판암IC → 판암역 → 신흥역 → 제2차수교 앞 네거리 → 부사 네거리에서 금산 방면 400m 지점에서 좌회전 → 복전암
  복전암 주차장에서 등산로를 따라 20분쯤 오르면 된다.

마애불을 찾아가는 여행 ❸
세종 · 충북

미혹을 떨치고 만나고 싶은

청주 정하동 마애비로자나불좌상

———

구분 : 충청북도 유형문화재 제113호 | **시대** : 고려시대 | **규모** : 높이 3.2m

———

충북 청주시 상당구 정하동 평지에 우뚝한 작은 동산, 속칭 '돌산'을 찾아가면 바위 군락의 돌출된 곳을 골라 선각한 청주 정하동 마애비로자나불좌상(淸州 井下洞 磨崖毘盧遮那佛坐像)을 만날 수 있다.

불상은 화려한 연꽃 받침 위에 결가부좌로 앉아 있는데, 두광을 두른 머리에는 관모를 썼고 이마에는 백호공이 뚜렷하다. 네모진 얼굴에는 자비로움과 원만함이 넘쳐 보이고, 두 귀는 큼직하고 목에는 삼도가 선명하다. 신체도 당당하고 전체적인 균형미도 빼어나다.

통견의 법의는 양팔에 걸쳐 대칭을 이루며 발 아래로 흐르고, 신체를 따라 얕게 선각된 옷

주름도 선명하다. 수인은 오른손으로 왼손의 둘째손가락을 잡고 있는 지권인(智拳印)이다. 비로자나불은 신라 고승 의상대사가 개창한 화엄종의 주존불로, 미혹에 찌든 사람의 눈에는 보이지 않지만 강한 믿음과 일심으로 염원하면 언제 어디서든 만날 수 있는 부처님으로 통한다.

장방형 얼굴, 잘록한 허리, 볼륨감 있는 무릎 등으로 볼 때 고려 초기 작품으로 보여지며, 유려한 조각 솜씨와 우리나라에서는 드물게 관모를 쓴 비로자나불이라는 점에서 문화재로서 가치가 높다.

⊙ 찾아가기
• 주소 : 충청북도 청주시 상당구 정하동 산 9-1
• 내비게이션 : 정하동 마애비로자나불좌상
  중부고속도로 오창IC → 공항대교 → 17번 국도 → 율량 교차로 → 정하 사거리에서 우회전 후 약 600m

깨어져 날지 못하는 꿈

송용리 마애불

구분 : (구)충청남도 문화재자료 제43호 | **시대 :** 고려시대 | **규모 :** 높이 2.3m

송용리 마애불(松龍里 磨崖佛)은 철로 옆 야트막한 언덕에 서 있는 아미타여래불이다. 영원한 수명과 무한한 광영을 보장해주는 아미타여래, 지위 고하를 막론하고 누구나 선을 베풀고 지극 정성으로 모시면 서방극락으로 인도하는 부처님이다.

불상 높이 2.3m, 광배 높이 2.6m로 커다란 배 모양의 광배 중앙에 돋을새김으로 조성한 불상인데, 안타깝게도 오른쪽 눈 윗부분이 깨어져 나갔고 무릎 아래쪽은 땅에 묻혀 있다. 머리에도 큼지막한 육계가 보이나 파손되어 일부만 남아 있다. 그나마 다행인 것은 얼굴의 이목구비가 선명하다는 점이다. 두 손은 가슴까지 들어 올려 손바닥을 안쪽으로 향했다.

전체적으로 육중한 안정감을 주는 작품으로, 고려 중기 작품으로 추정된다.

불상이 깨어진 것에 관련해서는 그럴싸한 이야기가 전해진다.

옛날 커다란 뱀이 겁 없이 불상 위로 올라가 앉자, 맑은 하늘에 느닷없이 벼락이 쳐서 뱀을 죽게 했는데 그때 불상의 일부가 깨어져 나갔다는 것이다. 호미로 막을 것을 가래로 막으려다 화를 자초했다는 교훈일 것이다.

마애불과 나란히 있는 전각은 열녀 함양 김씨를 기리는 정려(旌閭)이다. 지형으로 보아 불상의 본래 자리도 이곳이 아닌 것 같고, 인근 지역을 개발할 때 별뜻 없이 한데 모아놓은 것처럼 보인다.

⊙ **찾아가기**
- 주소 : 세종특별자치시 연동면 송용리 99-3
- 내비게이션 : 송용리 마애불
  경부고속도로 청주IC → 조치원 방향으로 5km → 오송2교차로에서 세종시 방면 → 미호대교 → 예양 교차로 → 송용리 마애불
  내판역에서 조치원 쪽으로 200m, 동면 파출소 뒤 야산에 있다.

폐사지의 석탑과 불상들

남하리 사지마애불상군

구분 : 충청북도 유형문화재 제197호 | **시대** : 고려시대 | **규모** : 높이 2.5m~3m

충북 증평군 증평읍 염실 마을 뒤쪽 남대산 자락에 옛 절터임을 증명하는 남하리 3층 석탑
(충청북도유형문화재 제141호)이 서 있고, 그 뒤쪽 자연 암벽에 불상들이 조성되어 있는데 남
하리 사지마애불상군(南下里 寺址磨崖佛像群)이다. 충북 지역에서는 희귀한 삼존불과 반가
사유상, 여래상이 한데 모여 있는 불상군으로, 신라 말기인 9세기에서 10세기 초에 조성
된 것으로 추정된다. 1954년까지만 해도 이곳에 암자가 있었다고 한다.
자연 암벽 3면에 5기의 불상이 조성되어 있는데 본존불과 좌우 협시보살을 조각한 한 면이
있고, 그 북쪽 면에 별개의 여래입상이 조각되어 있다. 삼존불 남쪽 앞 삼각형 바위에는

반가사유상이 새겨져 있다. 3면 5기의 불
상·보살군은 안타깝게도 오랜 풍상을 겪으
면서 마멸이 심한 상태다.

삼존불 아래 땅에는 물이 솟아나는 작은 우
물이 파여 있고, 주변에 정갈한 불기(佛器)
가 놓여 있어 지금도 힘없는 백성들의 염원
이 모이는 곳임을 알 수 있다. 석탑 뒤로는
남대산으로 오르는 등산로가 보인다.

⊙ 찾아가기
- 주소 : 충청북도 증평군 증평읍 남하리 산 35-2
- 내비게이션 : 남하리 사지마애불상군
  남하3리 염실 마을 뒤 왼편 서당골 쪽에 있는 외딴집 뒤로
  야트막한 언덕이 보인다. 언덕에 올라서 산 쪽을 보면 보
  호각과 돌탑이 보인다. 불상군을 돌아본 뒤 같은 동네에 있
  는 증평 남하리 석조보살입상(曾坪 南下里 石造菩薩立像,
  충청북도 유형문화재 제198호)도 찾아보면 좋다.

부처당 고개의 수호신

진천 태화 4년명 마애불입상

구분 : 충청북도 유형문화재 제91호 | **시대 :** 통일신라시대 | **규모 :** 전체 높이 1.7m, 불상 1.19m

----

진천 태화 4년명 마애불(鎭川 太和 四年銘 磨崖佛立像)은 진천에서 증평으로 통하는 길목 암
벽에 조성되어 있다. 예로부터 '부처당 고개(부창이 고개)'로 불리던 곳이다. 그리 높지 않
은 바위 한 면을 쪼아 얕은 감실을 만들고 그 안에 불상을 모셨는데, 바위 재질이 물러서
손상이 심하고 세부적인 표현은 판독하기 힘들다. 특히 불두 부분의 마멸이 심해서 이목구
비조차 희미하고 수인도 구분할 수 없다.

그럼에도 이 불상이 중요한 것은 불상의 좌 · 우측 상단에 음각한 명문 때문이다. 마애불
왼편에 후대에 새긴 것으로 보이는 미륵불이라는 큼직한 글씨가 있고, 반대편에는 '太和

四年庚戌三月日(태화사년경술삼월일)' 이라는 명문이 새겨져 있어 신라 흥덕왕 5년(830년)에 조성된 미륵불상임을 알 수 있다. 이 지역 불상 연구에서 빼놓을 수 없는 중요 자료로 평가된다.

⊙ 찾아가기
- 주소 : 충청북도 진천군 초평면 용정리 산 7
- 내비게이션 : 진천 태화 4년명 마애불입상
  중부고속도로 진천IC → 신성 사거리 → 진천 태화 4년명 마애불입상
  진천에서 증평으로 향하는 34번 도로변으로, 초평저수지에서 가깝다.

누군가의 치성을 들어주던 어여쁜 임

진천 노원리 석조마애여래입상

구분 : 충청북도 유형문화재 제189호 | **시대** : 고려시대 | **규모** : 높이 6.1m

충북 진천 이월면 노원리 서원 마을 뒤쪽 야산에 진천 노원리 석조마애여래입상(鎭川 老院 里 石造磨崖如來立像)이 있다. 수직 바위에 굵게 선각한 불상이다. 얼굴은 입체감 없는 둥근 선으로 표현했고, 두 눈은 부드러운 미소를 짓는 상태로 꼭 감고 있다. 목에 짧은 삼도가 나 있고 신체에 비해 두 팔은 빈약하게 표현되어 있다. 두 손은 배 부분에서 위아래로 포갰 는데 수인은 정확하지 않다. 통견의 법의는 허리 아래로 세 줄의 옷 주름을 만들면서 다리 부분까지 늘어졌다. 발은 단순하게 동그라미 다섯 개로 표현했다. 광배는 두광과 신광을 표현했고 대좌는 수평으로 조각했다.

부조로 얕게 조각하여 전체적으로 간략하고 도식화된 모습이지만, 두광과 신광이 뚜렷하고 원만한 상호를 지닌 작품이다. 불상 앞에 작은 예불 공간이 마련되어 있지만 절터 정도의 공간은 아닌 것으로 보아 집안이나 공동체의 치성을 드리기 위해 조성한 불상인 듯하다.

⊙ 찾아가기

• 주소 : 충청북도 진천군 이월면 노원리 산 39-2
• 내비게이션 : 서원 마을회관
  17번 국도 신월 교차로 → 중산 삼거리 → 1.6km 지점에서 서원 마을 방면으로 좌회전 → 서원 마을회관 → 진천 노원리 석조마애여래입상
  내비게이션에 주소나 명칭을 입력하면 매립장이 나오고 엉뚱한 곳을 헤매기 십상이다. 반드시 '서원 마을회관' 을 입력하고 근처에서 이정표를 찾아 따라가면 개천 쪽다리 근처에 '계류보전' 이라는 표지석이 보인다. 그 옆 등산로를 따라 500m쯤 올라가면 된다.

김유신의 수련장, 장수굴

진천 사곡리 마애여래입상

구분 : 충청북도 유형문화재 제124호 | **시대** : 통일신라시대 | **규모** : 높이 6.9m

진천 사곡리 마애여래입상(鎭川 沙谷里 磨崖如來立像)은 자연적으로 형성된 동굴 입구의 암
벽에 불상을 양각한 것이다. 사곡리 사자산 북쪽, 속칭 '장수굴' 이라 불리는 곳으로 신라
를 통일한 김유신의 수련장으로 알려져 있다.

원래는 8m 정도의 거불이었으나 지금은 산에서 흘러내린 토사에 불신의 상당 부분이 땅
에 묻혀 있다. 전면에 가구공이 있는 것으로 볼 때 목조 전실이 있었던 것으로 추측된다.

살이 오른 얼굴은 이목구비가 뚜렷하고 소발의 머리에는 육계가 큼직하다. 기다란 두 귀
는 어깨에 닿아 있고 목에는 삼도가 뚜렷하다. 불신은 마멸이 심해 세부 표현을 알아보기

힘든데, 건장한 상체에 통견의 법의는 타원형을 그리면서 흘러내린다.

오른손은 가슴께로 들었는데 마멸되어 알아보기 힘들고, 왼손은 아래로 내려 인지와 중지를 맞댄 채 손바닥을 밖으로 향했다. 아미타구품인이다.

거대한 규모에 비해 조각 기법은 떨어져 보이는 작품으로, 두툼한 얼굴과 탄력을 잃은 불신 등의 표현이 9세기 작품으로 추정된다.

⊙ 찾아가기

• 주소 : 충청북도 진천군 이월면 사곡리 산 68-1
• 내비게이션 : 진천 사곡리 마애여래입상 / 사곡리 1224-5
  17번 국도 사곡 교차로 → 장수로 → 사곡리 → 사지 마을
  사곡리 사지 마을 안쪽 등산로를 찾아 20분쯤 올라가면 된
  다. 사곡리 1224-5번지 김덕숭 효자문 주변에서 이정표를
  따라 올라가면 도중에 김유신이 갈라놓은 바위라고 전해지
  는 '사곡리 단석' 도 볼 수 있다. 노원리 석조마애여래입상에
  서 가깝다.

극락전에서 예불 받는

진천 산수리 마애여래좌상

구분 : 충청북도 문화재자료 제20호 | **시대 :** 고려시대 | **규모 :** 높이 2.2m

진천 산수리 마애여래좌상(鎭川 山水里 磨崖如來坐像)은 충북 진천 덕산면 산수리 성림사(成林寺) 극락전에 봉안된 부처님이다. 1950년대 말 발견된 불상으로 불상 바위 전체를 배경으로 법당을 조성했다. 그래서 안에서 유리벽 너머로 예불할 수 있게 했고, 법당 뒤쪽으로 다가가면 좀 더 가까이서 살펴볼 수 있다.

불상은 화강암으로 조성했으나 마멸이 심해 얼굴과 오른쪽 어깨, 왼손 등을 시멘트로 덧칠했다. 전체적인 선이 둥글어 인상이 원만해 보인다. 상반신만 두껍게 돋을새김했고, 불단에 가려진 하반신은 좌상이라고 한다. 머리에는 관모를 썼고 얼굴은 둥글고 통통하며 불신은 풍만함이 넘친다.

눈과 코 일부분은 마멸되었고, 귀는 어깨까지 닿았으며 목에는 삼도가 보인다. 양손을 들어 가슴에 댔는데 손가락은 접고 있다. 통견의 법의는 두툼하고 양 팔뚝에 옷 주름이 촘촘하게 조각되었다. 일부가 파손된 광배에는 세 구의 화불이 배치되어 있다. 규모와 위풍당당한 모습으로 볼 때 고려 후기 작품으로 추정된다.

한국불교 태고종 소속의 성림사는 1970년에 중창한 사찰로 대웅전과 마애불 예불처인 극락전, 산신각, 요사채를 갖추고 있다. 관련 문헌은 없으나 발굴된 유물로 미뤄보면 고려 때 창건된 것으로 보인다. 절 앞 밭에서 기와·토기·자기의 파편이 많이 출토되었는데, 꽤 규모가 있는 사찰이었을 것으로 추정된다.

⊙ **찾아가기**
- 주소 : 충청북도 진천군 덕산면 산수리 산 98
- 내비게이션 : 진천 산수리 마애여래좌상 / 성림사
  중부고속도로 진천IC → 가산 삼거리 → 인삼 삼거리 → 성림사

지장보살 그림자에 숨어 있는 마애불

음성 미타사 마애여래입상

구분 : 충청북도 유형문화재 제130호 | **시대** : 고려시대 | **규모** : 높이 4m

음성 미타사 마애여래입상(陰城 彌陀寺 磨崖如來立像)은 충북 충주 주덕에서 음성으로 향하는 36번 국도변에 있다. 비산 사거리에서 빠지면 납골공원 앞에 멀리서도 잘 보이는 대형 지장보살이 서 있고 그 앞을 지나쳐 들어가면 나타나는 것이 미타사다. 미타사 입구 암벽에 새겨진 마애불은 고려 중기 작품으로, 개울가에 솟아 있는 수직 암벽에 동향으로 조성되었다. 현재 축대를 쌓고 별도의 예불 공간을 마련해놓았는데, 암반 전면의 균열로 군데군데 틈이 벌어진 상태다. 높이 4m가 넘는 거불로 상체는 둘레를 얇게 파낸 다음 높은 돋을새김으로 조각하여 입체감을 높였고, 아래로는 차츰 선각 처리하여 마감했다.

복전함

불상의 얼굴은 네모 반듯한 모양으로 신체에 비해 조금 과장되게 표현했다. 넓은 이마에 머리에는 관모를 썼고, 반원형의 눈썹은 선명하지만 눈두덩과 눈의 표현은 희미하다. 넓적한 코는 친근감이 들고 입술은 두툼하며 양 귀는 어깨까지 늘어져 있다. 부푼 양 뺨에는 후덕한 기운이 감돈다.

풍만해 보이는 어깨에는 통견의 법의가 드리워져 있는데 옷 주름은 도식적이다. 가슴 앞에 이중 V자형 옷 주름이 늘어져 있고 양 소맷자락과 하단부에도 몇 줄의 옷 주름이 보인다. 마멸이 심해 수인은 파악하기 힘들다.

미타사는 조계종 제5교구 본사인 법주사의 말사로, 630년(신라 진덕여왕 8) 원효대사가 창건했다고 전하지만 관련 문헌이 없다. 출토된 유물로 미루어 고려 중기에 창건된 것으로 추정된다. 1973년에는 경내에서 고려 후기의 금동불상이 출토되었고, 1976년에는 대형 맷돌이 발굴되었다. 근래에 극락전과 삼성각을 중수하고 선방을 세웠다. 극락전에는 아미타삼존불과 극락 후불탱화·신중탱화가 모셔져 있다.

⊙ **찾아가기**
• 주소 : 충청북도 음성군 소이면 비산리
• 내비게이션 : 음성 미타사 마애여래입상 /
  미타사

접경지대의 증언자

봉황리 마애불상군

구분 : 보물 제1401호 | **시대** : 삼국시대 | **규모** : 높이 0.3~2m

충북 충주 가금면 봉황리는 삼국시대 때 북쪽에서 한강을 따라 올라온 배가 충주로 들어가는 지름
길이었다. 이 길은 봉황내를 따라 잣고개를 넘어 용전리 입석 마을로 이어진다. 당시의 활발했던
루트를 입증이라도 하듯 봉황리에는 마애불상군이 있고 입석 마을에는 중원고구려비(中原高句麗
碑)가 우뚝 서 있다.

봉황리 마애불상군(鳳凰里 磨崖佛像群)은 햇골산 기슭 중턱의 바위 면에 자리 잡고 있는데, 커다란
암벽 두 곳에 시기를 달리하여 모두 9기의 불상 · 보살상이 부조로 새겨져 있다.

잘 조성된 계단을 따라 올라가면 첫 번째 불상군이 나타난다. 큰 바위 전면에 2m 높이의 본존불이

결가부좌로 앉아 있다. 머리는 나발이고 육계가 낮다. 사각형 얼굴에 눈과 코는 길고 가는 편이며 입은 큰 편에 미소를 띠고 있다. 짧은 상체 역시 사각형에 가깝고 파손된 흔적이 역력하다. 본존불 머리 주위로 연꽃 대좌에 앉아 있는 0.3m 크기의 화불 5기가 배치되었다.

두 번째 불상군은 약간 위쪽에 자리 잡고 있다. 높이 3.5m, 폭 8m의 바위 면에 좌불이 양각되어 있는데 육계와 얼굴 등이 아래쪽 본존과 비슷하다. 법의는 통견의이고 옷 주름은 굵은 띠 주름을 이루었다. 수인은 시무외인과 여원인을 지었다. 그 옆에 한쪽 무릎을 세우고 꿇어앉은 공양상이 보이고 연이어 6기의 보살상이 새겨져 있는데, 한결같이 가늘고 긴 체구에 입가에는 미소를 띤 모습이다.

오랜 세월 비바람에 의한 마멸로 윤곽이 뚜렷하지는 않지만 두 불상군 모두 초기 마애불상에 해당한다. 한강 유역과 낙동강 유역을 연결하는 중간지대라는 지리적 배경과 역사적 · 정치적 상황에 따라 조성되었다고 여겨져 신라시대 불상 조각의 흐름은 물론 고구려 불상 조각의 경향까지 엿볼 수 있어 학술적 가치가 높다고 평가된다.

⊙ 찾아가기
• 주소 : 충청북도 충주시 가금면 봉황리 산 27
• 내비게이션 : 봉황리 마애불상군
  중부내륙고속도로 감곡IC → 38번 국도 제천 방면 → 신대 교차로에서 우회전 → 봉황리 마애불상군

뱃사람들의 수호불

중원 창동 마애불

구분 : 충청북도 유형문화재 제76호 | **시대** : 고려시대 | **규모** : 0.6m

중원 창동 마애불(中原 倉洞 磨崖佛)은 남한강이 시원스레 펼쳐진 강가 암벽에 조성되어 있다. 창동이라는 지명은 옛날 이곳에 나라에서 세금으로 거둬들인 곡물을 보관하는 조세창고가 있어서 붙여진 이름이다. 충주는 실제로 남한강 수상물류의 중심지였고 1930년대까지만 해도 목계나루가 번창했다. 따라서 창동 마애불은 여주 계신리 마애불처럼 남한강을 오가는 뗏목꾼들의 안녕을 비는 수호불로 조성되었을 것으로 짐작된다. 위태로운 강가 절벽에 부처님을 조성한 마음이 느껴진다. 먼 길을 떠나온 뱃사공들에게 조금만 더 가면 한양에 도착하리라는 희망을 안겨주고, 그러면 뱃사공들도 절로 합장하며 나무아미타불을

염원했을 것이다.

불상은 천연 암반의 동남향을 다듬어 양각했는데, 전체적인 마멸과 바위 부서짐 현상으로 곳곳에 금이 가 있다. 불신 상체를 가로지른 깊은 균열도 보인다.

불상의 머리와 손, 발, 옷 주름 등 세부 표현은 불분명하다. 네모 반듯한 얼굴에 희미한 육계가 보인다. 눈은 가늘게 내리떴고 눈썹은 활 모양으로 휘어졌다. 코는 넓적하고 얇은 입술은 살포시 다물었다. 두 귀는 길어서 어깨에 닿았고 목에는 삼도가 뚜렷하다. 큼직한 어깨에는 통견의 법의를 걸쳤으며 U자형 옷 주름이 흘러내린다. 불상의 아랫부분은 깨어져 나가 온전한 모습을 알아보기

힘들다.

고려시대 작품으로 추정되며 인근에 있는 중원 창동 오층석탑(中原 創洞 五層石塔, 충청북도 유형문화
재 제8호), 석불과 관련 있는 옛 절터의 유물로 여겨진다.

⊙ 찾아가기

- 주소 : 충청북도 충주시 가금면 창동리 240
- 내비게이션 : 중원 창동 마애불
  중부내륙고속도로 충주IC → 중원대로 → 국원교 → 검단 삼거리 → 갈마 사거리 → 중원 창동 마애불
  충주시청, 충주 버스터미널에서 가금면 방향 82번 도로변에 위치한다. 길가 주차장에서 쪽문을 통과하면 주택이 들어서 있는 사유지가
  나타나고, 마애불은 강가로 내려가는 계단 끝에 있다. 가까이 있는 중원 창동 오층석탑과 석불도 함께 찾아보자.

덕주공주의 그리움이 머물던 그곳

제천 덕주사 마애여래입상

구분 : 보물 제406호 | **시대 :** 고려시대 | **규모 :** 높이 13m

제천 덕주사 마애여래입상(堤川 德周寺 磨崖如來立像)을 만나려면 먼저 월악산(月岳山) 자락의 덕주사를 찾아가야 한다. 덕주사는 대한불교 조계종 제5교구 본사 법주사(法住寺)의 말사로 587년(진평왕 9)에 창건했다. 신라의 마지막 공주인 덕주공주(德周公主)가 마의태자(麻衣太子)와 함께 금강산으로 가던 도중 이곳에 정착해 절을 세우고, 금강산으로 떠난 마의태자를 그리워하며 여생을 보냈다는 전설을 간직하고 있다.

신라 경순왕이 왕건에게 나라를 빼앗기자 망국의 한을 품고 경주를 떠난 마의태자 일행은 금강산으로 향하고 있었다. 도중에 문경 마성면에 도착했고, 이곳에서 야영하며 하룻밤을 보내게 된다.

그날 밤 마의태자의 꿈에 관세음보살이 나타나 말했다.

"이곳에서 서쪽으로 고개를 넘으면 서천(西天)에 이르는 큰 터가 있을 것이다. 그곳에 불사를 일으키고 북두칠성이 마주 보이는 자리를 골라 부처를 세우면 억조창생에게 자비를 베풀 것이다."

예사롭지 않은 꿈에 남매는 이튿날 계곡물에 목욕 재개하고 서쪽 하늘을 향해 합장 배례한 뒤 그쪽으로 방향을 잡았다. 얼마 후 일행은 고개를 넘게 되었는데, 고갯마루 큰 바위에 한 권의 황금빛 포경문(布經文)이 놓여 있었다. 일행은 망설임 없이 그곳에서 짐을 풀었다. 그러고는 북두칠성과 산 정상이 바라보이는 장소를 골라 석불상을 세우고, 북두칠성 별빛이 한껏 비추는 절벽을 골라 마애불을 조각하며 8년 세월을 보냈으니 그곳이 바로 덕주사다.

이후 공주는 불사에 전념하며 구도의 길을 계속하려 했으나 마의태자는 그럴 수가 없었다. 동생의 만류를 뒤로하고 국권 회복의 초심을 굽히지 않고 금강산으로 향했다. 결국 마지막 혈육인 오빠마저 떠나보내고 혈혈단신이 된 공주는 덕주사에 남아 부왕인 경순왕과 마의태자의 건승을 기원하며 일생을 그리움 속에 살았다고 한다.

당시 덕주사의 위치는 마애불 바로 앞이었으나(상(上) 덕주사) 6·25전쟁 당시 소실되어버렸고, 지금의 덕주사(하(下) 덕주사)는 훗날 재건한 것이다.

마애불이 서 있는 곳은 월악산 정상 바로 아래쪽, 옛 상 덕주사 법당 터 동쪽 바위다. 거대한 화강암 남쪽 면에 전체 높이 13m에 달하는 거불을 조성했다. 얼굴은 돋을새김으로, 불신은 선각으로 간략하게 처리한 것이 고려시대 마애불의 특징을 잘 보여준다. 소발의 머리 위에 반원형의 큼직한 육계가 솟아 있고 살이 오른 얼굴에는 눈, 코, 턱 등이 강조되었다. 목 부위에 있어야 할 삼도는 가슴 위에 선각되었다. 양어깨를 감싼 법의는 힘없이 늘어졌으며 옷 주름도 생동감이 느껴지지 않는다. 오른손은 가슴까지 들어 엄지와 중지를 맞댔고

왼손은 손등을 보이고 있다. 좌우로 벌린 발은 과장되게 커 보이고 발가락도 굵고 길게 묘사했다. 발 아래에는 연꽃잎을 새겨 대좌로 삼았다. 바위 면에는 건물을 세운 구멍들이 있어 목조전실이 있었던 것으로 보인다.

⊙ 찾아가기

• 주소 : 충청북도 제천시 한수면 송계리 산 3
• 내비게이션 : 덕주사 마애여래입상 / 덕주사
　중부내륙고속도로 괴산IC → 19번 국도 → 세성 교차로 → 용천 삼거리에서 단양 방면 36번 국도 → 월악로 → 탄지 삼거리에서 월악산 방면 → 한수면사무소 → 덕주사
　중부내륙고속도로 괴산IC → 36번 국도 → 탄지 삼거리에서 597번 도로 → 송계계곡 → 덕주사
　마애불을 보려면 덕주사에서 영봉 쪽으로 1.5km를 등산해야 한다. 도중에 덕주산성도 볼 수 있다. 월악산 등산을 병행한다면 더없이 좋고, 그러지 못해도 똑같이 마의태자의 전설을 간직하고 있는 인근의 충주 미륵대원지(忠州 彌勒大院址)는 꼭 둘러보기 바란다.

살아 숨 쉬듯 생동감 넘치는 얼굴

법주사 마애여래의상

구분: 보물 제216호 | **시대**: 고려시대 | **규모**: 높이 5m

법주사 마애여래의상(法住寺 磨崖如來倚像)은 법주사 경내 타래암(墮來岩) 암벽에 부조된 마애불이다. 희귀하게도 의자에 앉은 불상 형식을 취하고 있어서 경주박물관의 삼화령 석조미륵여래의상(三花嶺 石造彌勒如來倚像)과 비견되는 작품이다.

불상의 머리는 소발에 육계가 작은데 한가운데에 장엄구가 있다. 커다란 두상에 비해 어깨와 가슴, 다리는 조금 왜소해 보이지만 세부적인 묘사가 탁월하다. 연화좌의 연잎 하나하나를 꼼꼼하게 새겨 넣었다. 얼굴은 갸름하면서도 원만하다. 치켜 올라간 눈초리, 길고 빈약한 코, 작은 입, 정면을 향한 귀 등에서는 도식성이 엿보인다. 수인은 설법인을 짓고 있고, 커다란 연꽃 봉우리에 걸터앉은 채 두 다리를 대좌 위에 걸치고 있다. 다리를 떡하니 벌린 모습이 조금 부자연스럽다. 이런 직각에 가까운 모습은 어깨에서도 나타난다. 그래서 무릎에서 팔로 이어지는 선을 연장하면 직삼각형 꼴이다. 삼도와 수평적인 어깨, 각진 팔, 지나치게 잘록한 허리, 규칙적인 옷 주름 등도 도식적이다. 그러나 마치 살아 숨 쉬

는 듯 생동감 넘치는 얼굴 표현은 능숙하면서도 숙달된 조각 솜씨를 자랑한다. 마애불이 새겨진 암벽 바로 앞 바위 면에 조각된 지장보살상과 미륵불 옆의 설화도(說話圖) 등은 이들 불상이 법상종(法相宗)의 신앙으로 조성되었음을 입증하고 있다.

'호서제일가람(湖西第一伽藍)' 법주사는 조계종 제5교구 본사로 553년(진흥왕 14) 의신(義信)이 창건했고, 776년(혜공왕 12) 진표(眞表)와 그의 제자들이 중창하면서 미륵 신앙의 중심 도량이 되었다. 왕실의 비호를 받아 여덟 차례의 중수를 거치면서 60여 동의 건물과 70여 개의 암자를 거느린 대사찰이 되었지만, 임진왜란 때 대부분 전소되었다. 이후 수차례의 중건과 중수를 거치면서 오늘날에 이르고 있다. 높이 33m의 대형 청동미륵상이 우뚝 선 것은 1990년이고, 그 좌대 아래 지하에 성보전시관인 용화전을 지었다. 현존하는 당우로는 대웅보전, 팔상전, 명부전, 원통보전, 약사전, 천왕문, 금강문, 능인전, 진영각, 사리각, 염화실, 삼성각, 응향각, 진해당, 궁현당, 명월료, 정제당 등이 있다. 이 중 대웅보전은 1624년(인조 2)에 벽암이 중창할 때 건립한 것이다. 총 120칸에 건평 170평, 높이 61척에 이르는 대규모 건물이다. 다포식(多包式) 중층건물로 무량사(無量寺) 극락전, 화엄사(華嚴寺) 각황전(覺皇殿)과 함께 우리나라 3대 불전(佛殿) 중 하나로 꼽힌다.

국보 제55호인 팔상전은 5층 목탑으로 우리나라 목탑 연구에 중요한 자료가 된다. 신라 진흥왕 때 의신이 세웠다. 776년에 병진(秉眞)이 중창했으며, 정유재란 때 소실되었다가 1605년(선조 38)에 재건했다. 보물 제916호인 원통보전은 정방형의 특이한 건축 양식을 갖춘 건물로 의신이 창건하고 진표가 중창했으며, 벽암이 삼창하여 오늘날에 이른다. 내부에는 높이 2.8m의 관세음보살좌상을 안치했는데, 머리에 수려한 보관을 쓰고 있는 거대한 목상(木像)이다.

미륵대불 앞의 회견보살 석상은 머리에 향로를 이고 선 채로 부처님께 공양하는 모습이다.

이것은 진표나 영심 등이 대성(大聖)의 수기를 얻기 위해 개인의 일신을 아끼지 않았던 법상종 특유의 신앙 형태를 보여주는 의미심장한 걸작으로 손꼽힌다. 즉 부처님을 향한 믿음이 굳건하므로 머리의 뜨거움, 손의 뜨거움을 잊고 한마음으로 불공에 전념하는 모습의 상징인 것이다.

⊙ 찾아가기
- 주소 : 충청북도 보은군 속리산면 사내리 209
- 내비게이션 : 법주사
  당진상주고속도로 속리산IC → 상장 교차로 → 장내 삼거리 → 장안면사무소 → 삼가터널 → 갈목 삼거리 → 정이품송 → 법주사

화양구곡을 품은 미륵불

괴산 도명산 마애불

구분 : 충청북도 유형문화재 제140호 | **시대** : 고려시대 | **규모** : 본존불 높이 14m, 보살상 5.4m

속리산(俗離山) 국립공원 북쪽, 화양계곡 남쪽 도명산(道明山) 정상 부근에 대형 삼존불이 우뚝 솟아 있다. 바로 괴산 도명산 마애불(槐山 道明山 磨崖佛)이다. 어깨를 맞댄 거대한 바위 군락의 높고 넓은 면에 비슷한 크기의 여래상 2기를 선각하고 별도의 암벽에 보살상 1기를 부조로 새겼다. 중앙 본존불은 9m 정도지만 깨어져 나간 부분까지 포함하면 15m가 넘는 대형불이다. 마멸이 심해 자세한 표정 파악이 어렵고 도식적이지만 큼직하고 시원스럽다. 어깨와 신체는 사각형이고 U자형으로 밀집된 옷 주름도 보인다. 우협시 여래불도 본존불과 비슷한 모양이다. 몸을 약간 옆으로 틀었는데 어깨까지는 생동감 있게 선각했으나 그 아랫부분은 불분명하다. 네모진 얼굴에 이목구

132

비를 조금 과장되게 표현했다. 목의 삼도가 뚜렷하고 어깨는 반듯하나 좁아서 위축된 모습이다.

따로 조성된 좌협시 보살상은 머리와 얼굴이 둥글고 이목구비가 약간의 부조 기법으로 조성되어 한결 세련된 모습이다. 목 아래쪽은 선각 처리했는데 옷 주름이나 신체의 굴곡 등에서 곡선미가 느껴진다. 얼굴의 양감이 풍만하고 지그시 눈을 감고 명상에 잠긴 모습이다. 오른손은 아래로 내렸고 왼손은 시무외인을 지었다.

1688년(숙종 14)에 건립된 낙영산 공림사 사적비(落影山 空林寺 事蹟碑)에 의하면 이들 마애불은 장육미륵불상 삼구(丈六彌勒佛像三軀)로 기록되어 있다. 규모가 장대하고 조성 당시 유행했던 선각마애불의 특징을 잘 보여주는 고려 초기 작품이다.

도명산 마애불의 길목에 해당하는 화양구곡(華陽九曲)은 산수문화의 결정체로 손꼽히는 계곡이다.

우암 송시열의 발자취가 뚜렷이 남아 있는 곳으로, 중국의 무이구곡(武夷九曲)을 본떠 경천벽 · 운영담 · 읍궁암 · 금사담 · 첨성대 · 능운대 · 와룡암 · 학소대 · 파천이라는 이름들을 지었다. 우암을 제향한 화양서원이 있고, 금사담의 높은 바위 위에는 암서재(巖棲齋)라는 그의 서재도 있다. 또 3곡 읍궁암(泣弓巖)은 우암이 북벌을 꿈꾸었던 효종이 승하한 것을 슬퍼하며 매일 새벽마다 활처럼 엎드려 통곡했던 바위라는 데서 유래한다.

⊙ 찾아가기

- 주소 : 충청북도 괴산군 청천면 화양리 14-3
- 내비게이션 : 괴산 도명산 마애불 / 화양계곡 주차장
  중부고속도로 증평IC → 청천 → 화양동 → 청천면사무소
  에서 송면 방면으로 9km 지점

  주차장에서 계곡 옆 산책로를 따라 걷다 보면 좌우로 화양
  구곡의 절경이 펼쳐진다. 제5곡 첨성대 옆에 도명산 등산
  로가 있는데, 조금 더 지나면 나타나는 제8곡 학소대에서
  출발하면 시간을 단축할 수 있다. 걷기 좋은 산책로가 이어
  지다가 정상 부근에서 경사가 심해진다. 주차장에서 30분
  정도면 학소대에 닿고, 다시 한 시간 정도 산행하면 마애불
  을 만날 수 있다. 마애불에서 200m를 더 오르면 도명산
  정상이다.

배극렴을 세 번 찾아온 이성계

괴산 삼방리 마애여래좌상

구분: 충청북도 유형문화재 제128호 | **시대**: 고려시대 | **규모**: 높이 3.5m

괴산 삼방리 마애여래좌상(槐山 三訪里 磨崖如來坐像)은 높이 3.7m, 폭 4m 규모의 바위에 3.5m 높이로 연꽃 대좌 위에 결가부좌로 앉아 있는 불상이다.

소라 모양의 나발에 육계가 잘 표현되었고 목에는 삼도가 뚜렷하다. 갸름한 얼굴에 조금 크게 표현된 이목구비가 조금 힘이 없어 보이지만 전체적으로 시원하고 원만해 보인다. 눈은 반쯤 옆으로 떴는데 곡선을 이룬 눈썹이 그린 듯 선명하다. 콧마루가 넓적하고 직선인 작은 입은 꾹 다물었다. 양어깨를 감싼 통견의 옷 주름이 손목을 감아 무릎을 덮으며 흘러 내린다. 배 아래로는 느슨한 곡선으로 군의를 표현했고, 마멸이 심한 수인은 알아보기 힘

들다. 불상 앞에 자연석으로 불단을 쌓았는데, 명문이나 목조전실 등 부수적인 흔적은 보이지 않는다.

조선 초기에 한 고승이 이곳에 은거하고 있던 배극렴(裵克簾)을 세 번씩이나 찾아왔던 이성계(李成桂)의 성덕을 기리기 위해 이 불상을 조각했다고 전한다.

⊙ **찾아가기**
- 주소 : 충청북도 괴산군 불정면 삼방리 산 55
- 내비게이션 : 괴산 삼방리 마애여래좌상
  중부내륙고속도로 충주IC → 대소면사무소 → 금곡리 → 삼방리 → 괴산 삼방리 마애여래좌상
  삼방리를 지나 임도를 따라 오르면 길가 우측 산 밑에 있는 불단과 마애불이 보인다.

희귀한 이불병좌상

괴산 원풍리 마애불좌상

구분 : 보물 제97호 | **시대** : 고려시대 | **규모** : 높이 3m, 감실 3.63m×3.63m

---

충북 충주 수안보에서 경북 상주로 향하는 국도변에 괴산 원풍리 마애불좌상(槐山 院豊里 磨崖佛坐像)이 자리 잡고 있다. 높다란 바위 면을 뚫어 감실을 만들고 그 안에 좌불 두 구와 화불을 새겨 넣은 특이한 구조다. 얼굴은 뚜렷하지만 하부는 마멸이 심해 형체를 알아보기 힘들다. 옷 주름을 서로 대칭되게 표현하는 등 두 불상은 비슷한 모양인데, 우리나라에서는 보기 드문 이불병좌상(二佛並坐像) 형식이다.

넓적하고 평면적인 얼굴에는 가는 눈, 뭉툭한 코, 꽉 다문 입 등을 묘사하여 건강한 인상을 풍긴다. 직사각형 신체는 넓은 어깨와 굵은 팔 때문에 더욱 강인해 보인다. 무릎 위에 포갠 두 손 위로

옷자락이 흘러내렸고, 배 부근까지 깊게 파인 U자형 통견의는 선각으로 평행하게 처리했다. 불상의 좌우 좁은 여백에는 보살상 같은 것이 새겨져 있고, 머리 주위에도 각 5기씩 화불이 조각되었다.

이불병좌상은 중국 북위 시대에 크게 유행했으나 우리나라에 전파된 예는 많지 않다고 한다.

불상이 위치한 곳은 수안보 온천에서 가깝고, 원풍리는 수옥정 관광단지로 유명하다. 사철 물줄기가 마르지 않는 수옥폭포는 꼭 한 번 둘러봐야 할 명소이다.

⊙ **찾아가기**
- 주소 : 충청북도 괴산군 연풍면 원풍리 산 124-2
- 내비게이션 : 괴산 원풍리 마애불좌상
  3번 국도 소조령터널 → 수옥 교차로 → 수옥정 삼거리 → 괴산 원풍리 마애불좌상
  연풍면사무소에 4km 거리다.

운해와 일출이 장관인

용암사 마애불

———

구분 : 충청북도 유형문화재 제17호 | **시대** : 통일신라시대 | **규모** : 높이 3m

———

용암사 마애불(龍岩寺 磨崖佛)은 충북 옥천군 용암사 뒤편의 자연 암벽을 감실 모양으로 파고 그 안에 얕은 돋을새김으로 부조한 불상이다.

높이 3m 규모의 마애불은 고려 중기에 조성한 것으로 추정되는데, 흔히 '마의태자상'이라 불린다. 신라 패망의 분루를 삼키던 마의태자가 금강산으로 가던 도중 잠시 이곳에 들렀다가 용바위에 서서 서라벌을 향해 통곡했다는 이야기가 전해진다. 그런 마의태자를 추모하던 신라 석공이 염불하던 태자의 모습을 미륵불로 조성했다는 말이 전해지면서 마의태자상이라는 별칭을 얻었다.

바위 색깔이 붉게 보여서 불상의 인상이 매우 강렬하다. 특히 입술이 유독 붉은색을 띠는데, 나라에 큰일이 생길 때면 더욱 붉게 변한다고 한다. 누구든 불상에 기도하면 못 이룰 소원이 없다고도 한다.

불상은 좌우로 다리를 벌린 채 연꽃 대좌 위에 서 있어서 신라 때 유행을 잘 따르고 있다. 얼굴에 파격적인 미소를 머금고 있지만 가늘고 긴 눈, 작은 입, 가는 코 등은 도식적으로 보인다. 활력이 떨어져 보이는 옷자락 등 세부적인 표현에서도 창의성이 부족하다.

용암사는 대한불교 조계종 제5교구 본사인 법주사의 말사로, 천축국(天竺國)에서 돌아온 의신(義信)이 552년(진흥왕 13)에 창건했다고 한다. 경내에 용처럼 생긴 바위가 있어서 용암사로 이름 지었으나, 용바위는 일제 강점기 일본인에 의해 파괴되고 지금은 흔적만 남아 있다.

중건 기록은 남아 있지 않고 임진왜란 때 불타서 간신히 명맥만 유지해오다가 근래에 중창했다. 절 왼편의 쌍 3층 석탑(雙 三層 石塔)은 고려 중기 작품이고, 대웅전 안에 봉안된 후불탱화와 신중탱화도 중요 문화재다.

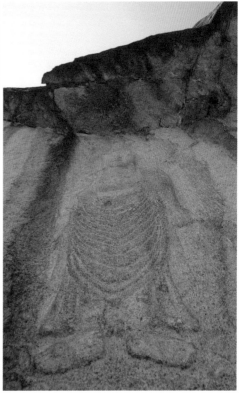

용암사 방문은 봄가을의 이른 새벽을 추천한다. 천년고찰의 전설이 서린 마애불 앞에서 바라보는 운해와 일출이 장관이어서 사진사들도 절경으로 손꼽는 곳이다.

⊙ 찾아가기

- 주소 : 충청북도 옥천군 옥천읍 삼청리 산 51-1
- 내비게이션 : 옥천 용암사 / 용암사 마애여래입상
  경부고속도로 옥천IC → 4번 국도 영동 방면 → 삼청리
  → 용암사

천지개벽의 비기를 품은 | 선운사 도솔암 마애불

처녀의 슬픈 넋이 피로 흐르는 | 운선암 마애여래상

석판에 그림을 그린 듯한 | 암치리 선각석불좌상

대부산의 대형 불상 | 완주 수만리 마애석불

쌀바위와 피바위의 전설 | 도통암 마애석불좌상

무속인들의 순례지 | 문수사 마애여래좌상

궁선대사의 옛 절터를 지키는 | 석산리 마애여래좌상

옛 절터의 영광을 그리는 | 개령암지 마애불상군

이성계를 승리로 이끈 여신 | 여원치 마애불상

부처 모퉁이의 약사여래불 | 남원 호기리 마애여래좌상

풍악산의 염화미소 | 남원 신계리 마애여래좌상

호성암지의 미륵불 | 노적봉 마애여래좌상

호환을 막아주던 | 견두산 마애여래입상

누군가를 향한 하염없는 기다림 | 서곡리 마애여래좌상

천지개벽의 비기를 품은

선운사 도솔암 마애불

구분 : 보물 제1200호 | **시대** : 고려시대 | **규모** : 높이 13m

장대한 마애불이 절벽의 연꽃 대좌 위에 결가부좌로 앉아 있다. 일자로 도드라진 입과 파격적인 얼굴의 미소가 충격적이다. 우뚝한 코, 앞으로 쑥 내민 두툼한 입술, 눈초리가 치켜 올라간 사나운 눈매가 보는 이의 속내를 단숨에 꿰뚫는 듯하다. 선운사 도솔암 마애불(禪雲寺 兜率庵 磨崖佛)이다.

늘어진 양 귀는 어깨에 닿아 있고 머리와의 경계가 모호한 뾰족한 육계에 이마에는 백호가 박혀 있다. 목은 짧고 삼도는 가느다란 선으로 표현했다. 평평한 어깨에 법의는 통견의이고, 입체감 없는 판판한 가슴 아래로 단정한 군의 띠 매듭이 가로지른다. 양손은 손가락을 활짝 펴서 배 부위에서 맞댔으며, 도식적으로 크게 표현한 두 발은 양감 없이 선각 처리했다. 광배는 보이지 않고 불상의 머리 위와 주위로 여러 개의 네모난 구멍이 보이는데 목조 전실의 가구 흔적이다. 신체에 비해 손발이 크고 육계와 머리의 구별이 없으며 육계가 뾰족한 점, 군의 띠 매듭, 탄력성이 떨어지는 점 등으로 볼 때 고려시대 작품으로 추정된다.

도솔암 마애불은 민중들로부터 절대적인 신봉을 받아온 미륵불로, 많은 전설과 신화를 간직하고 있다.

전설에 의하면 백제 위덕왕이 검단선사에게 부탁하여 암벽에 불상을 새기고, 그 위 암벽 꼭대기에 동불암(東佛庵)이라는 공중누각을 지었다고 한다. 그래서 '동불암 마애불'이라 불리기도 한다. 그러나 이런 조성기에 관한 전설보다 훨씬 충격적인 이야기는 미륵불의 비기(秘記)에 관한 것이다.

전봉준과 더불어 동학의 3대 지도자 중 한 사람인 손화중이 백성들의 신망을 한몸에 받게 되는 사건이 있었으니 바로 '선운사 도솔암 마애석불 비기탈취사건(禪雲寺 磨崖石佛 秘記奪取事件)'이다. 당시는 조선 왕조의 봉건적 질서가 해이해지면서 곧 조선이 망할 거라는 소문과 함께 개벽을 꿈꾸는 민중들의 바람에 부응하여 동학(東學)이라는 새로운 사상이 꿈틀거리고 있었다. 당시 이 지역 민초들의 신앙 중심에는 도솔암 미륵불이 있었다. 그런데 불상의 정중앙에 배꼽처럼 보이는 돌출부에 비기가 들어 있는데, 이 비기를 꺼내는 날 한양이 멸망하고 천지가 개벽한다는 소문이 자자했다. 그런데 손화중이 이 비기를 끄집어냈다!

'임진년 8월, 무장 대접주 손화중이 교도들을 동원해 청죽 수백 개와 마른 동아줄 수천 발로 부계를 만든 다음 석불의 배꼽을 도끼로 깨부수고 그 속의 비기를 꺼냈다.'

소문은 삽시간에 들불처럼 번졌고 손화중의 접(接)으로 수만의 교도들이 몰려들었다. 그리고 이

사건은 이후 동학 농민전쟁의 기폭제가 되었다.

도솔암은 대한불교 조계종 제24교구의 본사인 선운사의 산내 암자다. 원래는 상·하, 동·서·남·북 방향으로 여섯 개의 도솔암이 있었는데, 조선 후기에 들어와 상·하·북 도솔암만 남았다고 한다. 마애불 아래쪽의 암자가 하(下) 도솔암이다. 1658년(효종 9) 해인(海印)이 창건한 뒤 중건을 거쳐 오늘날에 이르고 있는데, 대웅전과 나한전, 요사채 등이 남아 있다.

마애불의 위쪽, 하 도솔암에서 365계단에 올라서면 나오는 내원궁(內院宮)이 상(上) 도솔암인데, 진흥왕 때 창건한 뒤 중창과 중수를 거듭했지만 퇴락하여 지금은 내원궁만 쓸쓸히 남아 있다. 내원궁의 선운사 지장보살좌상(禪雲寺 地藏菩薩坐像, 보물 제280호)은 조선 초기의 5대 걸작 불상 중 하나로 꼽는다.

⊙ 찾아가기
- 주소 : 전라북도 고창군 아산면 삼인리 618
- 내비게이션 : 선운사 도솔암 마애불
  서해안고속도로 선운산IC → 선운대로 → 삼인 교차로 → 선운사 → 도솔암
  선운사 매표소에서 도솔암까지 약 3km로, 길은 걷기 좋은 트레킹 코스로 인기가 높다.
  탐방객이 드문 아침 시간에는 도솔암까지 차량 통행이 가능하다.

처녀의 슬픈 넋이 피로 흐르는

운선암 마애여래상

구분 : 전라북도 유형문화재 제182호 | **시대** : 고려시대 | **규모** : 높이 2.2m

전북 고창군 성송면 계당리에 있는 운선암 뒤쪽 계단을 100m쯤 올라가면 전망이 탁 트이는 공터 뒤쪽에 운선암 마애여래상(雲仙庵 磨崖如來像)이 새겨져 있다. 천연 암벽에 높은 돋을새김으로 조성된 불상은 오른손에 보주형 문양이 새겨진 약사여래불이다.

소발의 머리에 큼지막한 육계가 있고, 갸름한 얼굴에 이마에는 백호공이 있으며, 코는 끝 부분이 떨어져 나갔다. 얼굴에 비해 다문 입이 매우 작게 묘사되어 단아한 보살상 같은 느낌을 준다. 불상의 얼굴과 가슴 언저리에 녹처럼 보이는 이끼가 끼어 있는데, 이와 관련하여 전해지는 슬픈 전설도 빼놓을 수 없다.

옛날 양춘이라는 아리따운 처녀가 혼자 이 절에 불공을 드리러 왔는데, 그 미색에 반한 스님이 그만 처녀의 젖가슴을 더듬고 말았다. 이에 수치심을 느낀 처녀가 칼로 가슴을 찔러 목숨을 끊었다. 그 일로 죄책감을 느낀 스님이 그녀의 넋을 기리기 위해 이 바위에 처녀의 초상을 조각했는데, 그 즉시

먹구름이 몰려와 바위를 적셨고 그 비에 유두가 떨어져 나가면서 피가 나기 시작했다. 그 뒤 아무리 닦아내도 늘 똑같은 양의 피가 계속 흘러나오는 것처럼 보였다. 사람들은 그 처녀의 넋이 담긴 바위를 처녀의 이름을 따서 '양춘바위' 또는 '각시바위'로 부르기 시작했다.

이 운선암에는 마애불 말고도 좌상의 불상이 따로 있는데, 암자 왼쪽의 바위를 찾아야 한다. 장독대 옆으로 나 있는 소로를 따라 조금만 작은 계단이 보이고 그 끝에 마애불이 숨어 있다. 자연 암벽에 얕게 선각한 것으로 이목구비가 마멸되어 형태를 알아보기는 힘들다.

⊙ **찾아가기**
- 주소 : 전라북도 고창군 성송면 계당리 산 27
- 내비게이션 : 운선암 마애여래상 / 운선암
  고창담양고속도로 남고창IC → 23번 국도 함평 · 영광 방면 → 학천리 → 운선암

석판에 그림을 그린 듯한

암치리 선각석불좌상

구분 : 전라북도 문화재자료 제182호 | **시대 :** 고려시대 | **규모 :** 높이 2.5m

암치리 선각석불좌상(岩峙里 線刻石佛坐像)은 암치 마을 위쪽 암치저수지 우측 야산에 조성된 고려
시대 불상이다. 천연 암벽을 배후로 약 3m 높이의 타원형 석판에 선각되었는데, 불상의 크기는
높이 2.5m, 폭 1m 정도다. 두께 0.2m의 석판을 보주형으로 다듬은 다음 원형 두광을 지닌 좌불

을 선각했다.

소발의 머리에 육계가 큼직하고 갸름한 얼굴에 반달 모양의 눈썹, 넓적한 코 등이 얕게 조각되어 있다. 어깨 부분은 당당한 데 반해 무릎 아래쪽은 상체에 비해 좁게 묘사하여 상·하체의 균형이 맞지 않는다. 통견의 법의에 옷 주름은 무릎 아래로 흘러내린다. 오른손은 어깨까지 들어 손바닥을 보였고 왼손은 배에 댄 채 손바닥을 위로 향했다. 결가부좌한 무릎 아래에는 연꽃무늬 대좌를 새겼다.

얇은 석판에 그림을 그리듯 새긴 작품으로, 인근의 운선암 마애여래상이나 노적봉 마애여래좌상과 같은 고려시대 마애불의 특징을 보여준다.

⊙ **찾아가기**
• 주소 : 전라북도 고창군 성송면 암치리 234
• 내비게이션 : 암치제
  고창담양고속도로 남고창IC → 성송면사무소에서 약 3km 지점 → 암치제
  반드시 암치제를 입력하고 찾아가서 저수지 둑 건너편으로 접근해야 한다. 저수지 둑을 정면으로 볼 때 우측 산 밑에 채석장이 들어서 있다. 채석장을 통과하거나 둑 아래로 내려가 산 밑에 있는 낡은 콘크리트 계단을 찾아 20분쯤 산을 오르면 된다.

대부산의 대형 불상

완주 수만리 마애석불

구분 : 전라북도 유형문화재 제84호 | **시대** : 통일신라시대 | **규모** : 높이 6m

대아저수지와 동상저수지를 품고 있는 대부산 (貸附山) 중턱에 수만리 마애석불(水滿里 磨崖石 佛)이 숨어 있다. 산 속의 천연 암벽에 조성된 6m 높이의 대형 석불로, 얼굴과 가슴이 크고 넓 으며 무릎도 당당해 보인다.

머리는 소발이며 육계가 크고 양감이 도드라져 보인다. 풍만한 얼굴에 코가 두툼하고 입을 꽉 다물었다. 키가 크고 짧은 목에 두 줄의 삼도가 보인다. 왼손은 손등을 밖으로 향한 채 배 부위 에 댔고 오른손은 무릎 아래로 내려 항마촉지인 을 지었다. 법의는 두툼한 통견의이고 양어깨에 서 흘러내린 옷 주름은 왼쪽 배 앞에서 안쪽으 로 접혔다. 불상 아래쪽은 볼륨감 없이 선각되 었는데, 결가부좌한 다리 아래쪽은 마멸되었다. 양감 넘치는 얼굴에 비해 평면화된 신체, 침잠 한 표정, 느슨해진 옷 주름 등은 신라 말에서 고 려 초기에 유행하던 거불 형식이다.

대부산은 일제 강점기에 일본인들이 동상면 일 대를 측량할 때 거인 마을 사람들이 힘을 보탰 는데, 이때 산을 무상으로 대여해주면서 생겨난

명칭이다. 삼면이 수만리 계곡과 사봉천, 동상저수지에 둘러싸여 있고 북쪽으로 운암산과 왕사봉 이 이어져 있다. 동쪽으로 연석산과 주줄산의 연봉, 남쪽으로는 청량산이 이어진다.

⊙ 찾아가기
- 주소 : 전라북도 완주군 동상면 수만리 4-3
- 내비게이션 : 입석교
  익산포항고속도로 소양IC → 위봉사 · 송광사 방면 → 위봉폭포 → 수만리 → 입석교
  주소나 명칭으로는 접근하기 힘들다. 내비게이션에 '입석교'를 입력하고 도착해서 다리를 건너면 대부산 등산로 이정표가 보인다. 위 봉산성에서 동상 저수지로 향하는 741번 도로를 따라가다 보면 길가에 '산여울가든'이 나온다. 그 옆의 작은 다리가 입석교다. 다리에서 마애불까지는 1.4km다. 널따란 돌이 깔린 등산로를 따라 오르면 계곡길이 이어지고 '안도암'이 나타난다. 도중에 길이 갈라 지기도 하는데, 전신주가 늘어선 계곡 쪽 길을 따라가면 된다. 안도암 위쪽에 병풍 같은 마애불이 서 있다.

쌀바위와 피바위의 전설

도통암 마애석불좌상

구분 : 미지정 | **시대** : 미상 | **규모** : 높이 2.2m

전북 임실군 삼계면 두월리 앞 삭산 끝자락에 위치한 도통암에 서면 푸근한 시골 들녘이 한눈에 들어온다. 이 도통암 한쪽 귀퉁이에 도통암 마애석불좌상(道通庵 磨崖石佛坐像)이 자리 잡고 있다.

불상은 풍만하면서 인자한 모습을 갖추었다. 조성 연대는 확실치 않지만, 근대에 이곳에서 수도하던 창원의 어떤 사람이 조성했다고 한다. 화강암 벽을 감실처럼 깊게 파내고 그 안에 환조에 가까운 돋을새김으로 마애불을 조성했다. 불상은 연꽃 대좌 위에 결가부좌를 하고 있는데 하체를 두텁고 넓게 조성하여 안정감이 넘친다.

이 불상이 조성된 바위를 '쌀바위' 또는 '피바위'라고 부르는데, 마을에서는 그에 얽힌 이 야기가 전해지고 있다.

옛날 이곳에 도통사라는 절이 있어 많은 스님이 수도했는데, 절 오른쪽 깎아지른 암벽 아 래로 맑은 샘물이 흘러 7~8월 삼복더위에도 이 물 한 모금이면 더위가 싹 가셨다고 한다. 또 바위에 직경 3cm 정도의 구멍이 하나 있는데, 이곳에서 매일 하루분의 쌀이 흘러나왔 다. 그래서 이곳의 산을 미산이라 불렀고, 절 이름도 도통사보다 미산사(米山寺)로 더 널리 알려져 있다.

이 절에 주지스님이 상좌 하나를 데리고 도를 닦고 있었다. 두 사람은 바위 구멍에서 흘러 나오는 쌀로 하루 세 끼를 해결하며 수도에만 전념할 수 있었다. 그런데 어느 날 손님이 찾 아오면서 상좌의 고민이 시작되었다. 나오는 쌀이 두 사람 몫이니 자기 밥이 줄어들까 걱 정되었던 것이다. 상좌는 쌀 바가지를 들고 바위 밑에 가서 사람이 늘었으니 한 명분의 쌀 을 더 내달라고 부처님께 빌었다. 그러나 쌀은 여전히 두 명분만 나왔다. 상좌는 부처님이 원망스럽고 돌구멍이 미워서 부지깽이로 쌀 구멍을 마구 후벼 팠다. 그러자 그 구멍에서

더 이상 쌀은 나오지 않고 하얀 쌀뜨물만 흘러나왔다. 식량이 떨어지자 상좌는 인근 마을
을 떠돌며 시주를 해야 하는 고행을 겪어야 했다.

인근 마을에는 상좌를 측은히 여긴 부잣집이 있어 그곳에서 시주를 받아오곤 했는데, 그
집에서 가장 예쁘고 마음씨 착한 순이가 상좌와 눈이 맞았다. 둘은 서로에게 끌리게 되었
고, 어느 날 한적한 바위 밑에서 연모의 정을 나누기에 이르렀다. 그런데 이게 웬일인가.
난데없이 먹구름이 몰려들고 천둥 번개가 치더니 바위가 꽝음을 내며 부둥켜안고 있던 두
사람을 덮쳤다.

그 뒤 그 바위에 두 사람이 껴안고 있는 모습이 하얗게 나타난다 하여 중바위라는 이름이
붙여졌고, 비가 오면 피같이 붉은 물이 흘러내려 피바위라 부르기도 했다.

⊙ **찾아가기**
- 주소 : 전라북도 임실군 삼계면 뇌천리 산 43
- 내비게이션 : 도통암
  순천완주고속도로 오수IC → 남악 교차로에서 오수 방면 → 오수면사무소 → 덕계 사거리에서 두월리 방면 → 도통암

무속인들의 순례지

문수사 마애여래좌상

구분 : 전라북도 유형문화재 제175호 | **시대** : 고려시대 | **규모** : 높이 1.5m

전북 김제 문수사는 대한불교 조계종 제17교구 본사 금산사의 말사다. 624년(백제 무왕 25) 왕사(王師) 혜덕(惠德)이 꿈에서 문수보살을 보고 난 뒤 창건했다고 전해진다. 950년 불타 없어졌다가 957년(광종 8) 왕사 혜림(慧林)이 중창했는데, 당시 문수암(文殊庵)이라고 적힌 현판이 어디에선가 날아와 떨어지므로 절터를 지금의 위치로 옮겨 세웠다고 한다. 그때 날아온 현판은 신필(神筆)이라고 하여 지금도 절에서 보관하고 있다.

이 절은 영험하기로 소문나면서 무속인의 발길이 이어지고 있는데, 그 중심에 문수사 마애여래좌상(文殊寺 磨崖如來坐像)이 있다. 산신각 옆 2m 정도의 작은 바위에 마애불이 선각되어 있다. 병풍바위가 아니라 자연 암벽에서 독립된 바위에 조성된 것이 특이하다.

불상은 소발에 상투 모양의 육계가 큼직한데, 머리에 두건을 두른 것처럼 두툼하게 묘사했다. 얼굴은 둥글고 원만해 보이며 눈은 길고 가늘어 보인다. 코는 큼직한데, 입 주위를 움

푹 들어가게 파서 코가 더욱 두드러져 보인다. 연꽃 대좌에 결가부좌한 좌상으로, 무릎 폭이 넓어 안정감이 있어 보인다. 선각 수법, 두건을 쓴 머리, 크고 두툼한 코 등은 고려시대 마애불의 특징이다.

⊙ 찾아가기
- 주소 : 전라북도 김제시 황산동 6
- 내비게이션 : 문수사 마애여래좌상
  호남고속도로 김제IC → 김제 방면 → 진흥 사거리에서 남양 방면 → 봉남로를 따라 우회전 → 1.5km 지점 봉산 마을에서 우회전 → 문수사

궁선대사의 옛 절터를 지키는
석산리 마애여래좌상

구분 : 전라북도 문화재자료 제184호 | **시대** : 고려시대 | **규모** : 높이 2.7m

물 맑은 섬진강 장군목 유원지 근처 옛 절터에 마애불이 숨어 있다. 석산리 입석 마을에서 도왕 마을 쪽으로 1km쯤 올라간 한적한 위치로, 이정표를 따라 올라가면 널찍한 공터와 함께 바위 군락이 나타나는데 그곳에 석산리 마애여래좌상(石山里磨崖如來坐像)이 있다. 3m쯤 되어 보이는 평평한 바위 한 면에 불상을 새겼는데 두광 · 신광 · 대좌를 얕게 부조했다.

머리에 육계가 보이고 네모진 두상은 과장되게 큰 편이다. 눈은 가늘게 떴고 코가 크고 입술은 두툼하다. 입술과 이마 선을 따라 붉은 칠을 한 흔적이 보인

다. 목이 짧아 삼도는 가슴께에 걸쳐 표현했다. 큰 얼굴에 비해 몸이 왜소하고 어깨도 좁아 보인다. 법의는 우견편단으로 옷 주름이 다리 위에까지 흘러내렸다. 오른손은 항마촉지인을 취했고 왼손은 손바닥을 위로 하여 무릎 위에 놓았다. 연꽃 대좌에 광배는 거신광 안에 두광과 신광을 그렸고 여백에는 당초무늬를 새겨 넣었다.

불상이 위치한 곳은 불암사가 있었다고 전해지는데, 그래서 이 지역에서는 '불암사지 마애불(佛岩寺地 磨崖佛)'이라고도 부른다. 지금은 텅 빈 옛 절터에 마애불만 덩그러니 남아 있지만, 이 절터도 한때의 영화가 스쳐 지나간 사연을 지니고 있다.

백제 의자왕 때 궁선대사가 절을 짓기 전날 밤 꿈을 꾸었는데, 웬 노인이 나타나 금부처와 처녀를 내주며 말했다.

"이것이 절의 대들보가 될 것이요, 중생 중에 아이가 없는 사람에게는 아이를 가져다줄 것이다. 그러니 칠성당에 잘 모셔라. 그리고 내가 선 자리에 대웅전을 세우면 대성왕의 불전이 될 것이다."

궁선대사가 잠에서 깨어나 절터에 나가보니 과연 처녀 보살이 금부처를 업고 대웅전 뜰에 서 있었고, 바위 밑에서는 송아지가 풀을 뜯고 있었다고 한다.

⊙ 찾아가기
- 주소 : 전라북도 순창군 적성면 석산리 산 130-1
- 내비게이션 : 석산리 마애여래좌상
  88올림픽고속도로 순창IC → 24번 국도 함양 · 남원 방면 → 지북 사거리 → 운림 삼거리에서 석산 · 장구목 방면 → 입석 · 도왕 방면 → 석산리 마애여래좌상
  석산리 주변에 순창의 트레킹 코스 '예향 천 리 마실길' 이 조성되어 있다. 입석 마을을 지나 도왕 마을 쪽으로 올라가다 보면 야트막한 고갯마루와 함께 마애불 이정표가 보인다. 이곳에서 500m쯤 올라가면 마애불이 나타난다. 인근에 섬진강 물놀이를 즐길 수 있는 장구목 유원지가 있고, 벚꽃이 필 때 더욱 아름다운 임실 구담 마을도 가깝다. 영화 〈아름다운 시절〉의 촬영지로 유명한 곳이다.

옛 절터의 영광을 그리는

개령암지 마애불상군

구분 : 보물 제1123호 | **시대 :** 고려시대 | **규모 :** 높이 1m~4m

지리산(智異山) 정령치(鄭嶺峙)와 붙어 있는 고리봉 아래 옛 개령암 터 뒤 절벽에 새겨진 불상군으로 정식 명칭은 개령암지 마애불상군(開嶺庵址 磨崖佛像群)이다. 절터를 둘러싼 높다란 절벽 면에 크고 작은 불상 9기가 군락을 이루는데, 3기는 비교적 양호하지만 6기는 마멸이 심해 알아보기 힘들다.

가장 큰 불상은 4m나 되는 거구로 조각 솜씨도 뛰어나 본존불로 여겨진다. 얼굴은 돋을새김하고 신체의 옷 주름은 선각 처리하여 고려시대 마애불의 전형을 따르고 있다. 큼직한 얼굴에 도식화한 이목구비, 큰

체구와 간략한 옷 주름 등도 고려 불상의 특징이다. 1~2m 크기의 작은 불상들 역시 비슷한 양식으로 모두 같은 시기에 조성된 것이고, 본존 아래쪽에 작은 불상 2기와 파악하기 힘든 명문 일부가 보인다. 불상군을 조성한 개령암은 1966년까지만 해도 건물이 있었다고 하고, 폐허가 되어 지금은 석축과 초석, 샘터 등만 남아 있다. 남원시에서는 최근 이곳에 생태습지 탐방을 위한 자연학습장을 조성해놓았다.

⊙ **찾아가기**
• 주소 : 전라북도 남원시 산내면 덕동리 산 215
• 내비게이션 : 정령치 휴게소
  88올림픽고속도로 남원IC → 남원 시내 → 주천면 → 호경 삼거리 → 정령치로 60번 도로 방면 → 고기 삼거리 → 정령치 휴게소
  내비게이션에 주소나 명칭을 입력하면 엉뚱한 곳을 헤매기 십상이다. 반드시 '정령치 휴게소'를 찾아가 정식 등산로를 따라 이동한다. 주차장에서 마애불까지 10분 정도의 거리다.

이성계를 승리로 이끈 여신

여원치 마애불상

구분 : 전라북도 유형문화재 제162호 | **시대 :** 고려시대 | **규모 :** 높이 2.3m

여원치는 옛날에 남원과 운봉, 함양을 왕래할 때 반드시 거쳐야 하는 길목이었다. 남원에서 운봉으로 넘어가는 여원치 정상 부근의 국도변 바위에 여원치 마애불상(女院峙 磨崖佛像)이 새겨져 있다.

병풍바위 중앙에 높이 2.3m 규모의 마애불을 양각하고 불상 위 양쪽으로 홈을 파서 배수로 시설을 해놓았다. 또 불상 옆에 두 개의 돌기둥이 남아 있는 것으로 볼 때 과거에는 보호각이 설치되었음을 짐작할 수 있다.

불상 왼쪽에는 가로세로 각 1.5m 크기로 바위 면을 네모나게 도려낸 후 비 형태의 명문을 음각했는데, 1901년(고종 38) 운봉현감 박귀진(朴貴鎭)이 기록한 것으로 이 불상과 태조 이성계의 인연 설화를 기록하고 있어 흥미롭다.

불상은 여원치 길가의 여상(女像)으로, 태조가 왕위에 오르기 전 지리산 도고(道姑) 할미

의 도움으로 황산대첩에서 왜군을 무찌르고 크게 승리했다는 것이다. 이를 증명하듯 민간에서는 지금도 이 불상을 '여상'이라 부른다고 한다.

불상은 얼굴과 상체가 거의 맞붙은 듯한 짧은 목에 어깨가 넓어 강인한 인상을 풍긴다. 소발의 머리에 낮은 육계가 있고 머리 뒷면에는 형식적인 광배가 표현되었다. 짧은 목에는 삼도가 보이고, 꼭 다문 두툼한 입 언저리에는 미소를 머금고 있으며, 눈·코·입의 형태가 뚜렷하다. 법의는 통견의로 옷 주름은 완만한 원형이지만 선이 굵어 무겁게 느껴진다. 어깨와 팔뚝은 물론 복부까지 넓은 U자형 띠 주름이 연속적으로 새겨져 있다.

오른손은 가슴께에 들어 셋째와 넷째 손가락을 살짝 구부렸고 왼손은 팔꿈치 아래가 떨어져 나갔다. 배 아랫부분은 조각이 분명하지 않고 마멸이 심해 자세히 알 수가 없다. 조금 두꺼운 가사, 신체 표현에 활력이 부족한 점 등으로 볼 때 고려 말 작품으로 추정된다.

⊙ **찾아가기**
- 주소 : 전라북도 남원시 이백면 양가리 5-3
- 내비게이션 : 여원치 마애불상
  남원 시내에서 운봉 방면 → 요천 삼거리 → 황산로를 따라 7.2km 지점 → 여원치 마애불상
  길가 이정표 주변에 주차하고 조금 걸어 내려가면 마애불을 만날 수 있다. 운봉면은 5월 지리산 바래봉 철쭉제가 유명한 곳이다.

부처 모퉁이의 약사여래불

남원 호기리 마애여래좌상

구분 : 미지정 | **시대** : 통일신라시대 | **규모** : 높이 1.2m

남원 호기리 마애여래좌상(南原 虎基里 磨崖如來坐像)은 통일신라시대 후기 작품으로, 전북 남원 주천면 호기리에 있다. '부처 모퉁이' 또는 '불우치' 라 불리던 곳에 3m 높이의 바위에 조성되어 있다. 2001년 도로 공사로 훼손될 위기에 처했을 때 바위 일부를 잘라내어 원위치에서 50m 떨어진 지금의 위치로 옮겨놓았는데, 비바람을 막기 위해 기둥 네 개를 세운 맞배지붕 건물에 봉안했다.

좌불을 돋을새김으로 조각하고 주변의 바위 면을 파내 감실 효과를 냈다. 3단의 연꽃 대좌 위에 결가부좌한 약사여래불로 높이는 1.2m, 폭은 1m다.

마멸이 심해 얼굴은 대략적인 윤곽만 알
수 있고, 소발의 머리에 육계가 있으며 귀
는 어깨까지 닿아 있다. 법의는 우견편단
에 옷자락이 자연스럽게 흘러내렸다. 오른
손은 아래로 내리고 왼손은 가슴 앞에 펼
쳐 든 것이 손바닥에 뭔가를 받쳐 든 형상
이다. 신체에 비해 머리와 손발이 크고 어
깨가 좁아 균형미는 떨어져 보이지만 무릎
이 넓어 안정감이 느껴지고 자연미가 돋보
인다.

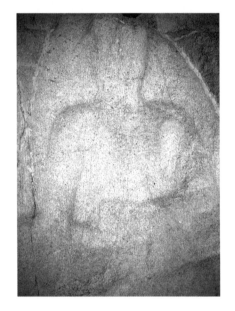

⊙ **찾아가기**
- 주소 : 전라북도 남원시 주천면 호기리
- 내비게이션 : 남원 호기리 마애여래좌상
  88올림픽고속도로 남원IC → 남원 교차로 → 시청 삼거
  리 → 남원대교 건너 구례 방면 → 남원 호기리 마애여래
  좌상

풍악산의 염화미소

남원 신계리 마애여래좌상

구분 : 보물 제423호 | **시대** : 고려시대 | **규모** : 높이 3.4m

전북 남원 풍악산(楓嶽山) 동쪽의 우뚝한 바위에 남향한 커다란 부처님이 앉아 있는데, 도선국사가 하룻밤 만에 뚝딱 만들었다고 하는 남원 신계리 마애여래좌상(南原 新溪里 磨崖如來坐像)이다.

머리는 소발에 육계가 큼직하고 원만한 얼굴에 부풀어 오른 뺨, 꼭 다문 입에서 자비로운 미소가 넘쳐 보인다. 귀는 짧고 둥근 편이고 목에는 삼도를 표현했다. 어깨는 자연스러우면서도 당당하게 벌어졌고 가슴은 부풀어 올라 활력이 넘쳐 보인다.

법의는 우견편단으로 상의의 오른쪽 끝이 한 겹 접혀 있고 반전이 정확하다. 옷 주름은 평행의 선으로 간략하게 나타냈다. 두 손은 배 위에 놓았는데, 왼손은 손바닥을 위로 향했고 오른손은 손등을 보이면서 검지와 새끼손가락을 폈다. 광배는 거신광이며 얕은 부조로 간략히 새긴 문양 등을 배치했다. 바깥 부분에는 불꽃무늬를 새겼고 그 안에 구슬 같은 연주문(連珠文)에 둘러싸인 둥근 두광과 신광을 아래위로 배치했다. 두광의 연주문대 안에는 두 줄의 선이 둘렸고 그 중심부에는 11엽(葉)의 연꽃무늬가 보인다. 연주문을 새긴 광배는 희귀한 경우에 해당한다. 불상은 무릎까지 옷깃을 덮고 있는 상현좌 위에 결가부좌했는데, 무릎 밑에 사각의 작은 홈 여덟 개가 나 있다. 대좌는 자연 암반을 그대로 활용했다.

전체적으로 생기가 넘치고 근엄한 편이며 통일신라시대의 표현 양식을 잘 따르고 있지만, 풍만한 신체에 비해 각 부분의 세부 표현이 간략화된 점 등에서 고려 초기에 만들어진 작품으로도 여겨진다.

⊙ **찾아가기**
- 주소 : 전라북도 남원시 대산면 신계리 산 18
- 내비게이션 : 남원 신계리 마애여래좌상
  순천완주고속도로 북남원IC → 대산면사무소 → 대곡
  신계길 → 신계리 마애여래좌상
  산 밑 도로변에 주차한 뒤 이정표를 따라 산길을
  450m 오르면 축대 위의 불상이 보인다.

호성암지의 미륵불

노적봉 마애여래좌상

구분 : 전라북도 문화재자료 제146호 | **시대** : 고려시대 | **규모** : 높이 4.5m

혼불문학관이 있는 사매면 서도리 노봉 마을 뒤쪽 노적봉 중턱에 노적봉 마애여래좌상(露積峰 磨崖如來坐像)이 있다. 신계리 마애불을 품고 있는 풍악산의 주봉인 노적봉 정상 아래쪽에 해당한다. 거대한 바위 면에 조각한 4.5m 높이의 미륵불로 원형이 잘 보존된 작품이다.

둥근 얼굴과 입가에 표현된 주름이 독특해 보인다. 귀는 어깨까지 늘어져 있고 어깨는 비교적 넓게 표현되었다. 양어깨에 걸친 법의에는 도식화된 옷 주름이 곡선으로 표현되었다.

불상은 연꽃 대좌 위에 앉아 있는데, 전체적으로 평면적인 느낌이 강하다. 머리와 불신 주위로 이중으로 된 굵은 띠처럼 두광과 신광이 둘려 있다.

양손을 가슴 앞에 모으고 연꽃을 받쳐 든 채 명상에 잠겨 있는 형상으로, 미륵불상에서 흔히 볼 수 있는 특징이다. 양 팔꿈치 옆에도 만개한 꽃송이가 조각되어 있다. 불상 앞 넓은 공터에는 기와 조각 등이 남아 있는데, 옛 호성암 터로 알려져 있으며 지금도 스님이 수행 중인 토굴이 남아 있다.

신계리 마애불과 노적봉 마애불을 품고 있는 풍악산은 그리 높지 않지만 섬진강 옆의 평지에 우뚝 솟아 있어 조망이 뛰어나다. 특히 정상 주위는 탁 트인 전망과 함께 기암괴석이 있고 울창한 송림을 갖추어 경관이 빼어나다. 정상에는 '뫼 산(山)' 자 모양의 커다란 삼각형 바위가 자리 잡고 있다.

⊙ 찾아가기

- 주소 : 전라북도 남원시 사매면 서도리 23-1
- 내비게이션 : 노적봉 마애여래좌상 / 혼불문학관
  순천완주고속도로 오수IC → 오수 농공단지 → 월평 교차로 → 서도역 → 혼불문학관
  혼불문학관 앞을 지나쳐 조금 더 진행하면 노적봉 등산 안내도가 보이고, 쉼터와 함께 주차 공간이 나온다.
  이곳에서 이정표 뒤쪽의 등산로를 따라 30분쯤 오르면 호성암 절터의 미륵불을 볼 수 있다.

호환을 막아주던

견두산 마애여래입상

구분 : 전라북도 유형문화재 제199호 | **시대** : 고려시대 | **규모** : 높이 3.2m

샛노란 꽃망울을 터뜨리는 봄의 전령 산수유. 구례산수유꽃축제장으로 유명한 구례 산동면 현천 마을 뒤 견두산 정상 부근에 5m 높이의 거대한 자연 암벽이 버티고 있고, 그 암벽하단에 마애불이 새겨져 있다. 견두산 마애여래입상(犬頭山 磨崖如來立像)이다. 오랜 세월의 풍화작용에 떨어져 나간 무릎 아래쪽은 정확히 알 수 없으나 연화 대좌를 포함한 불상의 높이가 3.2m나 된다.

불상은 건장한 체구를 지녔으며, 눈은 좌우로 치켜 올라갔고 두툼한 코에 꼭 다문 입 등이 조금은 경직돼 보인다. 소발의 머리 위에 육계가 크고 넓적하며 이마에는 백호공이 나 있다. 인중이 짧아서 코와 입이 붙은 것 같고, 목에는 삼도가 뚜렷하며, 어깨가 떡 벌어진 장대한 불신에 우견편단의 법의를 둘렀다. 왼쪽 어깨를 감싼 법의 자락은 오른쪽 겨드랑이 밑으로 완만한 U자형의 옷 주름을 흘리다가 발목 근처까지 이른다. 오른손은 가슴 위로 들어 올려 설법인의 수인을 취했고 왼손은 엄지와 인지를 살짝 맞댄 채

밖으로 향했다.

불상 주위를 얕게 파서 두광과 신광을 표현했고, 머리 윗부분에는 움푹한 홈이 파여 있어서 이곳에 뭔가를 끼워 불상을 보호하려 했던 것 같다. 선각에 가까운 조성 기법과 장대한 신체 표현, 손모양, 표정 등이 여원치 마애불상 등 남원의 다른 마애불과 비슷해 보인다.

견두산은 전북 남원시 수지면 고평리와 전남 구례군 산동면 계천리의 경계에 위치한 산이다. 옛날에는 호랑이의 머리를 닮았다고 해서 호두산(虎頭山)이라 불렀는데, 남원에서 호랑이에게 물려 죽는 일이 많아 읍내에 호석을 세우고 견두산으로 개명한 뒤부터는 호환이 없어졌다고 한다. 멀리서볼 때 산봉우리가 개 머리처럼 보여서 그렇게 불렀다는 설도 있다. 밤재에서 견두산에 올라 천마산, 깃대봉, 형제봉, 천왕봉을 거쳐 월암에 이르는 등산로는 30km에 이르는데, 견두산만 왕복하거나 현천 마을로 하산하는 코스는 넉넉잡아 세 시간쯤 걸린다. 3월 말에서 4월 초에 현천 쪽으로하산하면 산수유꽃에 파묻힌 그림 같은 마을을 만날 수 있다.

⊙ 찾아가기
- 주소 : 전라북도 남원시 수지면 고평리 산 102-4
- 내비게이션 : 밤재쉼터
  순천완주고속도로 서남원IC → 수송 삼거리 → 호곡 삼거리 → 밤재쉼터
  산동면사무소에서 3km 거리 19번 도로를 타고 가다가 계척 쪽으로 빠진 다음 지하도를 통과 하면 밤재쉼터로 진입한다. 밤재쉼터에서 1km쯤 산길을 따라 올라가면 견두산 산행 출발점인 밤재가 나온다. 이곳에서 3km쯤 올라가면 견두산 정상인데, 정상에 조금 못미쳐서 커다란 암벽에 마애불이 조성되어 있다.

누군가를 향한 하염없는 기다림

서곡리 마애여래좌상

구분 : 미지정 | **시대** : 조선시대 | **규모** : 높이 1m

서곡리 마애여래좌상(書谷里 磨崖如來坐像)은 전북 남원 장백산(長白山) 중턱에 위치해 있어서 '장백산 불상'으로도 불린다. 가로세로 4m 정도의 둥근 바위 한 면을 얕게 감실처럼 파내고 그 안에 불상을 조각했는데, 그 모습이 마치 오랜 세월 바위 속에 잠들어 있다가 이제 막 세상 밖으로 현신한 듯한 묘한 감흥을 불러일으킨다. 불상이 위치한 곳은 속칭 '부처골'인데, 주변에 사지의 흔적이 없는 것으로 보아 민간 숭배불로 조성된 듯하다.

소발에 육계가 봉긋하고 불신에 비해 상호가 너무 커서 비례는 맞지 않는다. 목에는 희미한 삼도가 보이고 법의는 우견편단, 항마촉지인의 수인에 왼손에는 약합을 들고 있다.

비록 화려하지는 않지만, 우리네 모습처
럼 투박하고 정감 있는 모습이 마치 오
랜 세월 누군가를 하염없이 기다리고 있
는 듯하다.

⊙ 찾아가기
- 주소 : 전라북도 남원시 이백면 서곡리
- 내비게이션 : 서곡교
  이백면사무소에서 농업기술센터 방면으로 진행하다
  가 센터 직전에서 반대편 왼쪽의 작은 다리(서곡교)
  를 건너 산 쪽 임도를 따라 오르면 된다. 가파른 산길
  을 조심조심 오르다 보면 길가 좌측에 조성된 마애불
  이 보인다. 서곡교에서 1.1km 지점이다.

가학정 길목의 찡그린 부처

용진산 마애여래좌상

구분 : 광주광역시 문화재자료 제11호 | **시대** : 조선시대 | **규모** : 높이 1.2m

광주 사호동 용진산의 청룡사와 가학정(駕鶴亭)으로 올라가는 등산로 왼편에 자그마한 불상 용진산 마애여래좌상(聳珍山 磨崖如來坐像)이 조각되어 있다. 대좌와 광배 없이 불신만 선각한 것으로 세부 표현이 생략된, 비교적 소품에 해당한다.

기다란 얼굴은 평면적이고 가늘게 뜬 눈과 눈썹 사이가 좁아서 찡그린 인상을 풍긴다. 얼굴에 비해 코가 커 보이는데 코끝은 파손되어 있다. 입은 큰 편이고 꽉 다문 입술은 두껍게

표현했다. 어깨를 움츠린 모습이고 옷 주름은 거의 표현되지 않았다. 양손을 가슴에 모아 엄지와 중지를 맞댄 것이 아미타여래의 상품중생인처럼 보인다. 양발을 무릎 위로 올려서 발바닥을 하늘로 향했다.

불상 위쪽에 세로로 '佛堂日月 聳珍水石(불당일월 용진수석)'이란 각자가 보인다. 전체적인 양식으로 볼 때 조선 후기에 조성된 것으로 추정된다.

용진산은 광주 광산구 본량과 임곡의 경계에 위치한 산이다. 북쪽 산허리 황룡강을 바라보는 산 중

턱에 서 있는 가학정은 '신선이 학을 타고 노닌다' 는 뜻의 정자로, 죽림처사의 누정이다. 선조가 임진왜란 당시 벼슬도 없이 자신을 보필한 박경의 공을 치하하려 했으나 한사코 이를 사양하자 죽림처사라는 시호와 지팡이를 내리고 나랏돈으로 지어준 정자다.

현재의 정자는 2007년 폭우로 소실된 것을 2012년 광산구에서 다시 지어놓았다.

⊙ **찾아가기**

- 주소 : 광주광역시 광산구 사호동 산 136
- 내비게이션 : 용진산 마애여래좌상 / 용진사
  호남고속도로 장성IC → 가작 교차로 → 황룡
  사거리 → 용진사
  사호동 용진사 앞에서 좌측을 살펴보면 작은
  터널이 보인다. 빠져나가 공장 건물 앞을 지
  나면 산으로 오르는 등산로가 보인다. 100m
  쯤 올라가면 왼쪽으로 마애불 바위가 보인다.

원효의 약사여래불

운천사 마애여래좌상

구분 : 광주광역시 유형문화재 제4호 | **시대** : 고려시대 | **규모** : 높이 2m

운천사 마애여래좌상(雲泉寺 磨崖如來坐像)은 자연 암벽을 다듬어 불상을 양각하고 그 위에 건물을 지어 전각 형태를 갖추고 있다. 일종의 석굴사원인데 2m 크기의 불상 규모에 비해 절간과 법당이 매우 소박해 보인다.

운천사의 원래 이름은 정토사였다. 무등산 원효사에 주석하고 있던 원효가 하루는 서쪽 하늘에 상서로운 기운이 뻗쳐 있는 것을 발견했다. 제자 보광화상을 보내 알아보니 커다란

바위에서 빛이 솟아나고 있었다. 원효는 그 바위에 불상을 새기게 했다. 작은 소라 모양의 머리칼을 붙여놓은 불상의 머리에는 육계가 자리 잡고 있다. 넓적한 얼굴은 긴 눈, 우뚝 솟은 코, 두꺼운 입술 등에서 매우 근엄한 인상을 풍긴다. 목에는 삼도가 뚜렷하고 어깨는 당당하나 얼굴에 비해 지나치게 넓어 보인다. 왼쪽 어깨를 감싼 옷에는 평행계단식의 옷 주름이 표현되었다.

불상은 두 손을 배 위에서 모아 약그릇을 쥐고 있는 약사여래불이다. 광

배는 삼중의 윤광형광배(輪光形光背) 형식
인데, 경계선 이외의 여백에는 별다른 무
늬가 없다. 전체적으로 경직된 느낌이 들
고, 조각 기법 등이 아래로 내려갈수록 도
식화된 점으로 볼 때 고려 초기의 불상으로
판단된다.

⊙ **찾아가기**
• 주소 : 광주광역시 서구 쌍촌동 99-7
• 내비게이션 : 운천사 마애여래좌상
  호남고속도로 동림IC → 빛고을대로 3.4km
  지점에서 버스터미널 쪽으로 좌회전 →
  700m 지점 상무 주공아파트 앞에서 우회전
  → 광명 하이트타운아파트 → 운천사 마애여
  래좌상

원추형 마애불과 석불입상

나주 철천리 마애칠불상

구분 : 보물 제461호 | **시대** : 고려시대 | **규모** : 높이 0.9m

전남 나주시 봉황면 철천리의 미륵사 대웅전과 삼성각 위에 원뿔형의 독특한 불상과 대형
돌부처가 서 있다. 원뿔형 불상의 정식 명칭은 나주 철천리 마애칠불상(羅州 鐵川里 磨崖七
佛像)인데, 사각 모양의 원추형 바위에 빙 둘러 불상을 조성한 독특한 모습이다. 바위 동
쪽 면에 좌불 1기가 있고 북쪽 면에도 합장한 좌불 1기가 있다. 남쪽 면에는 형태가 비슷
해 보이는 입상불 4기가 새겨져 있다. 원래는 서쪽 면에도 2기의 불상이 있었는데 일제 강
점기 때 도난당했다고 한다. 현재는 7불이지만 서쪽 불상까지 합하면 9불로 조성된 셈이
다. 꼭대기에도 동자상(童子像)이 있었다고 하는데 찾아볼 수는 없다.

일곱 불상 모두 세부적인 표현은 거의 똑같다. 소발에 육계가 있으며 갸름한 얼굴이다. 기다란 신체는 굴곡 없이 밋밋하고 경직된 자세와 간략한 표현 등에서 도식화된 모습이다. 불상의 발 밑에는 약간 돌출된 부분을 마련하여 대좌를 대신하고 있다. 조성 기법상 고려시대 불상에서 흔히 볼 수 있는 모습이지만, 독특한 원추형 바위에 사방불(四方佛)의 특징을 보여주는 귀한 자료로 평가된다.

마애불상과 함께 서 있는 큰 불상은 보물 제463호인 나주 철천리 석불입상(羅州 鐵川里 石佛立像)이다. 높이 5.4m의 대형불로 불신과 광배가 한 돌에 조각되어 있다. 머리는 소발에 육계가 크고 통통한 얼굴은 사각형에 가깝다. 눈과 코가 큼직하고 입가에는 미소를 띠고 있다. 귀는 짧고 목의 삼도 역시 형식적이다. 불신이 당당하고 중량감이 넘치지만 어깨가 자연스럽지 못하고 탄력미도 떨어져 보인다.

덕룡산(德龍山) 미륵사는 대한불교 조계종 제18교구 본사인 백양사의 말사로, 544년(백제 성왕 22) 연기조사(緣起祖師)가 창룡사(蒼龍寺)로 창건했다고 하는데 기록을 확인할 수 없으며 자세한 연혁도 알려지지 않았다. 6·25전쟁 후 폐사되다시피 한 것을 1990년대 후반에 불사를 일으켜 현재의 모습을 갖추었다.

⊙ **찾아가기**
- 주소 : 전라남도 나주시 봉황면 철천리 산 124-11
- 내비게이션 : 나주 철천리 마애칠불상
  나주시청 → 영산대교 → 세지 방면 23번 도로 → 봉황농공단지 방면으로
  진행하다가 미륵사 이정표 따라 우회전 → 미륵사

천불천탑과 천지개벽의 비밀

화순 운주사 마애여래좌상

———

구분 : 전라남도 유형문화재 제275호 | **시대** : 고려시대 | **규모** : 높이 5.2m

———

하룻밤 만에 천불천탑(千佛千塔)을 완성하려 했으나 미처 와불을 일으켜 세우기도 전에 새벽닭이 울어 천지개벽을 이루지 못했다고 하는 운주사(雲住寺)의 전설. 신라 말 도선이 창건했다. 영암 출신인 도선은 우리나라의 지형을 배로 보았고, 배의 선미에 해당하는 호남 땅이 영남보다 산이 적어 배가 한쪽으로 기울 것을 염려하고는 이곳에 천불천탑을 조성했다고 한다. 임진왜란 때 법당을 비롯해 많은 석불과 석탑이 훼손되었는데 18세기 들어 수리하고 중건했으며, 그 후 여러 사람의 시주와 중창 불사를 통해 오늘날에 이르고 있다. 1942년까지만 해도 석불 213좌와 석탑 30기가 있었다고 하나 지금은 석불 70기,

석탑 12기만 남아 있다.

화순 운주사 마애여래좌상(和順雲住寺 磨崖如來坐像)은 운주사 석불군 가운데 유일한 마애불로, 대웅전 뒤쪽의 대형 암반에 새겨져 있다. 커다란 바위 면의 요철을 그대로 살려 얕게 부조했는데 광배와 좌대를 포함한 전체 높이는 5m쯤 된다.

불상의 머리에 커다란 육계가 솟아 있고, 눈썹과 길쭉한 코는 양각하고 귓바퀴는 음각 처리했다. 마멸이 심해 법의와 수인은 알아보기 힘들고, 광배는 무릎 위쪽까지 선각했고 연꽃무늬 대좌가 희미하다.

마애불을 보고 나서 야트막한 산 위로 올라서면 운주사 전체를 조망할 수 있는 공사바위가 나타난다. 이곳에서 바라보는 일주문을 향해 죽 늘어선 돌탑들이 무척 인상적이다.

운주사의 여러 석불 가운데 '간판스타'로 꼽히는 와불도 빼놓을 수 없다. 계곡 정상부에 있는 2기의 석불로 정식 명칭은 화순 운주사 와형석조여래불(和順 雲住寺 臥形石造如來佛, 전라남도 유형문화재 제273호)이다. 도선이 천불천탑을 세운 뒤 마지막으로 와불을 일으켜 세우려 했으나 새벽닭이 울어 누워 있는 형태로 두고 말았다는 전설의 주인공이다. 높이 12m, 폭 10m의 돌부처 2기가 나란히 누워 있는데, 좌불과 입상 형태의 불상이 누워 있는 형상은 전 세계를 통틀어 유일하다고 한다.

죽 늘어선 삐뚜름한 탑들과 툭툭 발길에 차일 듯 늘어서 있는 석불들이 정교하지도 세련되지도 않지만, 꼭 우리네 이웃처럼 정감 어린 모습이어서 운주사를 찾는 이들에게 무한한 상상력과 영감을 안겨준다.

⊙ **찾아가기**
- 주소 : 전라남도 화순군 도암면 대초리 산 115
- 내비게이션 : 화순 운주사
  광주 제2순환도로 → 효덕 교차로 → 817번
  도로 → 칠구재터널 → 효산 삼거리 → 평리
  사거리 → 도암 삼거리 → 운주사

부처골을 지키는 단아한 부처님

담양 영천리 마애여래상

구분 : 담양군 향토유적 제2-1호 | **시대 :** 고려시대 | **규모 :** 높이 1.3m

담양 영천리 마애여래상(潭陽 靈泉里 磨崖如來像)은 무정면 영천
리 마을 뒷산, 속칭 '부처골'로 불리는 골짜기 한구석에 숨어
있다. 자연 암벽 한쪽 면을 다듬어 불상을 조성한 것으로, 고려
때 작품으로 추정된다.

가로세로 2m쯤 되는 바위에 1.3m 크기의 아담한 부처님을 새
겼다. 상호가 원만하고 가느다란 눈썹은 치켜 올라갔으며 입술
은 도톰하다. 코는 깨져서 시멘트로 보수한 흔적이 보인다. 두

귀는 어깨까지 늘어졌고 목에는 삼도가 뚜렷하다. 법의는 우견편단이고 왼쪽 어깨의 가사 끝이 한 번 꼬여 운치를 곁들인다. 손 일부와 허리 아랫부분은 조각이 생략되었다.

⊙ 찾아가기
- 주소 : 전라남도 담양군 무정면 영천리 산 52
- 내비게이션 : 영천리 마애여래상 / 오봉지

88올림픽고속도로 담양IC → 담양공고 교차로에서 광주 방면 → 제월 교차로에서 제월리 · 영천리 방면 → 영천리 마애여래상
영천리 오봉지를 지나 마을의 작은 사거리에서 좌회전하여 600m쯤 직진하면 우측에 외딴 축사가 보인다. 길가에 주차하고
축사를 지나 오른편으로 보이는 대숲 쪽으로 다가가면 골짜기 사이로 논이 보인다. 논둑을 따라 맨 꼭대기 논 위로 접근하면
마애불을 만날 수 있다.

원효가 손톱으로 새긴

구례 사성암 마애여래입상

구분 : 전라남도 유형문화재 제220호 | **시대** : 고려시대 | **규모** : 높이 3.9m

전남구례에서 남쪽으로 2km쯤 떨어진 꼭대기에 그림 같은 암자 사성암이 자리 잡고 있다. 544년
(백제 성왕 22) 연기조사가 창립했다고 전해지는데 네 명의 고승, 즉 원효 · 도선 · 진각 · 의상이 수
도했다고 하여 사성암으로 불린다.

구례 사성암 마애여래입상(求禮 四聖庵 磨崖如來立像)은 20m가 넘는 깎아지른 암벽 안쪽에 입상의
불상을 새긴 것으로, 현재는 약사전을 봉안하여 모시고 있다. 『삼국사기』에 의하면 이 불상은 선
정에 든 원효가 손톱으로 그린 것이라고 한다.

전체 높이는 3.9m, 소발의 머리에 육계가 솟아 있다. 불상 뒤로 광배가 표현되었고, 머리 주위에
도 두 줄의 띠를 두른 원형 두광이 보인다. 상호는 원만하고 눈과 양미간, 코와 입 등은 선각으로

간략히 표현했으며 목에는 삼도가 있다. 오른손을 들어 중지를 잡았고 왼손에는 애민중생을 위한 약사발을 들었다. 법의는 통견으로 옷 주름은 전체적으로 물결무늬를 이루고 있는데, 왼쪽 어깨의 옷 주름이 촘촘한 격자무늬인 것이 특징이다. 비록 양감 없이 음각한 불상이지만, 얼굴에서 풍기는 인상과 파상문 등이 비슷한 시기에 조성된 다른 불상보다 빼어난 작품으로 평가된다.

사성암을 품고 있는 오산(鰲山)은 그리 높지 않지만 사방이 한눈에 들어오는 빼어난 경승지다. 암자 뒤편으로 돌아서면 우뚝 솟은 절벽이 전개되는데 풍월대, 망풍대, 신선대 등 12비경이 펼쳐진다. 흔히 금강산 보덕암을 빼닮았다고 하는 사성암은 그 자체로도 한 폭의 그림이다. 암자 앞에 서면 구례 일대를 한눈에 조망할 수 있고, 이른 새벽 발아래 운해가 깔리는 감동은 선계가 따로 없는 감동을 선사한다. 경외감에 절로 입에서 아미타불이 새어나오는 아주 특별한 공간이다.

⊙ 찾아가기
- 주소 : 전라남도 구례군 문척면 죽마리 산 7
- 내비게이션 : 구례 사성암 마애여래입상 / 사성암
  순천완주고속도로 황전IC → 섬진강로 → 장터길 → 사성암.
  암자에 오르는 3km 길은 매우 가파르므로 운전에 특히 주의해야 한다. 낮 시간대엔 아래 주차장에서 셔틀버스를 이용하면 된다.

해방구를 증언하는
유신리 마애여래좌상

구분 : 보물 제944호 | **시대** : 고려시대 | **규모** : 높이 4.3m, 좌상 높이 2.1m

조정래의 대하소설 『태백산맥』에서 빨치산 해방구였던 율어. 율어저수지 아랫마을에서 존제산(尊帝山)으로 향하는 길목에 일월사(日月寺)가 있고, 그곳에 유신리 마애여래좌상(柳新里 磨崖如來坐像)이 자리 잡고 있다. 곳곳에 널려 있는 커다란 암반들 중 맨 아래쪽 보호각 아래의 암벽에 부조로 양각되어 있다.

결가부좌한 불상의 머리는 소발이고 육계가 있다. 상호는 원만하고 두 귀는 길게 늘어졌는데, 마멸이 심해 이목구비는 물론 불신의 섬세한 면들을 파악하기 힘들다. 문화재청 자료에 의하면 전법륜인인 수인을 지은 아미타불이라고 하고, 법의 모양도 독특하다고 하지만 알아보기 힘들다. 광배와 대좌도 겨우 전체적인 윤곽만 알 수 있을 정도다. 노천 불상에 보호각을 만들어 씌우면서부터 급격한 마멸이 진행된 경우라고 한다.

원래 이곳은 통일신라시대 때 존제사(尊帝寺)의 절터라고 전해지는데, 특이한 유물 없이 오래된 기와 조각만 발견되었다. 그러나 전설에 의하면 마

애불이 있어 예로부터 '미륵등'이라 불렸으며, 큰 절이 있어 많은 쌀을 씻었는데 쌀뜨물이 계곡의 물 색깔을 바꿀 정도였다고 한다. 절 주변의 큰 바위들은 보는 각도에 따라 십이지신상이나 여러 모양의 동물 형상으로 보이기도 한다. 보름달이 뜨면 비천무 형상이 바위에 희미하게 그려진 것이 보이고, 나라에 큰일이 나면 눈물을 흘리고 그 자리엔 이끼가 자라지 않는다고도 한다. 지금도 일월사에는 마애불을 비롯해 장군바위, 칼바위, 삽살개바위 등 이름만큼이나 특색 있는 바위가 도처에 널려 있어 볼거리와 특별한 기대감을 갖게 한다. 그중 '복돼지바위'는 영험하기로 소문이 나서 학업, 취업, 건강, 득남 등 한 가지 소원은 꼭 이루어준다는 말이 있다.

⊙ 찾아가기
• 주소 : 전라남도 보성군 율어면 유신리 125
• 내비게이션 : 보성 유신리 마애여래좌상 / 일월사
  영암순천고속도로 고흥IC → 벌교 교차로 → 고
  읍 교차로 → 행정 삼거리 → 추동 삼거리 → 율
  어로 약 7.7km 진행 후 일월사 이정표를 따라
  이동 → 보성 유신리 마애여래좌상

꽃향기에 취해 잊을세라

선암사 마애여래입상

구분 : 전라남도 문화재자료 제157호 | **시대** : 고려시대 | **규모** : 높이 4.8m

전남 순천 선암사(仙岩寺)는 신라 때 창건된 사찰로, 542년(진흥왕 3) 아도(阿道)가 창건했다는 설과 875년(헌강왕 5) 도선이 창건하고 '신선이 내린 바위' 선암사라고 했다는 설이 엇갈린다. 고려 때 의천(義天)이 중건했으며 이후 수차례 중창을 거듭하여 오늘날에 이른다. 65동이나 되는 대가람이었지만, 6·25전쟁 때 소실되면서 지금은 20여 동의 건물만 남아 있다.

선암사는 특히 선종(禪宗)과 교종(敎宗) 양파의 대표 가람으로, 조계산을 사이에 두고 송광사(松廣寺)와 쌍벽을 이루는 수련 도량으로도 유명하다. 경내에는 보물인 3층 석탑과 대웅전 등 수많은 문화재를 소장하고 있다.

이 사찰에 관심을 두고 유심히 찾아보지 않으면 지나치기 쉬운 마애불 1기가 숨어 있는데, 선암사 마애여래입상(仙岩寺 磨崖如來立像)이다. 사찰 전면에서 볼 때 좌측, 대각암(大覺庵)으로 올라가는 길목에 위치해 있다. 7m 정도의 천연 바위 면에 옴폭 들어가게 불상을 조각했다.

불상은 머리 위에 육계가 솟아 있고 상호가 균형 잡힌 얼굴은 원만한 인상을 풍긴다. 눈꼬리는 위로 치켜 올라갔고 얼굴에 비해 귀가 무척 커 보이며 가슴의 '卍(만)' 자도 독특해 보인다. 법의는 우견편단으로 왼팔에 걸친 옷과 가슴을 덮고 있는 옷 주름이 아래로 흘러내리면서 몸 전체를 덮고 있다. 목에는 도식화된 삼도가 보인다. 오른손은 수직으로 내려뜨려 손가락을 폈고 왼손은 팔을 굽혀 가슴 위에 댔는데 엄지와 중지를 모아 중품인을 짓고 있다.

비록 입체감이 떨어지는 선각마애불이지만 단아한 얼굴과 정교한 머리카락 등 표현력이 뛰어나 보인다. 마애불 옆에 '갑진삼월'이라는 명문이 있지만 연호가 없어 고려 중기 작품으로 추측할 뿐이다.

선암사를 방문하면 많은 불교 유적은 물론 해우소와 보물 제400호로 지정된 승선교 등 재미있는 볼거리가 많다. 이 절은 특히 봄날 벚꽃 필 때가 아름다운데, 절 전체가 꽃 무더기에 파묻혀 화사한 비명을 내지른다. 천연기념물 제488호로 지정된 선암매(仙巖梅)도 꼭 한 번 찾아보자.

☉ 찾아가기
- 주소 : 전라남도 순천시 승주읍 죽학리 산 48-1
- 내비게이션 : 선암사 마애여래입상 / 선암사
  호남고속도로 승주IC → 서평 삼거리 → 선암사길 따라 5.7km
  → 선암사

월출산의 정기가 느껴지는

월출산 마애여래입상

구분 : 국보 제144호 | **시대** : 고려시대 | **규모** : 높이 8.6m

전남 영암 월출산(月出山) 구정봉의 서북쪽 암벽을 깊게 파서 감실을 만들고, 그 안에 높이 8.6m
의 거대한 여래불을 모셨다. 월출산의 정기가 절로 느껴지는 월출산 마애여래좌상(月出山 磨崖如來
坐像)이다. 불상의 오른쪽 무릎 옆에는 본존을 향해 예불하는 높이 0.9m의 동자상을 별도로 새겨
넣었다.

불상의 머리 위에는 높다란 육계가 있고 커다란 귀는 어깨까지 닿아 있다. 각진 얼굴은 근엄하고
박력이 넘쳐 보인다. 이마에는 백호가 조각되어 있으며 목이 짧고 어깨는 각이 지고, 가슴과 어깨
의 근육은 부풀었지만 탄력이 떨어지고 허리는 가늘게 표현되었다.

우견편단의 법의는 얇게 표현하여 신체의 굴곡을 잘 드러나고 옷 주름은 가늘게 선각했는데 대좌 아래까지 흘러내린다. 당당한 신체에 비해 팔은 가늘게 표현했다. 손 모양은 오른손을 무릎 위에 올려 손끝이 아래를 향하게 하고, 왼손은 손바닥을 위로 하여 무릎 위에 올린 항마촉지인을 짓고 있다. 광배는 두광과 신광을 따로 조각했고, 그 안에 연꽃무늬와 덩굴무늬를 새겨 넣고 가장자리에는 불꽃 무늬를 새겼다.

근엄한 얼굴에 당당한 어깨, 부풀어 오른 가슴은 전반적으로 우람하고 패기에 찬 느낌을 준다. 하지만 신체에 비해 너무 커 보이는 얼굴과 작게 묘사한 팔 등 불균형한 모습은 형식화된 고려 거불들의 특징을 보인다. 마애불을 품고 있는 월출산은 육지와 바다를 구분하는 상징처럼 서남해안에 우뚝 솟아 있는데, 달을 가장 먼저 맞이하는 곳이라 하여 월출산이라 이름 붙었다. 천황봉을 주봉으로 사자봉, 구정봉, 향로봉, 주지봉 등이 동에서 서로 하나의 산맥을 형성하며 거대한 수석 전시장을 형성하고 있다. 깎아지른 기암절벽이 많아 예로부터 영산(靈山)으로 불렸다. 동쪽으로 장흥, 서쪽으로 해남,

남쪽으로는 강진만을 가로막고 있는 완도를 비롯한 다도해를 바라보고 있다. 너른 품안에 도갑사, 무위사, 천황사 등 사찰들이 깃들어 있고, 뾰족한 암봉과 깊은 골짜기를 따라 폭포와 유적들이 산재해 있으며, 곳곳에 수많은 전설과 설화를 간직하고 있다.

예로부터 월출산을 바라보며 살아가는 사람들은 바위 하나하나에 의미를 부여하고 경외감을 가져왔다. 그 가운데 대표적인 것이 영암에 관한 것이다. 월출산에는 움직이는 바위라는 뜻의 동석(動石) 세 개가 있었다. 중국 사람이 이 바위들을 산 아래로 떨어뜨리자 그중 하나가 스스로 올라왔는데, 그 바위가 바로 영암이다. 이 동석 때문에 큰 인물이 많이 난다고 해서 고을 이름도 영암이라고 지었다는 것이다.

⊙ 찾아가기

- 주소 : 전라남도 영암군 영암읍 회문리 산 26-8
- 내비게이션 : 경포탐방지원센터

영암순천고속도로 강진·무위사IC → 월평 교차로 → 월남 교차로 → 경포탐방지원센터

월출산의 대표적인 등산 코스는 천황사를 기점으로 천황사 → 천황봉 → 미왕재 → 도갑사로 이어지는 코스가 일반적이다. 동쪽 천황사를 출발해 바람폭포와 주봉인 천황봉을 거쳐 구정봉, 향로봉, 미왕재를 지나 도갑사 쪽으로 내려오면 된다. 약 9km의 거리로 6~7시간이 걸린다.

구정봉 아래 마애불만 따로 찾아보려면 경포대 코스가 좋다. 볼거리는 적어도 계곡길을 따라 걷는 코스가 덜 힘들다. 경포탐방지원센터에서 출발해 삼거리에서 구정봉 쪽으로 방향을 잡는다. 바람재를 거쳐 구정봉에 오른 다음 마애불과 용암사지, 3층 석탑을 돌아보고 하산하는데 왕복 6km, 네 시간쯤 잡으면 된다.

한편 월출산 자락에는 칠지계곡 마애여래좌상, 영암 월곡리 마애여래좌상 등 마애불이 더 많지만 모두 지정 등산로 밖에 흩어져 있어서 탐방객들의 출입을 금하고 있다.

스승의 덕을 기리는
구룡리 마애여래좌상

구분 : 전라남도 유형문화재 제193호 | **시대** : 고려시대 | **규모** : 좌불 높이 2m

장흥 구룡리 마애여래좌상(長興 九龍里 磨崖如來坐像)은 전남 장흥 부산면 구룡리 자미 마을 뒷산 병풍바위에 새겨진 대형 마애불이다. 멀리서도 잘 보이는 20m 높이의 대형 암벽에 지상 6m의 좌불을 선각했다. 바위 면이 고르지 않고 음각하여 전체적인 윤곽은 알 수 없지만, 얼굴 모습과 결가부좌한 무릎에 옷 주름 일부가 파악된다.

머리는 소발에 육계가 솟아 있고 이목구비가 또렷하다. 법의는 통견의이고 수인은 항마촉지인을 취했으며, 무릎 아래로는 마멸이 심해 윤곽을 파악하기 힘들다.

이 불상은 고려시대 송광사(松廣寺)의 16국사 중 여섯 번째인 원감국사 충지(圓鑑國師 沖止)의 상으로, 제자들이 스승의 넋을 기리기 위해 조성한 것으로 알려져 있다.

⊙ 찾아가기
- 주소 : 전라남도 장흥군 부산면 구룡 산 52
- 내비게이션 : 장흥 구룡리 마애여래좌상 / 수미사
  영암순천고속도로 장흥IC에서 약 4km 거리다. 장흥군청에서 23번 국도를 이용하여 부산면 방면으로 가다가 자미 마을로 빠진 다음 1km쯤 진행하면 된다. 수미사 마당에 도착하면 병풍바위가 보인다.

형형한 눈빛에 부드러운 미소

북미륵암마애여래좌상

구분 : 보물 제48호 | **시대** : 고려시대 | **규모** : 높이 4.2m

한반도 최남단 해남반도에 우뚝 선 두륜산(頭輪山)의 암봉이 병풍처럼 드리운 곳에 대흥사(大興寺)
가 자리 잡고 있다. 이곳에서 두륜봉·가련봉 쪽으로 40분 정도 올라가면 북미륵암마애여래좌상
(北彌勒庵磨崖如來坐像)을 모신 암자가 나타난다.

연꽃 대좌 위에 앉아 있는 불상은 소발의 머리에 육계가 뚜렷하고 둥글넓적한 얼굴이 풍만하고 근
엄해 보인다. 이마의 백호공, 적당한 코, 작고 두꺼운 입, 기다란 귀에 목의 삼도는 가슴에 표시되
었다.

통견의 두툼한 법의에 옷 주름은 평행계단식이 퇴화한 밀집무늬 모양에 힘 있고 뚜렷한 편이며,

왼쪽 어깨에 가사를 묶는 띠 매듭이 달려 있다. 오른손은 결가부좌한 다리 위에 내렸고 왼손은 배꼽 부분에서 손바닥을 위로 했다. 광배는 두광과 신광을 삼중 원으로 음각하고 그 밖에 불꽃무늬를 새겨 넣었으며, 그 주변에 네 개의 비천상을 대칭적으로 배치한 구조가 독특하다.

풍만하고 볼륨감이 넘쳐 보이는 상체에 비해 하체가 빈약해 보이고, 손과 발의 섬세함이 조금 떨어지는 점으로 볼 때 고려시대 작품으로 여겨진다.

전체적으로 유려한 조각 솜씨를 자랑하는 거불이다. 형형한 빛을 내뿜는 눈, 부드러운 선과 질감 등은 천년 전 돌로 깎은 것이라곤 믿기 힘들 정도로 섬세하다. 타오르는 듯 새겨진 불꽃무늬와 사방에 돋을새김한 비천상도 아름답기 그지없다.

조릿대 숲에 둘러싸인 암자를 뒤로하고 오심재를 거쳐 산 정상에 오르면 멀리 완도와 진도를 비롯해 다도해의 수많은 섬들이 눈앞에 다가선다. 두륜이란 중국의 곤륜산 줄기가 백두산을 거쳐 백두대간의 등뼈가 되어 흘러 내려온 자리라는 뜻이다. 땅끝에 이르러 솟아오른 산이라 해서 백두의 '두(頭)' 자와 곤륜의 '륜(崙)' 자를 딴 것으로, 그만큼 산세가 장쾌하고 조망이 탁 트여 있다.

봄이면 붉게 타오르는 계곡의 동백꽃 길이 아름답고 가을이면 두륜봉과 가련봉 사이의 억새밭이 장관을 이룬다. 이 일대는 예로부터 우리나라 전통 차와 다도로도 유명한데, 그 중심에는 한국의 다성(茶聖)으로 추앙받는 초의선사(草衣禪師)가 있다. 일지암(一枝庵)은 그

가 40년간 머물러 수도한 곳으로, 선사는 추사 김정희, 다산 정약용 등 당대의 명사들과 폭넓게 교류하면서 이곳에서 『동다송(東茶頌)』을 저술하기도 했다.

대한불교 조계종 제22교구의 본사인 대흥사는 임진왜란 당시 서산대사가 이끌던 승군(僧軍)의 총본영이 있던 곳으로 유명하다. 처음에는 작은 암자에 불과했으나 묘향산에서 입적하던 대사가 자신의 유품을 이곳에 맡기면서부터 크게 번성했다고 한다. 1665년(현종 6) 대웅전을 중창하고, 1669년에는 표충사(表忠祠)를 세웠으며, 1813년에는 천불전이 재건되었다. 조선의 억불정책 속에서도 많은 인재를 길러내어 13인의 대종사(大宗師)와 13인의 대강사(大講師)를 배출해 낸 큰 가람이다. 경내에는 대웅보전, 침계루, 명부전, 나한전, 백설당, 천불전, 용화당, 도서각, 표충사, 대광명전 등 많은 당우가 흩어져 있다. 서산대사의 유물을 비롯해 응진전전(應眞殿前) 3층 석탑, 서산·혜장·초의선사의 부도탑, 탑산사 동종, 서산대사 우물 등 많은 문화재가 남아 있다. 추사 등 역대 명필들이 남긴 친필 현판들도 찾아볼 수 있다.

⊙ 찾아가기

- 주소 : 전라남도 해남군 삼산면 구림리 799
- 내비게이션 : 대흥사 / 대흥사 북미륵암애애여래좌상
  영암순천고속도로 강진·무위사IC → 해남 방면 13번 국도 → 평동 교차로 → 대흥사

진도평야의 풍요를 기원하는

금골산 마애여래좌상

_____

구분 : 전라남도 문화재자료 제110호 | **시대** : 고려시대 | **규모** : 높이 3m

_____

진도(珍島) 초입에 위치한 금골산은 해발 193m에 불과한 낮은 산이지만, 산 전체가 거대한 바위로 이루어진 기이한 산이다. 솜씨 좋은 장인이 잘 빚어놓은 수석(壽石) 같은 산의 까마득한 절벽에는 층층바위와 구멍이 숭숭 뚫린 곳이 많아 보기만 해도 아찔하다. 예로부터 '진도의 금강(金剛)' 이라고 불리던 명산이다.

이 산자락에 천년고찰 해언사(海堰寺)가 있었다고 전하는데, 옛날 도선국사가 정한 3,800군데의 사찰 중 하나였다고 한다. 지금은 산 아래 있는 금성초등학교 교정에 '금골산 5층석탑(보물 제529호)'만 남아 있다. 현재 금골산 등산의 기점이 되는 해언사는 금골사로 불리던 절을 최근에

개칭한 것이다.

해언사 마당에서 서쪽 요사채를 지나면 급경사를 이루는 등산로가 보이고, 좀 더 오르면 너른 평야가 탁 트여 보이는 비탈길이 나타난다. 바윗길을 따라 200m쯤 더 올라서면 주능선에 닿고, 동쪽 길을 따라 10분쯤 더 오르면 해언사 지붕이 아찔하게 굽어보이는 금골산 정상이다. 여기서 잘 살펴보면 오른쪽 절벽 아래로 뚝 떨어지는 쇠난간길이 이어진다. 이 길을 따라 다시 10분 정도 내려가면 금골산 마애여래좌상(金骨山 磨崖如來坐像)이 조성된 석굴이 나타난다. 석굴은 청회색 암석 알갱이들로 이루어져 있는데 거칠고 표면이 쉽게 부서지는 화산암 계열의 바위로 되어 있다. 벽면에 새겨진 아미타여래불의 오른손은 시무외인을, 왼손은 하품중생인을 표현하고 있다. 둥근 얼굴에 불신도 둥글게 표현했지만 입체감이 거의 없는 평면화된 모습이다. 법의는 통견의이고 옷자락은 무릎까지 내려와 도식적인 물결무늬가 옷 주름을 이루고 있다.

『속 동문선(續 東文選)』에 실린 이주(李胄)의 「금골산록(金骨山錄)」에 의하면, 이 마애불은 조선 전기인 1469년부터 3년 동안 진도군수를 역임한 유호지(柳好池)의 발원으로 조성되었다는 기록이 있다. 이목구비가 토속적이고 친근해 보이면서도 부풀게 표현한 것은 고려 때 지방화된 양식의 일면을 볼 수 있는 것으로 마애불 연구에 중요한 자료를 제공한다.

불상 가슴에 사각형 홈이 파인 것은 복장품을 넣어두던 곳으로 보인다. 그런데 이 구멍에 대해서도 재미있는 이야기가 전해진다.

옛날, 이 석굴에서 노승과 상좌 둘이 수도하고 있었는데, 바위 구멍에서 매일 두 명분의 쌀만 나왔고 식객이 늘더라도 절대 그 쌀만으로 먹고 살아야 된다는 불문율이 있었다. 그런데 하루는 생각지도 못한 많은 객들이 찾아오는 바람에 끼니 해결이 곤란했다. 이에 노

승이 화를 내며 "이놈의 구멍은 인정머리도 없단 말인가?" 하면서 더 많은 쌀을 내놓으라며 쌀 구멍을 마구 쑤셔댔다. 그러자 쌀이 더 나오기는커녕 홧김에 쑤셔댄 구멍만 망가져서 그 뒤로는 쌀한 톨 나오지 않았다고 한다. 그 후 끼니를 해결하기 힘들었던 노승과 상좌는 그곳을 떠나버리고 말았다. 임실 도통암 마애불의 쌀바위 전설과 비슷한 이야기로 들린다.

금골산은 진도의 비옥한 평야와 임진왜란 당시 명량대첩지인 울돌목과 벽파진 일대의 바다가 훤히 바라보이는 경승지로, 작지만 옹골찬 진도의 명산임이 틀림없다.

⊙ 찾아가기
• 주소 : 전라남도 진도군 군내면 둔전리 산 94-1
• 내비게이션 : 해언사
  서해안고속도로 목포IC → 목포에서 해남 방면 → 영암방조제 → 49번 도로 → 77번 국도 → 진도대교 → 군내우체국 → 해언사

진도 앞바다의 안녕을 기원하는

향동리 마애여래입상

구분 : 미지정 | **시대** : 고려시대 | **규모** : 높이 2m

진도 향동리 마애여래입상(珍島 香洞里 磨崖如來立像)은 전북 진도 고군면 향동리 가련봉(佳連峰) 굴바위에 있는 동굴 벽에 조각된 마애불로 고려 때 작품으로 추정된다. 굴 입구 바위 위쪽에 입상으로 여래불을 새겼는데 바위가 잘 부스러지는 암질이어서 원래 모습을 추정하기 힘들 정도로 마멸이 심하다. 그나마 알아보기 쉬운 것은 두상으로 육계가 높이 솟아 있고 매서운 눈매를 지녔는데, 이런 눈매는 광주 운천사 마애여래좌상이나 담양 영천리 마애여래좌상과 연결되는 것으로, 고려 때 전남 지역에서 조성된 마애불의 특징을 보여주는 것이다.

불신은 마치 사각형처럼 짧고 펑퍼짐하게 조각되었다. 오른손은 가슴 앞으로 들어 올렸

고, 왼손은 배 앞에 직각으로 댔다. 얼굴 부분은 신체에 비해 돋을새김이 강조되었고 하체
는 바위가 많이 탈락하여 형체를 알아보기 힘들다.

이 마애불도 금골산 마애불과 비슷한 입지적 조건을 지녔으며, 모두 진도 앞바다를 향하고
있는데 아마도 섬지역의 독특한 환경 때문일 것이다. 한결같이 힘든 노동을 하며 살았을
뱃사람들의 무사안녕의 염원을 담아 조성된 부처님들이다.

섬 고을 진도와 주변에 흩어져 있는 여러 섬에는 보석 같은 관광지가 널려 있다. 그중에서
서해 최고의 낙조로 손꼽히는 '세방낙조'를 추천한다. 낙조전망대에 서면 다도해 푸른 바
다가 순식간에 온 세상을 붉게 물들이는 장관이 연출되는데, 먼 길 마다않고 찾아간 여행
자들에게만 주어지는 진도의 값진 선물일 것이다.

⊙ 찾아가기
• 주소 : 전라남도 진도군 고군면 향동리
• 내비게이션 : 진도 향동리 마애여래입상 / 굴바위
  진도대교 → 고군면사무소 → 향동 삼거리 → 굴바위
  향동 삼거리에서 700m 지점에 굴바위 쉼터가 있다. 쉼터 주변에 주차한 뒤 가련봉 등산로를 따라 700m쯤 올라가면 굴바
  위가 보인다.

정병을 든 관음보살 | 삼릉계곡 마애관음보살상

최고의 선각마애불 | 삼릉계곡 선각육존불

부처님의 권위와 위엄 | 삼릉계곡 선각여래좌상

먼 하늘을 응시한 위엄 있는 얼굴 | 삼릉계곡 마애석가여래좌상

사실적인 묘사가 아름다운 | 용장사지 마애여래좌상

머리를 잃은 부처 | 약수계곡 마애입불상

신라 유일의 삼세불 | 경주 배리 윤을곡 마애불좌상

내남 들녘을 지키는 미완의 부처 | 백운대 마애불입상

어머니처럼 푸근한 미소 | 경주 남산 불곡 마애여래좌상

불국토의 만다라 | 경주 남산 탑곡 마애조상군

명상에 잠긴 부처의 미소 | 보리사 마애석불

통일신라시대 최고의 걸작 | 경주 남산 칠불암 마애불상군

하늘에서 하강한 듯 신비로운 | 경주 남산 신선암 마애보살반가상

문무대왕의 화장터를 지키는 | 낭산 마애삼존불

소금강에 화현한 부처님 | 굴불사지 석불상

소금강의 아미타삼존불 | 경주 동천동 마애삼존불좌상

힘찬 통일신라시대의 걸작 | 경주 서악리 마애석불상

서방정토로 안내하는 아미타불 | 경주 두대리 마애석불입상

화랑의 꿈을 보듬던 미륵불 | 단석산 신선사 마애불상군

한국의 둔황석굴 | 경주 골굴암 마애여래좌상

구름 위에 떠 있는 | 동화사 입구 마애불좌상

팔공산 동봉 아래 염불 소리 | 동화사 염불암 마애여래좌상 및 보살좌상

중생의 눈물을 어루만지는 | 팔공산 동봉 석조약사여래입상

불꽃무늬에 휩싸여 있는 | 팔공산 마애약사여래좌상

기울어진 바위에 기울어진 불상 | 신무동 삼성암지 마애약사여래입상

부인사 계곡의 또 다른 부처 | 신무동 마애불좌상

암벽 속에서 얼굴을 들이내미는 | 읍내동 마애불

원효를 그리는 마음 | 경산 원효암 마애여래좌상

장수의 목숨을 구해준 처녀 | 구미 황상동 마애여래입상

지게꾼 대신 자동차를 굽어보는 | 군위 불로리 마애보살입상

절터로 가는 길목의 | 금릉 은기리 마애반가보살상

위풍당당한 국보 | 봉화 북지리 마애여래좌상

천년 세월 기다려 마음을 공양 받는 | 봉화 동면리 마애비로자나불입상

장중하고 활력이 넘치는 | 영주 가흥동 마애삼존불상

언덕 위 보호각 아래 | 영풍 월호리 마애석불좌상

마애삼존불과 석조여래불의 조화 | 흑석사 마애삼존불상

풍요로운 들녘을 염원하는 | 영주 신암리 마애삼존석불

여섯 장군의 화신 | 청도 장육산 마애여래좌상

삼존불 옆 또 하나의 여래불 | 칠곡 노석동 마애불상군

사면 석불의 전설 | 대승사 마애여래좌상

1년에 딱 하루만 볼 수 있는 | 봉암사 마애보살좌상

금오산의 보물 | 금오산 마애보살입상

마애불을 찾아가는 여행 **6**
대구 · 경북

정병을 든 관음보살

삼릉계곡 마애관음보살상

구분 : 경상북도 유형문화재 제19호 | **시대 :** 통일신라시대 | **규모 :** 높이 1.5m

찬란했던 신라왕국의 천년고도 경주는 문화 유적이 즐비한 관광도시다. 불국사와 석굴암이 떠오르고 봄날 벚꽃이 장관인 보문단지와 대릉원, 첨성대와 안압지는 기본 코스다. 그러나 무엇보다도 불교 유적에 관심 있는 여행자라면 경주 남산(慶州 南山)을 빼놓을 수 없다. 흔히 '노천박물관'이라 불리는 곳으로 신라인의 숨결이 살아 숨 쉬는 불교 유적이 산

재해 있다. 신라 건국 설화에 등장하는 나정(蘿井)과 포석정(鮑石亭), 국보 칠불암 마애석불 등 수많은 불교 유적을 품고 있으며, 골짜기마다 불상과 탑을 세웠고 볕 잘 드는 절벽에는 어김없이 대형 마애불을 조성했다. 그래서 118기의 불상과 96기의 탑, 147개의 절터 등 현재까지 발굴된 문화 유적만도 670여 점에 이른다.

수백 년에 걸쳐 불심과 땀방울로 완성했을 유적들을 한꺼번에 돌아보기란 불가능하다. 그래서 짧게나마 남산을 느껴보고 싶다면 불상들이 집중되어 있어서 '남산 답사 1번지'

로 통하는 삼릉계곡을 찾는 것이 유리하다. 삼릉을 출발해서 상선암을 거쳐 금오봉에 오른 다음 용장골로 하산하는 4km 코스로, 세 시간쯤 걸린다. 마애불 답사가 목적이지만, 불교 유적이 빼곡한 삼릉 코스에서는 불상의 형식을 따지는 것이 무의미하다.

남산 탐방은 이왕이면 아침 일찍 서두르는 것이 좋다. 계곡의 관문인 삼릉 주변을 빽빽하게 둘러싼 소나무숲이 보는 이들을 압도하는데, 특히 이른 아침 안개 낀 풍경이 몽환적이고 솔숲 사이로 퍼붓는 빛 내림이 장관이다. 왕릉 3기가 나란히 있어 '배동삼릉'이라 불리는 이곳은 신라 제8대 아달라이사금, 제53대 신덕왕, 제54대 경명왕 등 박씨 왕 셋의 능이라 알려졌다.

삼릉을 지나면 산책로 같은 등산로가 이어지다가 첫 번째 불상이 나타난다. 머리 부분이 없고 무릎도 파괴된 작품으로, 정식 명칭은 '삼릉계 석조여래좌상(三陵溪 石造如來坐像, 보물 제666호)'이다. 높이 1.6m의 좌불로 화려한 옷 주름과 매듭으로 보아 신라 문화의 전성기인 8세기 중엽의 작품으로 평가된다.

이 불상의 북쪽에 '삼릉계곡 마애관음보살상(三陵溪谷 磨崖觀音菩薩像)'이 서 있다. 커다란 천연 암반의 윗부분을 쪼아내고 부조한 1.5m 높이의 불상이다. 자연 암석을 광배로 삼았고, 오른손은 가슴에 대고 왼손은 아래로 내려 정병을 든 모습이다. 얼굴과 상체는 고부조

로 입체감이 있지만, 허리 아래쪽은 조각이 거칠고 윤곽도 희미하다. 머리에는 소발이 육계처럼 솟아 있다. 통통한 얼굴에 입을 살짝 오므려 미소 지은 표정이 자비롭다. 법의가 사선으로 가슴을 지나고 군의를 묶은 띠가 무릎 위까지 늘어져 있으며, U자형 옷 주름이 보인다.

⊙ **찾아가기**
- 주소 : 경상북도 경주시 배동 73-1
- 내비게이션 : 삼릉주차장
  경부고속도로 경주IC → 오릉 네거리에서 언양 방면 → 포석로 → 배동 삼릉주차장

최고의 선각마애불
삼릉계곡 선각육존불

구분 : 경상북도 유형문화재 제21호 | **시대** : 통일신라시대 | **규모** : 앞 삼존불 바위 높이 4m에 폭 4m, 뒤 삼존불 바위 높이 4m에 폭 7m

---

보살상에서 등산로를 따라 조금 더 오르면 병풍 같은 암반에 마치 철필로 스케치한 것 같은 마애불이 나타난다. 바로 삼릉계곡 선각육존불(三陵溪谷 線刻六尊佛)이다.

앞뒤로 솟아 있는 두 개의 커다란 바위 면에 각각 삼존불을 새겼는데, 본존불 1기는 입상이고, 다른 1기는 좌불이다. 조각 기법이 정교하고 아름다워 우리나라 선각마애불 중 으뜸으로 꼽는 작품이다.

앞쪽의 삼존불은 좌우 협시보살이 본존을 향해 꽃 쟁반을 공양하는 모습이다. 삼존 모두 두광을
갖추었다. 본존은 둥근 얼굴에 법의는 우견편단이고 허리 밑에서 발 윗부분까지 U자형 옷 주름이
흘러내린다. 좌우 협시보살은 구슬 목걸이를 하고 있는데 양 겨드랑이 밑으로 가사 자락이 큰 곡
선을 그린다. 간략하면서도 균형 잡힌 형태로 묘사되었다.

뒤쪽의 삼존불도 착의법이나 표현 수법이 비슷해 보인다. 좌불인 본존불보다 입상의 보살들을 조
금 작게 묘사했고, 모두 두광을 둘렀고 신광은 본존불만 나타냈다.

부처님의 권위와 위엄

삼릉계곡 선각여래좌상

구분 : 경상북도 유형문화재 제159호 | **시대** : 고려시대 | **규모** : 높이 5.2m

선각육존불에서 400m쯤 올라가면 대형 절벽 바위에 선각한 삼릉계곡 선각여래좌상(三陵溪谷 線刻如來坐像)이 나타난다. 10m쯤 되는 바위에 불신은 모두 선각하고 얼굴만 도드라지게 조각했다. 남산의 여러 불상 가운데 가장 늦은 고려 초기 작품이다.

인상이 조금 투박해 보이는 불상은 머리가 소발이고 이마의 백호는 선으로 윤곽만 표현했다. 눈 역시 간략하게 처리했는데 눈초리가 치켜 올라갔다. 눈썹 아랫부분과 코 양옆, 입 언저리를 얕게 파서 이목구비를 표현했고 목의 삼도 말고도 턱 부분에 선 하나를 더 추가했다.

통견의 법의에 오른쪽 어깨를 덮은 옷 주름이 결가부좌한 다리 위까지 흘러내린다. 오른

쪽 수인은 전법륜인이고, 왼손은 어정쩡해 보인다. 불신 아래쪽에는 옷 주름이 거의 없고, 연꽃잎의 윤곽만 새긴 연꽃 대좌가 넓게 불신 전체를 받쳐주고 있다.

이 선각여래불에서 약간 내리막을 타면 계곡 근처 좁은 등산로에 삼릉 계석불좌상(三陵 溪石佛坐像)이 우뚝하니 앉아 있다. 보물 제666호인 1.4m 높이의 좌불로, 화려한 연꽃 대좌 위에 결가부좌했다. 원래 크게 파손되어 있던 것을 2009년 광배와 함께 현 위치에 복원했다. 원만한 상호에 이마에 백호가 있고, 눈은 하계를 굽어보듯 반쯤 뜨고 있으며 목에는 삼도가 보인다. 소발의 머리에 큼직한 육계가 있고 자세가 당당하고 안정된 작품으로 부처님의 권위와 위엄이 풍긴다.

먼 하늘을 응시한 위엄 있는 얼굴

삼릉계곡 마애석가여래좌상

구분 : 경상북도 유형문화재 제158호 | **시대** : 통일신라시대 | **규모** : 높이 8.8m

산 정상으로 올라가다 보면 만나게 되는 것이 상선암(上禪庵)이다. 암자의 연혁은 짧지만, 등산로가 경내를 지나게 되어 있어서 참배객이 많다. 이곳에서 위쪽으로 3분쯤 올라가면 거대한 자연 암벽에 조성한 또 다른 마애불이 나타나는데, 삼릉계곡 마애석가여래좌상(三陵溪谷 磨崖石迦如來坐像)이다.

커다란 연꽃 위에 결가부좌한 불상이 설법인 수인을 짓고 있다. 높이 7m, 너비 5m의 자연 암벽에 새겨진 6m 높이의 불상인데 바위 자체가 약간 뒤로 젖혀져 있어서 마치 먼 하늘을 응시하고 있는 듯하다. 머리에서 어깨까지는 입체적으로 깊이 새겼지만 아래쪽은 선각으로 처리했다. 둥글고 넓적한 얼굴에 눈은 가늘고 코는 길며 입술은 두껍다. 눈은 반쯤

뜨고 산 아래를 굽어보고 있으며 기다란 귀는 어깨까지 닿아 있다. 법의는 통견의로 가늘
게 옷 주름이 선각되었고, 광배는 다소 굵은 선으로 두광과 신광을 표현했다. 대좌의 연꽃
은 두 겹으로 피었는데 꽃잎마다 보상화가 장식되어 있다. 남산의 좌불 가운데 가장 큰 작
품으로, 선각임에도 당당해 보이는 불신에 절로 위엄이 느껴진다.

상선암 위쪽으로는 부드러운 능선길이 이어진다. 바둑바위에 서면 풍요로운 경주 들녘이
한눈에 조망되고, 올망졸망한 등산로를 따라가다 보면 금오산 정상 표지석이 나타난다.
이곳에서 약수골로 바로 하산할 수도 있고, 용장골로 방향을 잡으면 남산의 '간판스타'인
용장사곡 3층 석탑과 또 다른 마애불을 만날 수 있다.

사실적인 묘사가 아름다운

용장사지 마애여래좌상

구분 : 보물 제913호 | **시대 :** 통일신라시대 | **규모 :** 높이 1.6m

용장골로 내려서면서 맨 처음 만나는 것이 남산 용장사곡 3층 석탑(南山 茸長寺谷 三層石塔, 보물 제186호)이다. 남산의 수많은 탑들 가운데서도 상징처럼 여겨지는 탑으로, 산 중턱에 우뚝 선 탑의 위용이 대단하다. 높이는 4.5m에 불과하지만, 자연 암반을 기단석으로 삼고 있어서 석탑의 총 높이가 200m나 되는 걸작이다. 이 석탑 바로 아래쪽에 용장사지 마애여래좌상(茸長寺址 磨崖如來坐像)이 자리 잡고 있다. 마애불의 조각 수법이 탁월하여 8세기 사실주의 불상의 모범으로 손꼽는다.

불상은 소발의 머리에 육계는 분명하지 않다. 얼굴은 비교적 풍만한 편이고 입을 꽉 다물어 입 언저리가 파였으며 코는 크고 길다. 둥근 눈, 볼록한 볼, 보조개 등이 얼굴에 부드러

운 미소를 만들고 있다. 목에는 흐릿한 삼도가 보이고 둥근 어깨에 가슴이 당당해서 힘이 느껴진다. 오른손은 무릎 위에 얹어 손끝을 아래로 내렸고 왼손은 항마촉지인을 짓고 있다. 통견의 법의는 매우 얇아 보이고, 선들이 일정한 평행밀집형 옷 주름을 표현했는데 매우 세련된 아름다움을 뿜낸다. 두광과 신광을 각각 두 줄의 음각선으로 표현했고 대좌에는 연화문이 새겨져 있다.

마애불 바위 앞에 마치 탑처럼 우뚝한 남산 용장사곡 석조여래좌상(南山 茸長寺谷 石造如來坐像, 보물 제187호)도 지나칠 수 없다. 흔히 삼륜대좌불(三輪臺座佛)로도 불리는 이 불상의 높이는 1.4m이지만, 대좌를 포함한 총 높이는 4.6m다. 머리 부분은 없어졌고 손과 몸체 일부만 남아 있다. 과장하지 않은 아담한 체구에 법의는 양어깨를 감싸고 있으며 옷자락은 대좌 윗부분까지 흘러내렸다. 대좌는 자연 기단 위에 얹힌 특이한 원형(圓形)인데, 맨 위의 단에는 연꽃무늬를 새겨 넣었다. 독특한 대좌와 사실적인 묘사가 아름다운 완성도 높은 작품이다.

용장사지는 조선시대 학자 매월당(梅月堂) 김시습(金時習)이 이곳에 머물면서『금오신화』를 쓴 곳으로 유명하다. 3km 남짓한 계곡길을 빠져나오다 보면 매월당이 남긴 시「용장사에서」를 감상할 수도 있다.

용장골 골 깊어 / 오는 사람 볼 수 없네 / 가는 비에 신우대는 여기저기 피어나고 / 비긴 바람은 들매화를 곱게 흔드네 / 작은 창가엔 사슴 함께 잠들었어라 / 낡은 의자엔 먼지만 재처럼 쌓였는데 깰 줄을 모르는구나 / 억새 처마 밑에서 들에는 꽃들이 지고 또 피는데.

삼릉계곡에서 산정에 올랐다가 용장골로 하산하는 코스는 특별히 힘든 코스가 없다. 등산을 즐기는 사람이 아니더라도 가볍게 땀을 흘리면서 많은 부처님을 만날 수 있는 신비로운 길이다. 천년 전 찬란했던 불교 유적의 숲을 거닐면서 간절한 염원으로 불상을 조각하고, 절벽에 매달려 마애불을 깎고 다듬었을 옛 신라 석공들의 땀방울을 생각하면 숙연해지는 마음이 든다.

머리를 잃은 부처

약수계곡 마애입불상

구분 : 경상북도 유형문화재 제114호 | **시대** : 통일신라시대 | **규모** : 높이 8.6m

금오산 정상에서 서쪽으로 곧장 내리꽂히는 약수골에도 8.6m 높이의 거불이 조각되어 있는데, 정식 명칭은 약수계곡 마애입불상(藥水溪谷 磨崖立佛像)이다. 경주 남산의 최대 불상이지만, 안타깝게도 머리가 없는 부처님이다. 불두는 별도로 만들어 올린 듯하다. 목 부분에 고정용 구멍이 보이고, 발도 만들어 붙인 듯 오른쪽 발이 앞쪽에 떨어져 있다.

바위 양옆을 30cm 이상 파내고 조성한 불상이 매우 도드라져 보이는데, 손이나 옷 주름 등도 돋을새김하여 입체감이 생생하다. 왼손은 굽혀 가슴에 댔고 오른손은 허리께에 들었는데 모두 엄지와 검지, 약지를 맞댔다. 법의는 양어깨에 걸쳤고 옷자락이 양쪽으로 길게 늘어져 여러 줄의 평행주름을 만들고 있다. 부드러운 U자형 주름이 가슴에서 무릎 근처까

지 촘촘하고 그 아래로도 치마 같은 수직 옷 주름이 조각되었다. 선이 분명해서 힘이 넘쳐 보인다.

눈병에 특효가 있는 약수가 있어서 약수골로 불렸다는 이 골짜기에는 마애불 말고도 경주 약수골 석불좌상(慶州 藥水谷 石佛坐像)이 조릿대 속에 숨어 있다. 양 갈래로 물줄기가 흐르고 전망이 탁 트인 곳이다. 마애불처럼 고의로 파손한 듯 머리가 없는 불상으로, 풍만한 불신은 우견편단의 법의를 둘렀다. 상대석과 중대석은 떨어져 옆에 방치되어 있는데 상대석에는 34개의 앙련을, 중대석에는 사천왕상을 새겼다.

⊙ 찾아가기
• 주소 : 경상북도 경주시 내남면 용장리 산 1-1
• 내비게이션 : 약수계곡 마애입불상 / 월성대군 단소
  경부고속도로 경주IC → 오릉 네거리에서 언양 방면 → 포석로 → 배동 삼릉주차장 → 월성대군 단소
  금오산 정상에서 약수골로 하산하다가 만날 수 있고, 약수골로 올라가도 된다. 약수골 입구는 눈에 잘 띄지 않는다. 길가 월성대군 단소(月城大君 壇所)에서 약수골 손두부집을 지나면 작은 쪽다리가 보이는데, 이곳이 약수골 들머리다. 골짜기를 따라 40분쯤 올라가면 불상 2기를 만날 수 있다.

신라 유일의 삼세불

경주 배리 윤을곡 마애불좌상

구분 : 경상북도 유형문화재 제195호 | **시대** : 통일신라시대 | **규모** : 본존불 높이 1.1m

경주 배리 윤을곡 마애불좌상(慶州 拜里 潤乙谷 磨崖佛坐像)은 기역자로 꺾인 바위에 돋을새김으로 조각되어 있다. 동남쪽 바위 면에 2기, 서남쪽 바위에 1기를 새겨 삼존불 형식을 취했다. 특히 중앙 불상의 좌측에 '太和九年乙卯(태화구년을묘)'라는 명문이 남아 있어 불상이 신라 흥덕왕(興德王) 10년(835)에 조성되었음을 알 수 있다.

본존불은 연꽃 대좌 위에 결가부좌했는데 머리의 육계가 유난히 큼직하다. 긴 타원형 얼굴은 입가에 부드러운 미소를 머금고 있다. 목을 약간 움츠리고 어깨를 들어 올렸으며, 가슴은 빈약해 보인다. 수인은 알아보기 힘들다. 법의는 통견의로 조금 굵은 옷 주름이 무릎 아래로 넓게 U자형으로 흐른다. 광배는 두 줄의 두광과 신광으로 표현했고, 연꽃 대좌는

앙련과 복련이다.

본존불보다 조금 작게 표현한 우협시는 얼굴에 양감이 있고 미소를 짓고 있어서 부드러운 느낌이다. 얼굴과 신체 모두 각진 모양이고, 오른손은 무릎에 얹고 왼손은 보주를 들고 있다. 법의는 우견편단으로 계단식 옷 주름이 무릎까지 흘러내린다. 광배는 두 줄의 음각선으로 두광과 신광을 새기고 밖으로 다시 주형거신광을 새겼다.

좌협시는 세부 표현을 생략한 채 윤곽만 남겨두어 전체적인 인상이 생생하지 못하다. 각진 어깨가 평평하고 가슴에도 양감이 거의 없다. 왼손에 약합을 들어 배에 댔으며 오른손은 왼손을 받치고 있다. 법의는 통견의로 가슴이 길게 터졌고 마찬가지로 U자형 옷 주름이 원을 그리며 흘러내린다.

광배는 굵게 두광과 신광을 표현했는데, 그 안에 화불 4기를 부조했다.

이 삼존불은 조성 연대가 밝혀진 마애불로 신라 불상의 편년 설정에 중요한 자료가 되며, 도상학적으로도 석가모니불·약사불·미륵불의 삼세불(三世佛)일 가능성이 높아 신라시대 작품 중 유일한 삼세불로서도 주목받는다.

들머리인 경주 포석정(鮑石亭)은 신라의 왕들이 전복 모양으로 생긴 유상곡수(流觴曲水)에 술잔을 띄워놓고 시를 읊거나 연회를 즐기던 장소였다. 중국의 명필 왕희지는 친구들과 함께 물 위에 술잔을 띄워 술잔이 자기 앞에 오는 동안 시를 읊어야 하며, 시를 짓지 못하면 벌주로 술 석 잔을 마시는 연회를 즐겼는데 이를 본떠서 만들었다는 것이다. 그러나 최근 많은 유물과 함께 제기류도 함께 출토되면서 단순히 연회를 즐기던 곳이 아니라 국가의 제의를 거행하던 장소가 아니었을까 하는 의문도 제기되고 있다. 경애왕이 이곳에서 대신들과 연회를 벌이다가 기습해온 견훤에게 붙잡혀 죽임을 당한 곳으로도 유명하다.

⊙ 찾아가기
- 주소 : 경상북도 경주시 배동 산 72-1
- 내비게이션 : 경주 배리 윤을곡 마애불좌상 / 포석정지
  경부고속도로 경주IC → 오릉 네거리에서 언양 방면 → 포석정지
  포석정 주차장에서 20분쯤 산책로를 따라 걷다 보면 길가의 이정표가 보인다.

내남 들녘을 지키는 미완의 부처

백운대 마애불입상

———

구분 : 경상북도 유형문화재 제206호 | **시대** : 통일신라시대 | **규모** : 높이 4.6m

———

백운대 마애불입상(白雲臺 磨崖佛立像)은 경주 내남면 백운대 부락 동쪽 봉계 마을과 내남 들녘이 훤히 바라보이는 마석산(磨石山) 정상 부근에 서 있다. 높이 7.3m, 너비 1.6m 정도의 암벽에 높이 4.6m의 석가여래불을 조성한 것이다.

소발에 육계가 너무 커서 부자연스럽다. 양 귀는 길게 늘어졌고 둥글고 무표정한 얼굴에 반쯤 뜬 눈과 커다란 코, 다문 입술 등이 뚜렷하다. 목에는 삼도가 높고 육중하며 양어깨에 걸쳐진 법의는 왼쪽 팔목에 약간의 주름만 엿보일 뿐이다. 오른손과 왼손 모두 손바닥을 정면으로 향했는데 오른손 손가락은 위쪽을, 왼손 손가락은 모두 아래로 향했다. 신체는 전체적으로 풍만해 보이는데 무슨 까닭에선지 중도에 작업을 포기해버린 미완의 작품이다.

⊙ **찾아가기**

- 주소 : 경상북도 경주시 내남면 명계리 산 161-2 / 내외로 1090-80
- 내비게이션 : 백운대 마애불입상

  경부고속도로 경주IC → 나정 삼거리 → 35번 국도 반구대로 따라 약 7km → 내남면에서 906번 도로 4km 지점에서 좌회전 → 백운대 마애불입상

  내남과 외동을 연결하는 도로변에 있는 작은 이정표를 찾아 올라가면 되는데, 도중에 경사가 심한 비포장 구간이 있으므로 장마철이나 한겨울 빙판길은 조심해야 한다. 가까운 곳에 있는 열암곡 백운암 '엎드린 부처' 도 함께 둘러보자.

어머니처럼 푸근한 미소

경주 남산 불곡 마애여래좌상

구분 : 보물 제198호 | **시대** : 삼국시대 | **규모** : 높이 1.4m

경주 남산의 불교 유적 답사 1번지인 '삼릉계~용장골' 코스 다음으로 탐방객들이 즐겨 찾는 곳이 동남산 코스다. 경주 남산 불곡 마애여래좌상(慶州 南山 佛谷 磨崖如來坐像)을 출발하여 탑곡 마애조상군, 미륵곡 석조여래좌상, 보리사 마애석불, 칠불암을 거쳐 남산 신선암 마애불까지 둘러보려면 세 시간 넘게 걸린다.

경주를 관통하는 7번 국도에서 우측 통일전 방면으로 빠진 다음 화랑교를 건너자마자 우회전하면 탑곡 마애조상군 이정표가 먼저 보이고, 200m쯤 더 직진하면 작은 주차장과 함께 불곡 마애여래좌상 이정표가 보인다. 속칭 '부처골' 이라 불리는 곳으로 호젓한 오솔길을 20분쯤 올라가면 남산의 동쪽 기슭을 지키는 감실부처님을 만날 수 있다. 바위에 1m

정도의 석굴을 파고 조성한 불상이다. 머리에 두건을 쓴 채 얼굴을 약간 숙이고 있는데, 부풀어 오른 눈과 깊이 파인 입가에서 은은한 미소가 번진다. 전반적으로 보존 상태가 좋고 후덕한 인상과 자세가 아름다워 한편에선 '선덕여왕상'이라 부르기도 한다. 양어깨에 걸친 가사는 대좌까지 길게 드리워져 있는데 옷 주름이 물결처럼 부드럽다. 남산의 석불 중 가장 오래된 것으로, 삼국시대 후기에 조성된 작품으로 추정된다.

⊙ **찾아가기**
- 주소 : 경상북도 경주시 인왕동 산 56
- 내비게이션 : 경주 남산 불곡 마애여래좌상
  경주 시내 → 불국사 방면 7번 국도 → 통일전 방면 → 화랑교 건너 우회전 → 불곡 마애여래좌상

불국토의 만다라

경주 남산 탑곡 마애조상군

구분 : 보물 제201호 | **시대** : 통일신라시대 | **규모** : 높이 1.5~2.1m

불곡을 빠져나와 탑곡으로 향한다. 개천길을 따라 마을 안쪽으로 들어서면 남산의 또 다른 샛길이 나오고, 입구의 차량 진입 차단용 말뚝 우측으로 옥룡암이라는 표지석이 보인다. 쪽다리를 건너 암자로 들어서면 왼쪽으로 보이는 커다란 바위가 보물 제201호인 경주 남산 탑곡 마애조상군(慶州 南山 塔谷 磨崖彫像群)이다. 높이 약 9m, 둘레 26m의 대형 바위 사면에 불상·보살상과 탑 등 조각들이 빼곡하게 새겨져 있다. 바위 한 면은 산등성이와 연결되어 한 단 높은 대지를 이루고, 동·북·서 삼면은 이보다 한 단 낮은 형태다.

바위로 다가가면 맨 먼저 보이는 것이 북면에 있는 두 개의 탑이다. 9층 탑과 7층 탑이 조각되어 있는데, 마치 숙련된 손길로 떡살을 주무른 듯 바위를 주무른 솜씨가 무르익었다. 탑 밑으로 날뛰는 괴수의 형상이 보이고, 두 탑 위 연꽃 대좌 위에 부처님이 앉아 있다. 불상의 머리에 화려한 보개가 새겨져 있고, 9층 탑의 상륜에 걸쳐 비천상 1기가 날고 있다.

등산로 쪽인 동면에는 삼존불, 공양하는 승려상, 보살상, 비천상 등 모두 11기의 조각품이 새겨져 있다. 삼존불의 본존은 둥근 얼굴에 눈이 가늘고 길며 코도 큼직하다. 상체는 유연하고 길며 하체의 무릎이 넓다. 광배는 둥근 두광에 여러 잎의 연꽃과 광선으로 구성된 독특한 모양이고 대좌 역시 특이한 연꽃무늬다. 옆모습을 보이고 있는 좌협시 보살은 긴 눈썹, 매부리코, 큼직한 입 등이 이국적이다. 공양상도 이국적이긴 마찬가지인데 아마도 서역 계통의 인물을 묘사한 것 같다. 이들의 위에도 상체만 보이는 비천상들이 날고 있다.

바위 상층부에 해당하는 남면에는 최근에 복원한 석탑이 먼저 보이고 그 뒤로 삼존불상과 입불상이 보인다. 바위는 약간의 틈이 벌어져 두 개의 면으로 구분되는데, 오른쪽에 삼존불상과 상체만 보이는 나한상이 부조되어 있다. 그 앞에는 환조의 보살형 불상이 서 있고 그 옆의 바위에도 또 다른 나한상이 부조되어 있다. 삼존불은 좌우 협시보살이 본존을 향해 몸을 비틀고 있다. 본존불은 마멸이 심해 알아보기 힘들지만 둥근 얼굴에 미소를 짓고 있다. 길고 유연한 상체에 간명한 옷 주

름도 보인다. 광배는 원형 두광에 연꽃과 광선무늬가 보이고, 대좌는 만개한 연꽃무늬로 꾸몄다. 왼쪽 바위 면에 새긴 나한상은 두 손을 가슴에 모은 동자승의 모습이고, 또 다른 나한상은 측면 상인데 얼굴이 복스럽고 위엄이 넘쳐 보인다.

바위 서면에는 나무 밑에 결가부좌한 불상 1기와 비천상 2기가 새겨져 있다. 불상의 얼굴과 체구가 동면상과 거의 비슷한 모양이다.

거대한 바위에 불상, 비천, 보살, 탑 등을 회화적으로 배치한 만다라(曼陀羅)적인 구조는 그 유래를 찾아보기 힘들 정도로 화려하고 아름다운 걸작품이다. 삼국시대 말기의 신라 조각사를 연구하는 데 귀중한 자료로 평가된다.

⊙ **찾아가기**
- 주소 : 경상북도 경주시 배반동 산 72
- 내비게이션 : 경주 남산 탑곡 마애조상군
  경주 시내 → 불국사 방면 7번 국도 → 통일전 방면 →
  화랑교 건너 우회전 → 탑곡 마애조상군

명상에 잠긴 부처의 미소

보리사 마애석불

구분 : 경상북도 유형문화재 제193호 | **시대** : 통일신라시대 | **규모** : 높이 1m

탑곡 마을에서 산림환경연구원 쪽으로 600m쯤 걷다 보면 보리사(菩提寺) 이정표가 나타나고, 마을을 지나 오르막길을 올라가면 보리사 주차장과 함께 '마애여래좌상 150m' 이정표가 보인다. 길을 따라가면 작은 갈림길이 나오는데, 대숲 쪽 말고 산 쪽 경사로를 올라가면 보리사 마애석불(菩提寺 磨崖石佛)을 만날 수 있다.

암벽을 파내어 감실을 조성한 다음 여래상을 얇게 부조했는데, 불상의 높이는 1.2m다. 통일신라시대의 마애불로는 드물게 온화한 표정에 단아한 자세를 취하고 있다. 네모난 얼굴은 풍만하고 명상에 잠긴 듯 부드러운 미소를 머금고 있다. 소발의 머리에 삼각형 육계가 있으며, 귀는 어깨까지 닿았고, 목에는 두 겹의 삼도가 보인다. 네모 반듯한 신체는 평판적이다. 법의는 통견의이고 길게 트인 가슴 사이로 두툼한 내의 자락이 보인다. 불신 밑에 연꽃무늬를 얇게 새겼고, 배 모양의 감실이 광배를 대신하고 있다.

보리사는 대한불교 조계종 제11교구 본
사인 불국사의 말사로 886년(신라 헌강왕
12)에 창건된 사찰인데, 경주 남산자락
에 있는 사찰 가운데 규모가 가장 크다.
『삼국사기』에 '헌강왕과 정강왕의 능이
보리사의 동남쪽에 위치한다'는 내용이
나오는데, 왕릉의 위치를 정하는 기준이
될 정도로 유서 깊은 사찰이지만 자세한
연혁은 전해지지 않는다.

보리사 경내에 있는 미륵곡 석불좌상(彌
勒谷 石佛坐像, 보물 제136호)은 경주 남산
의 불상 가운데 가장 우수한 걸작으로
손꼽힌다. 광배와 대좌를 모두 갖춘 불
상으로, 언뜻 석굴암 본존불을 연상케
한다. 둥근 얼굴에 가는 눈과 날카로운
코, 뚜렷한 입에 침잠한 웃음이 8세기
신라인의 정신적 고고함과 비범한 조각
솜씨를 유감없이 발휘하고 있다.

⊙ 찾아가기
• 주소 : 경상북도 경주시 배반동 산 66-1
• 내비게이션 : 보리사 마애석불 / 미륵곡 석불좌상
   경주 시내 → 불국사 방면 7번 국도 → 통일전 방면 →
   화랑교 → 보리사

통일신라시대 최고의 걸작

경주 남산 칠불암 마애불상군

구분 : 국보 제312호 | **시대** : 통일신라시대 | **규모** : 높이 1~2.7m

경주 남산에는 수많은 불·보살상과 탑, 사지가 들어차 있지만 그중 국보로 지정된 문화
재는 경주 남산 칠불암 마애불상군(慶州 南山 七佛磨 崖佛像群)뿐이다. 은은히 미소를 짓는
일곱 부처를 마주하는 것만으로도 번뇌가 날아버릴 듯 경이로운 작품으로, 통일신라시대
최고의 걸작이다. 암반에 새긴 삼존불과 그 앞의 각진 돌 사면마다 불상을 새겨 모두 7불
(七佛)을 완성하여 '칠불암 마애석불'로도 불린다. 경사진 산비탈을 평지로 만들기 위해
동쪽과 북쪽에 4m 정도 축대를 쌓아 불단을 만들고 그 위에 사방불을 조성했으며, 그 뒤
병풍바위에 삼존불을 새겼다.

삼존불은 중앙의 좌불을 중심으로 좌우 협시보살입상을 배치했다. 본존불은 화려한 연꽃
위에서 미소를 지으며 앉아 있는데, 소발의 머리에 큼직한 육계가 솟아 있다. 양감 있는
얼굴에 풍만하고 당당한 불신은 부처님의 위엄을 한껏 발산하고 있다. 왼쪽 어깨에만 걸친

법의는 몸에 착 밀착되어 불신의 굴곡을 실감 나게 드러낸다. 수인은 항마촉지인을 짓고 있다. 별도의 화강암에 조성한 사방불도 모두 연꽃 위에 앉아 있는데 방향에 따라 손 모양을 달리하고 있다.

깊은 산 속에 거대한 불상군을 완성한 것도 놀라운 일이지만 그 조각 기법이 아름답고 웅대하다. 기록은 남아 있지 않으나 현존하는 유물들로 보아 8세기 통일신라시대 작품으로 추정된다.

마애불을 모시고 있는 지금의 칠불암은 1930년대에 조성된 것으로 인법당(因法堂), 산신각(山神閣), 요사채 등의 당우를 갖추고 있다. 또 폐탑의 탑재를 모아 쌓아올린 3층 석탑 1기와 옥개석으로 보이는 여섯 개의 석재, 여덟 겹의 연꽃이 새겨진 배례석 등 유물이 있다.

⊙ **찾아가기**

· 주소 : 경상북도 경주시 남산동 산 36
· 내비게이션 : 경주 남산 칠불암 마애석불
  경주 시내 → 불국사 방면 7번 국도 → 통일전
  통일전에서 서출지와 남산동 동서 3층 석탑을 지나 계속 산 쪽으로 다가서면 작은 주차 공간이 나오고 등산로가 시작된다. 한 시간 정도 솔숲을 따라 오르면 가파른 오르막과 함께 조릿대숲 위쪽의 칠불암이 나타난다.

하늘에서 하강한 듯 신비로운

경주 남산 신선암 마애보살반가상

구분 : 보물 제199호 | **시대** : 통일신라시대 | **규모** : 높이 1.9m

칠불암 마애불과 함께 빼놓지 말아야 할 것이 경주 남산 신선암 마애보살반가상(慶州 南山 神仙庵 磨崖菩薩半跏像)이다. 칠불암 병풍바위 바로 위쪽으로, 가파른 바윗길을 20분 정도 올라가면 된다. 조금 올라서면 전망이 탁 트이는 지점이 나타나고, 마지막으로 아슬아슬한 절벽을 살짝 돌아서면 거짓말처럼 등 뒤에 부처님이 앉아 있다.

불상은 산꼭대기 암벽에 남향한 관음보살이다. 너른 평야와 산줄기가 한눈에 조망되는 산 정상, 뭉게구름 위에 유희좌로 앉아 있는 보살상이 마치 하늘에서 하강한 듯 신비로움을 안겨준다. 통일신라시대 석불 가운데 유희좌의 관음상으로는 유일한 작품이다.

머리에 삼면보관을 썼고, 풍만한 얼굴에 신체는 조금 비만해 보인다. 두 눈을 지그시 감고

깊은 명상에 잠긴 얼굴로 사바세계를 굽어보고 있다. 오른손은 꽃을 들고 있으며 왼손은 가슴까지 들어 올려 설법하는 수인을 결했다. 천의가 얇아 신체 굴곡이 사실적으로 드러나고 옷자락이 대좌까지 늘어져 있다. 광배는 주형거신광에 세 줄의 선으로 두광과 신광을 표현했는데, 광배 자체가 감실을 이루고 있다. 통일신라시대인 8세기 후반의 작품이다.

문무대왕의 화장터를 지키는

낭산 마애삼존불

구분 : 보물 제665호 | **시대** : 통일신라시대 | **규모** : 높이 1m

경주 선덕여왕릉(善德女王陵) 옆 능지탑지(陵只塔地) 안쪽에 중생사(衆生寺)가 있고, 이 절 대웅전 좌측에 낭산 마애삼존불(狼山 磨崖三尊佛)이 조성되어 있다. 중앙의 두광과 신광을 갖춘 본존불과 좌우 협시불이 삼존불을 구성하고 있는데, 바위 표면이 거칠고 균열이 심한 상태다.

본존불은 둥글고 양감 있는 얼굴에 살짝 미소를 짓고 있다. 머리에는 두건을 썼고, 양어깨를 감싼 법의는 고려 불화에서 흔히 볼 수 있는 지장보살의 모습이다. 본존과 약간 거리를 두고 있는 양 협시는 신장상으로, 좌우 모두 갑옷 차림에 무기를 들고 있다.

중생사 입구에 있는 커다란 돌탑은 능지탑이다. 『삼국사기』에 의하면 문무왕이 '임종 후 10일 안

에 고문(庫門) 밖 뜰에서 화장하고 상례(喪禮) 검약하게 하라'고 유언했으며, 근처에 사천왕사(四天王寺), 선덕여왕릉, 신문왕릉(神文王陵) 등이 있는 점으로 미루어 문무대왕의 화장터였을 것으로 추측된다.

⊙ 찾아가기
• 주소 : 경상북도 경주시 배반동 산 17-1
• 내비게이션 : 낭산 마애삼존불
  경주 시내 → 불국사 방면 7번 국도 → 선덕여왕릉 직전에서 좌회전 → 낭산 마애삼존불

소금강에 화현한 부처님

굴불사지 석불상

구분 : 보물 제121호 | **시대** : 통일신라시대 | **규모** : 높이 1.4m~3.5m

굴불사지 석불상(掘佛寺址 石佛像)은 경주 소금강 지구 초입에 조성된 불상으로 흔히 '사면불' 또는 '사방불'로도 불린다. 커다란 화강암 돌기둥의 사면 빼곡히 불상을 조각했는데 서면의 아미타불은 높이가 3.5m, 동면의 약사불은 2m, 북면의 미륵보살상은 1.6m, 남면의 여래상은 1.4m 규모다.

아미타여래불은 삼존불상이다. 본존은 석주에 신체만 조각하고 머리는 따로 조성했으며, 좌우 협시는 각기 다른 돌로 조성했다. 본존의 머리는 소발이고 목에는 삼도가 뚜렷하며, 어깨가 넓어 체구가 당당하고 불신의 굴곡도 뚜렷하다. 통견의 법의는 몸에 착 달라붙었으며 V자형 옷 주름도 간결한데 군의의 아랫도리가 발목에 꼭 낀 것이 특이하다. 좌협시는 머리에 화불이 새겨진 보관을 쓰고 있다. 우협시의 얼굴과 가슴 위쪽은 파손되었는데, 보관에 정병이 새겨진 점으로 볼 때 대세지보살임을 알 수 있다.

동면에 결가부좌한 약사불은 왼손에 약합을 들고 있는데, 몸 전체가 앞으로 기울어진 모습이다. 긴 눈썹, 가는 눈, 세련된 얼굴 표현, 활력이 느껴지는 신체 등에서 긴장감이 느껴진다. 가슴과 무릎에 형식적인 옷 주름이 보인다. 두광과 신광을 두 줄로 표현했는데 바깥 부분에 불꽃무늬가 새겨져 있다.

북면의 미륵보살상은 높은 돋을새김으로 조성되었다. 둥글고 부드러운 얼굴에 생동감이 느껴진다. 그 우측에 희미하게 여섯 개의 팔과 11면의 얼굴을 지닌 관세음보살상이 배치된 점이 독특하다.

남면의 여래상은 원래 삼존불로 조성한 것인데, 일제 강점기 때 본존불과 우협시의 머리를 잃었다. 당시 약탈꾼에게 훼손된 것이라고 한다. 북면의 미륵보살상과 마찬가지로 완성도

가 높은 작품이다.

굴불사의 굴불(堀佛)은 '부처를 땅에서 파내다' 라는 뜻인데, 『삼국유사』에는 다음과 같은 이야기가 전해진다.

어느 날 신라 경덕왕이 인근 백률사로 행차했는데 땅속에서 갑자기 염불 소리가 들려왔다. 왕이 괴상히 여겨 신하들에게 땅을 파보라 일렀고, 한참을 파고 들어가자 사면에 불상이 새겨진 커다란 바위가 나타났다. 이에 왕은 그 자리에 절을 세우고 굴불사라 이름 붙였다고 한다.

⊙ **찾아가기**
- 주소 : 경상북도 경주시 동천동 산 4
- 내비게이션 : 굴불사지 석불상 / 백률사
  경부고속도로 경주IC → 서라벌대로 → 백률사 삼거리 → 굴불사지 석불상
  경주 시내에서 포항 방면 7번 국도를 이용하다가 석탈해 왕릉을 지나면 우측에 백률사 이정표가 보인다.
  등산로를 따라 조금 올라가면 좌측에 사면석불이 있다.

소금강의 아미타삼존불

경주 동천동 마애삼존불좌상

구분 : 경상북도 유형문화재 제194호 | **시대** : 통일신라시대 | **규모** : 본존불 높이 3m

굴불사지에서 등산로를 따라 10분쯤 올라가면 백률사(栢栗寺)가 나오고, 여기서 다시 20분을 더 올라가면 소금강 정상부에 도착한다. 주민들의 간이 체육시설들을 뒤로하고 동쪽 길을 조금 내려가면 높이 3.4m, 너비 4.9m 규모의 암벽이 나타나고 이곳에 경주 동천동 마애삼존불좌상(慶州 東川洞 磨崖三尊佛坐像)이 조성되어 있다.

불상은 얼굴 부분만 돋을새김하고 나머지는 모두 선각 처리했는데, 손상된 부분이 많고 선각도 얕아 그 특징을 파악하기는 힘들다.

3m 높이의 본존불은 네모난 얼굴에 신체에 살이 올라 조금 비만한 모습이다. 우협시는 본존을 향해 꿇어앉은 공양상인데, 머리의 보관 중앙에 아미타화불이 새겨져 있어 아미타삼

존불로 여겨진다. 좌협시 역시 본존을 향했는데 마멸이 심해 세부적인 파악은 힘들다. 전체적으로 마멸이 심한데 선각 기법, 대형화된 신체에 비해 느슨해진 선, 침잠한 얼굴 표정 등으로 미뤄보아 통일신라시대 말기의 작품으로 추정된다.

백률사는 대한불교 조계종 제11교구 본사인 불국사의 말사로, 이 땅에 불교 전파를 위해 순교를 자청했던 이차돈(異次頓)의 전설을 간직한 사찰이다. 그의 목을 베자 붉은 피 대신 하얀 피가 치솟았고 잘린 머리가 하늘로 솟구쳐 올랐다가 떨어졌는데, 그 지점이 지금의 백률사 자리라는 것이다. 그 광경을 지켜본 사람들이 애통해하며 절을 세우고 자추사(刺楸寺)라고 한 것이 훗날 백률사가 되었다. 절의 대웅전에 봉안되었던 금동약사여래입상(金銅藥師如來立像, 국보 제28호)과 이차돈의 석당은 현재 국립경주박물관에 소장되어 있다.

⊙ **찾아가기**
- 주소 : 경상북도 경주시 동천동 산 4
- 내비게이션 : 백률사
   경부고속도로 경주IC → 서라벌대로 → 백률사 삼거리 → 굴불사지 석불상 → 백률사 → 경주 동천동 마애삼존불좌상

힘찬 통일신라시대의 걸작

경주 서악리 마애석불상

구분 : 보물 제62호 | **시대 :** 통일신라시대 | **규모 :** 본존불 높이 6.9m, 좌우 협시불 각 4.6m

---

무열왕릉(武烈王陵) 뒤쪽에 우뚝 솟아 있는 산이 선도산(仙桃山)인데, 신라인들은 이 산을 신라 오악(新羅 五岳) 가운데 서악(西嶽)으로 삼았고 산 정상을 서방정토로 여겨서 이곳에 아미타삼존불을 새겼다. 정식 명칭은 경주 서악리 마애석불상(慶州 西岳里 磨崖石佛像)이며 선도산 마애삼존불로도 불린다. 툭 튀어나온 바위 면에 7m에 달하는 거대한 본존불을 조각하고, 좌우로 협시보살을 배치했다.

본존불은 바위가 깨져나가는 바람에 머리와 신체의 각 부분이 손상되었다. 특히 얼굴 부위의 손상이 심해서 눈 위쪽이 모두 떨어져 나갔다. 큼직한 코에 입은 꽉 다물었고, 턱이 날카로워 박력 있는 윤곽과 함께 힘이 넘쳐 보인다. 긴 목에 삼도는 희미하고, 둥근 어깨

선은 움츠려 긴장감이 느껴진다. 신체는 양감이 거의 없이 원통형에 가깝다. 수인은 시무외인과 여원인을 지었으며 법의는 통견이지만 가슴 부근이 떨어져 나가 옷 주름 모양은 확실히 알 수 없다.

좌우 협시보살은 몇 등분으로 파괴되어 계곡 아래쪽에 나뒹굴던 것을 근래에 복원했다. 좌협시는 화불이 조각된 삼산보관을 쓰고 있는데, 갸름한 얼굴에 윤곽선이 부드럽고 우아해 보인다. 가느다란 눈에 코가 큼직하고 입술에는 미소를 살짝 머금었다. 왼손에 정병을 잡고 오른손은 가슴께에 들어 손바닥을 보이고 있는 관음보살이다.

대세지보살인 우협시 역시 왼팔이 떨어져 나갔다. 얼굴은 좌협시와 비슷해 보이지만 신체가 직사각형이고 더 남성적인 기풍이 엿보인다. 목에는 삼도가 뚜렷하고, 코끝도 일부 마멸되었다.

전체적으로 뛰어난 양감을 느낄 수 있고 본존의 각선이 명확하며 힘이 느껴지는 걸작이다.

⊙ **찾아가기**
· 주소 : 경상북도 경주시 서악동 산 92-1
· 내비게이션 : 무열왕릉 / 경주 서악리 마애석불상
경부고속도로 경주IC → 금성 삼거리에서 좌회전 → 황남주민센터 네거리 → 터미널 네거리 → 무열왕릉 주차장
무열왕릉 주차장에서 왕릉으로 입장하여 후문을 통과하거나, 도봉서당 골목을 지나 서악동 3층 석탑을 거쳐 올라가면 된다.
약간 가파른 산길을 따라 50분쯤 올라가면 암자 한쪽에 조성된 마애불을 만날 수 있다. 내비게이션에 주소를 입력하고 접근하면 산 반대쪽으로 안내하므로 주의해야 한다.

서방정토로 안내하는 아미타불

경주 두대리 마애석불입상

구분 : 보물 제122호 | **시대** : 통일신라시대 | **규모** : 본존불 높이 3.3m

경주 두대리 마애석불입상(慶州 斗垈里 磨崖石佛立像)은 벽도산(碧桃山)의 서향한 바위에 조성한 불상으로, 율동 마애여래삼존입상이라고도 불린다. 근처의 굴불사지 사면불상의 양식을 그대로 계승한 통일신라시대 작품으로, 중앙의 아미타불을 중심으로 좌우에 관음보살과 대세지보살을 협시했다.

본존불은 바위 면을 감실처럼 파고 낮은 부조로 조성했는데, 얼굴과 신체의 양감이 풍만하여 조금 비만해 보인다. 네모진 얼굴은 이목구비가 단정하여 중후한 느낌이 들고 입가에는 엷은 미소를 머금고 있다. 소발의 머리는 큰 데 반해 육계가 낮아 꼭 모자를 쓴 것 같다. 짧은 목에 있는 삼도는 도식화되었다. 어깨가 넓고 각이 진 신체는 당당하고 건장해 보이고 통견의 법의는 얇게 밀착되어 신체의 굴곡이 드러나 보인다. 넓게 트인 가슴 사이로 승각기와 띠 매듭이 표현되었다. 군의의 아

랫단은 무릎 밑에서 날카로운 V자형을 이루고, 옷 주름 역시 타원형이 아닌 V자형을 그린다. 오른손은 내리고 왼손은 가슴에 대어 엄지와 중지를 맞대고 있는데, 이것은 서향(西向)이라는 방위와 함께 아미타여래임을 입증하는 것이다.

광배는 바위 면을 배 모형으로 얕게 파고 두 줄의 선으로 두광과 신광을 표현했으며, 그 가장자리에 불꽃무늬를 돌려서 거신광으로 삼았다. 앙련과 복련을 맞댄 연화좌는 간략히 윤곽만 묘사했다.

좌협시 보살은 본존상에 비해 날씬한 여성미가 느껴지는데 왼손에 보병을 든 관음보살이다. 우협시 보살도 비슷한 모양으로 대세지보살임을 알 수 있다. 전반적으로 곡선이 완만하여 부드러운 느낌이 드는데, 아래로 내려갈수록 평면적이며 세부 표현이 거칠어 보이는 8세기 후반 작품으로 추정된다.

⊙ 찾아가기
• 주소 : 경상북도 경주시 율동 산 60-1
• 내비게이션 : 경주 두대리 마애석불입상 / 경주 율동 마애여래삼존입상
  무열왕릉에서 4번 국도 → 두대리 → 효현교 → 두대리 마을회관 → 두대리 마애석불입상

화랑의 꿈을 보듬던 미륵불

단석산 신선사 마애불상군

구분 : 국보 제199호 | **시대** : 삼국시대 | **규모** : 본존불 높이 8.2m

경주 서쪽 건천에 위치한 단석산은 신라 오악 중 중악(中嶽)으로 불리던 산으로, 화랑 김유신의 수
도장으로 유명하다. 단석산이라는 이름도 김유신이 이 산에서 수련할 때 칼로 바위를 두 동강 냈
다 하여 붙여진 이름이다. 실제 산 정상에는 두 동강 난 바위가 있다.

이 산 중턱에 높이 10m, 길이 18m, 너비 3m에 달하는 ㄷ자형 천연 석굴이 마련되어 있고, 그 암
벽에 8.2m의 거대한 여래상을 비롯하여 불상 10기가 조각되어 있다. 국보 제199호로 지정된 단
석산 신선사 마애불상군(斷石山 神仙寺 磨崖佛像群)이다.

서쪽이 트인 석실 안에는 불상·보살상과 400여 자의 명문이 남아 있는데, 북쪽에 7기의 불상·
보살상과 인물상이 있고, 위쪽으로 미륵보살반가상을 포함한 4기의 불상·보살상이 일렬로 배치

되어 있으며, 그 아래쪽에도 공양자상 2기와 여래상 1기를 배치했다. 마주 보는 남면에는 '慶州上人庵造像銘記(경주상인암조상명기)'로 시작되는 긴 명문과 함께 보살입상 1기도 함께 조각되어 있다. 동쪽 면에도 보병을 쥔 보살입상이 있으며 따로 떨어진 동북쪽 바위에는 높이 8.2m의 거대한 여래입상이 서 있다.

고부조의 대형 미륵불은 얼굴에 은은한 미소를 짓고 있다. 머리에는 2단의 육계를 지녔고,

법의는 통견의로 두터운 U자형 옷깃 사이로 드러난 가슴에 군의 매듭이 보인다. 두 손은 시무외인과 여원인을 지었다. 양 무릎 위로는 흘러내린 옷 주름을 성글게 표현했으며, 두 발은 가지런히 모아 정면을 향했다.

본존불에서 볼 때 우측의 북면 바위에 얕게 부조한 7기의 상이 보인다. 반가상을 포함해 모두 4기의 불·보살상이 왼쪽에서 오른쪽으로 일렬로 배치되어 있다. 반가상만 정면상이고 나머지 3기의 입상은 모두 석실 안쪽의 본존불을 향하고 있다. 하나같이 왼손을 본존 쪽으로 내밀고 있어 마치 아래쪽의 두 인물상을 본존 쪽으로 인도하는 듯한 모습이다. 양쪽 여래상은 우견판단의 법의를 착용했고 가운데 보살상은 통견의 천의를 걸쳤다. 보관을 쓴 반가상은 원형의 두광을 둘렀고 상체는 나신이다. 오른손을 턱에 대고 오른쪽 다리를 왼쪽 다리 위에 반가했는데 모두 보주형 두광과 발 아래 연화좌를 갖추었다.

반가상 바로 아래쪽에 새겨진 2기의 인물상은 공양자상이다. 앞뒤로 서서 본존상을 향해 걸어가는 모습인데 앞쪽 상보다 뒤쪽 상이 약간 작아 원근감이 느껴진다. 앞쪽 상은 양손에 자루 달린 향로를 들고 있다. 뒤쪽 상은 손에 나뭇가지를 쥐었고, 버선 모양의 관모를 썼으며 상의가 길고 하의는 통이 넓은 바지를 입었다.

이 천연 석굴은 초기 석굴사원의 양식을 잘 보여주는 작품으로 당시의 신앙 형태, 특히 화랑도와 미륵 신앙의 관계를 밝히는 데 중요한 자료가 된다.

⊙ **찾아가기**
- 주소 : 경상북도 경주시 건천읍 송선리 산 89
- 내비게이션 : 단석산 신선사 마애불상군 / 신선암
  경부고속도로 건천IC → 산내 방면 20번 국도 → 단석산 신선사 마애불상군
  단석산 입구에 도착하면 공영주차장이 마련되어 있는데, 이곳에서부터 2km 거리, 한 시간 남짓 걸어야 한다. 주차장을 지나 비좁은 산길을 따라 오르다 보면 사륜구동 차량만 겨우 오를 수 있는 급경사와 함께 작은 주차공간이 나온다. 여기에서 코가 땅에 닿을 만큼 가파른 언덕길을 600m쯤 오르면 신선암이다.

한국의 둔황석굴

경주 골굴암 마애여래좌상

——

구분 : 보물 제581호 | **시대** : 통일신라시대 | **규모** : 높이 4m

——

'달을 머금은 산'이라는 의미가 있는 함월산(含月山)은 경주에서 동쪽으로 20km쯤 떨어진 곳에 있는데, 이 산자락에 한국의 둔황석굴(敦煌石窟)이라 불리는 거대한 마애불이 조성되어 있다. 정식 명칭은 경주 골굴암 마애여래좌상(慶州 骨窟庵 磨崖如來坐像)이다.

이 골굴사 석굴사원은 불국사보다 더 오랜 역사를 자랑한다. 신라시대인 6세기 무렵 서역에서 들어온 광유선인(光有聖人) 일행이 약반전산에 열두 개의 석굴로 가람을 조성하여 법당과 요사로 사용했다고 한다. 보기에도 아슬아슬한 천연 석회암 절벽에 구멍이 숭숭 뚫려 있는 석굴들이 보이고 그 맨 꼭대기에 마애여래좌상이 위용을 자랑한다. 조선시대 겸

재(謙齋) 정선의 작품 「골굴석굴」에는 목조전실이 묘사되었으나 지금은 바위에 그 흔적만 남아 있고, 근래에 투명 보호각을 설치해놓았다.

불상의 머리는 소발에 상투 모양의 육계가 솟아 있고, 윤곽이 뚜렷한 얼굴은 가늘어진 눈, 작은 입, 가늘고 긴 코 등 도식화된 모습이 엿보인다. 신체에 비해 얼굴은 조금 작아 보이고 이마에는 백호의 흔적이 뚜렷하다. 오른쪽 귀는 떨어져 나갔고 왼쪽 귀는 길게 늘어져 있다. 삼도는 보이지 않는다. 오른손은 손상되었고 왼손은 손바닥을 위로 하여 배에 대고 있다. 입체적인 얼굴에 비해 평면적인 신체가 넓게 표현되었는데, 목과 가슴 윗부분은 마멸되었다. 옷 주름은 규칙적인 평행선을 이루고, 겨드랑이 사이에는 팔과 몸의 굴곡을 표시한 V자형 무늬가 보인다. 광배는 연꽃무늬가 새겨진 머리 광배에 꿈틀거리는 불꽃무늬가 아름답다.

마애불 아래 열두 개의 석굴은 그 크기가 제각각인데, 그중 제일 큰 공간에 관음굴 법당이 조성되어 있다. 관세음보살을 주불로 모시고 동굴 벽면에 청동 108관음보살상을 봉안했다. 작은 굴에는 귀여운 동자승부터 근엄한 노승까지 여러 형태의 불상을 모셔놓았다.

골굴사는 선무도 총본산으로도 유명하다. 인도에서 시작된 선무도는 불가의 전통 수련법 중 하나로 몸과 마음, 호흡의 조화를 통해 깨달음을 구하며, 불살생의 계율에 따라 방어

위주의 동작이 주를 이룬다. 내적으로는 전통 수행 방식을 따르고 외형적으로는 신라 시대 승병 무예의 전통을 따르고 있다. 갑오개혁 이후 폐지되었던 무예의 전통을 1960년대 이후 복원해냈다. 사찰의 템플스테이에 참가하면 선무도를 체험하고 배울 수도 있다.

절 입구 배불뚝이 보살상 옆에 서 있는 동아 보살상도 흥미롭다. 겨울에 태어난 '동아'는 1990년 강아지 때부터 새벽 예불을 함께 했고 참선도 하고 탑돌이도 따라하면서 기도객을 안내했다고 한다. 보통 진돗개와 달리 가축이나 산짐승을 살생하지도 않았던 불심 가득한 견공으로 방송과 외국 TV에까지 출연할 정도로 유명세를 타면서 20여 차례 강아지를 분양하여 거금을 보시, 대적광전과 선무도 대학 건립에 공덕을 지었다고 한다.

⊙ **찾아가기**
- 주소 : 경상북도 경주시 양북면 안동리 산 304
- 내비게이션 : 경주 골굴암 마애여래좌상
  경주에서 양북 · 감포 방면 4번 국도 → 안동 삼거리에서 기림사 방면 14번 국도 → 골굴사
  경주에서도 지리적으로 먼 거리에 해당한다. 함월산 자락의 기림사도 들러보고,
  석굴암이나 감은사지를 함께 둘러볼 수 있다.

구름 위에 떠 있는

동화사 입구 마애불좌상

구분 : 보물 제243호 | **시대 :** 통일신라시대 | **규모 :** 높이 1m

팔공산(八公山) 동화사 입구에 있어서 동화사 입구 마애불좌상(桐華寺 入口 磨崖佛坐像)으로 불린다. 자연 절벽의 높다란 곳에 불상을 새겼는데, 불상의 머리 위쪽에 튀어나온 바위가 불상을 보호하고 있다. 소발의 머리에 육계는 보이지 않고 얼굴은 비만형이다. 짧은 목에 형식적인 삼도가 보인다. 어깨는 약간 위축되어 보이고 신체는 평판적이다. 수인은 항마 촉지인을 지었고, 오른쪽 다리는 대좌 위에서 유희좌를 하고 있다. 통견의 법의에 평행밀 집된 옷 주름이 보이고 배에는 띠 매듭이 있다. 광배는 주형거신광으로 두광과 신광을 두 줄의 선으로 구분했고 불꽃무늬를 화려하게 새겨 넣었다. 대좌에는 앙련·복련의 연꽃무 늬가 조각되었는데, 그 모습이 마치 구름 위에 떠 있는 듯 아름답다.

대한불교 조계종 제9교구 본사인 팔공산 동화사는 493년(신라 소지왕 15) 극달(極達)이 세운 유가사(瑜伽寺)를 832년(흥덕왕 7) 심지왕사(心地王師)가 중건할 때 사찰 주변에 오동나무 꽃이 만발한 모습을 보고 동화사라 개칭했다고 전한다. 그러나 『삼국유사』에는 진표(眞表)가 영심(永深)에게 전한 불간자(佛簡子)를 심지가 받아 이곳에 와 던져서 떨어진 곳에 절을 세운 것이 시초라고 한다. 934년 영조(靈照)가 중창한 이래로 지눌(知訥)과 홍진(弘眞)이 중건했으며, 조선시대에도 여러 번 중건과 중창을 거듭하여 오늘날에 이르고 있다.

경내에는 대웅전과 극락전을 비롯하여 20여 채의 큰 건물이 있고, 금당암, 비로암, 내원암, 부도암, 염불암 등 부속 암자를 거느리고 있다. 또 당간지주, 비로암 3층 석탑, 비로암 석조비로자나불좌상, 금당암 3층 석탑, 석조부도군 등 많은 유물을 간직하고 있다. 높이가 30m나 되는 약사대불은 1992년에 조성한 것이다.

⊙ **찾아가기**
• 주소 : 대구광역시 동구 도학동 30
• 내비게이션 : 동화사 입구 마애불좌상
　중앙고속도로 다부IC → 팔공산 도립공원 방면 → 팔공산로 → 동화사

팔공산 동봉 아래 염불 소리

동화사 염불암 마애여래좌상 및 보살좌상

구분 : 대구광역시 유형문화재 제14호 | **시대** : 고려시대 | **규모** : 여래좌상 높이 4m, 보살좌상 4.5m

---

동화사의 암자 가운데 가장 높은 곳에 있는 염불암 극락전 뒤쪽의 화강암 양면에 여래상과 보살상을 나란히 새겼다. 문화재청에 등록된 정식 명칭은 동화사 염불암 마애여래좌상 및 보살좌상(桐華寺 念佛庵 磨崖如來坐像－菩薩坐像)이다. 염불암이란 법당 뒤에 있는 큰 바위에서 염불 소리가 들려 이곳에 암자를 세운 데서 유래했는데, 신라 말인 928년(경순왕 2) 영조(靈照)가 창건했다.

서쪽 면에 새겨진 좌상은 아미타여래불이다. 구름무늬 위에 새겨진 앙련연화 대좌에 결가부좌한 모습으로 천상 세계에 머물고 있음을 묘사했다. 양 무릎이 넓어 안정감이 있어 보이고 머리는 소발에 육계가 작다. 비만형의 각진 얼굴에 두 눈을 가늘게 떴으며 코와 입이 두툼하고 입가에는 미소를 짓고 있다. 우견편단의 법의에는 몇 겹의 옷 주름이 보인다.

남쪽 면에 새겨진 관세음보살은 연꽃 대좌에 앉아 있는데 아래로 흘러내린 법의가 양 무릎

을 덮고 있다. 네모난 얼굴에 부채꼴 보관을 썼고 두 볼과 턱이 통통하고 인중이 좁아 보인다. 오른손은 배 부근에서 수평으로 들어 꽃을 들고 있다. 두 불상 모두 얼굴 표현의 둔중함과 다소 파격적인 조각 기법 등이 고려시대 불상 형태다.

염불암 마당의 보호각에 있는 청석탑(靑石塔, 대구광역시 유형문화재 제19호)도 빼놓을 수 없다. 탑신은 없고 3단의 화강암 지대석 위에 옥개석만 포개져 있는 작은 탑인데, 네 귀퉁이 끝이 살짝 위로 추켜 올라간 모습이 경쾌하다. 고려 때 유행하던 청석탑 가운데 하나로 보인다.

⊙ 찾아가기
- 주소 : 대구광역시 동구 도학동 산 124-1
- 내비게이션 : 동화사 염불암 마애여래좌상 및 보살좌상 / 동화사
  중앙고속도로 다부IC → 팔공산 도립공원 방면 → 팔공산로 → 동화사
  → 염불암
  동화사에서 염불암까지는 경사가 심한 구간이 있어 차량 통행을 제한한다. 한 시간 남짓 걸어야 한다.

중생의 눈물을 어루만지는

팔공산 동봉 석조약사여래입상

구분 : 대구광역시 유형문화재 제20호 | **시대** : 고려시대 | **규모** : 높이 6m

팔공산 동봉 석조약사여래입상(八公山 東峰 石造藥師如來立像)은 팔공산 동봉 서쪽 능선의 대형 화강암 벽에 거의 환조처럼 조각한 작품이다. 마애불로 분류되지는 않지만, 팔공산을 등산할 때 꼭 한 번 둘러봐야 할 불상 가운데 하나이다.

높이가 6m에 이르는 거불로, 지면에서 상당히 높은 위치에서 서향하고 서 있다. 풍만한 볼에 입가의 미소가 어울리면서 소박하면서도 자비로운 인상을 풍긴다. 목은 짧고 복스러운 두 귀는 어깨까지 늘여져 있다.

법의는 도포 자락처럼 무릎 아래까지 흘러내렸는데, 발끝과 발가락까지 뚜렷하게 새겼다. 양손과 양발은 신체에 비해 너무 크게 묘사되었다. 오른팔은 아래를 내려 손바닥을 안으로 했고 왼팔은 가슴 앞에서 중지와 엄지를 구부린 것이 무언가를 들고 있는 모습이다. 광배는 마멸이 심해 알아보기 힘들다.

커다란 몸통과 법의, 표정 등의 조각 수법으로 볼 때 갓바위〔관봉 석조여래좌상(冠峰 石造如來坐像), 보물 제431호〕와 비슷한 시기에 조성된 것으로 추정된다.

⊙ 찾아가기
• 주소 : 대구광역시 동구 용수동 산 1-3
• 내비게이션 : 동화사 / 팔공산 케이블카
  중앙고속도로 다부IC → 팔공산 도립공원 방면 → 팔공산로 → 동화사
  동화사 염불암에서 마애불 루트를 계속 진행하려면 능선에 올라 동봉 쪽으로 가야 하는데, 가파른 산길을 두 시간 정도 걸어야 한다. 인근의 케이블카를 이용할 수도 있는데 케이블카에서 내려서도 한 시간이 걸린다. 땀방울깨나 흘리고 몇 번의 거친 숨을 몰아쉬고 나서야 만날 수 있는 부처님은 무척이나 경이로워 보인다.

불꽃무늬에 휩싸여 있는

팔공산 마애약사여래좌상

구분 : 대구광역시 유형문화재 제3호 | **시대** : 통일신라시대 | **규모** : 높이 4.2m

약사불을 뒤로하고 팔공산의 주봉인 비로봉으로 향한다. 팔공산 마애약사여래좌상(八公山 磨崖藥師如來坐像)은 산 정상의 통신기지국을 에돌아 서봉 쪽으로 방향을 틀면 곧바로 나온다. 비로봉의 100m쯤 아래, 남쪽을 향해 병풍처럼 서 있는 바위에 새겨져 있다.

연꽃 대좌 위에 앉아서 불꽃무늬에 휩싸여 있는 불상은 소발의 머리에 육계가 큼직하고 목에는 삼도가 표현되었다. 세련된 이목구비에 미소를 띤 우아한 얼굴이 위엄 있어 보인다. 둥근 어깨는 탄력이 넘쳐 보이고 허리가 잘록하다. 법의는 우견편단으로 옷자락이 왼팔을 거쳐 발목까지 흘러내린다. 왼손은 무릎 위에서 약그릇 같은 지물을 잡고 있으며 오른손은 아래로 내렸다.

광배는 주변의 자연 암벽을 이용하여 이중의 두광과 신광을 둘렀다. 두광 주위에는 연꽃무늬와 당

초무늬가 정교하고 신광도 두 줄의 선으로 구분하여 안쪽에는 당초무늬를, 주위에는 불꽃무늬를 새겼다. 대좌에는 앙련ㆍ복련의 연꽃무늬를 새겼고 이들을 받치고 있는 용 두 마리를 표현하여 화려하고 아름답다.

병고에 허덕였을 수많은 중생들의 눈물을 어루만졌으리라 짐작되는 약사불로, 통일신라시대의 우아하고 화려한 사실주의 양식의 작품으로 평가된다.

⊙ **찾아가기**
- 주소 : 대구광역시 동구 용수동 산 1
- 내비게이션 : 동화사 / 팔공산 케이블카
  중앙고속도로 다부IC → 팔공산 도립공원 방면 → 팔공산로 → 동화사

기울어진 바위에 기울어진 불상

신무동 삼성암지 마애약사여래입상

구분 : 대구광역시 유형문화재 제21호 | **시대** : 고려시대 | **규모** : 높이 2.4m

신무동 삼성암지 마애약사여래입상(新武洞 三省庵址 磨崖藥師如來立像)이 자리한 곳은 부인
사(符仁寺)에서 팔공산 서봉 쪽으로 2km쯤 떨어진 곳이다. 따라서 팔공산 하산길에 마애
불을 보려면 능선에서 부인사 쪽으로 내려가다가 작은 이정표를 따라 서북쪽으로 500m쯤
올라서야 한다.

불상은 전체적으로 기울어진 바위 환경을 그대로 살려 기울게 조각했다. 머리는 소발에
큰 육계가 솟아 있고 넓은 얼굴에 기다란 귀, 가느다란 눈, 오뚝한 코 등을 묘사했다. 오른
손을 아래로 내려 가볍게 법의를 감쌌고, 왼손은 가슴 아래에서 보주형의 약합을 들고 있
는 약사여래불이다. 법의는 통견의이고 가슴 아래에서 아랫배까지 U자형 주름을 넣어 평

판의 신체에 입체감을 불어넣었다. 무릎 이하는 알아보기 힘들다.

풍화로 마멸되어 전체적으로 선명하지 않아도 훌륭한 용모가 엿보이는 작품으로, 신라에서 고려로 전환되는 시기의 작품인 듯하다.

동화사의 말사인 부인사는 신라 선덕여왕 때 창건된 절이다. 고려 현종 때부터 문종 때까지 도감을 설치하고 고려 초조대장경(初彫大藏經)을 판각했던 곳이다. 판각은 몽골 침입 때 대부분 소실되었고, 현존하는 1,715판도 일본 교토의 난젠사에 보관되어 있다. 지금의 건물은 1930년대 초에 중창했는데 것으로 당우로 대웅전과 선덕묘, 2동의 요사채가 있으며 문화재로는 당간지주, 쌍탑, 석등, 석등대석, 배례석 등이 남아 있다.

⊙ **찾아가기**
• 주소 : 대구광역시 동구 신무동 산 16
• 내비게이션 : 부인사
  중앙고속도로 다부IC → 팔공산 도립공원 방면 → 팔공산로 → 부인사

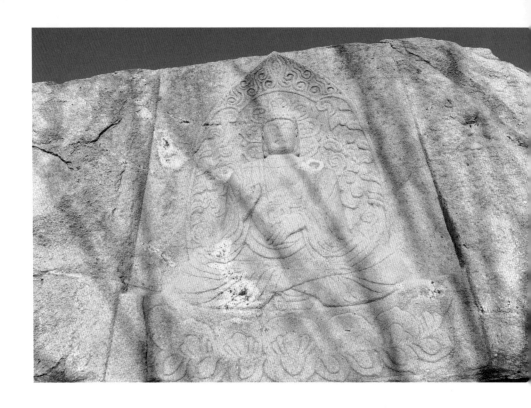

부인사 계곡의 또 다른 부처

신무동 마애불좌상

구분 : 대구광역시 유형문화재 제18호 | **시대** : 고려시대 | **규모** : 높이 0.9m

대구 지역의 석불 유적은 주로 팔공산을 중심으로 흩어져 있는데, 부인사 인근 마을에 남아 있는 신무동 마애불좌상(新武洞 磨崖佛坐像)도 빼놓을 수 없다. 팔공산 순환로를 따라가다가 부인사를 500m쯤 앞두고 도로를 벗어나면 계곡을 따라 형성된 마을 한쪽에 구룡사가 보인다. 사방 4m 정도의 화강암을 감실처럼 파내고 그 안에 좌불을 새겼는데, 불상 높이는 0.9m다.

머리는 소발이고 육계 표시는 분명하지 않다. 신체에 비해 얼굴이 조금 작게 표현되었고 훼손이 심한 눈·코·입도 작게 묘

사되었다. 귀는 보통 크기이고 백호의 흔적은 희미하다. 어깨는 당당해 보이고 짧은 목에 삼도가 있다. 오른손은 시무외인을 지었고 왼손은 배 앞에서 손바닥을 안으로 향했다. 왼쪽 어깨와 광배에 보수한 흔적이 엿보인다.

머리부터 무릎까지는 높은 돋을새김으로, 연꽃 대좌는 저부조로 조각했다. 결가부좌한 하체는 안정감을 주지만 표현은 다소 도식적이다. 통견의 법의는 일정한 간격으로 평행의 옷 주름을 나타내고 있다.

대좌 중앙에 가로줄을 두고 앙련과 복련을 새겼으며 앙련의 연꽃잎 안에는 꽃무늬를 새겨 넣었다. 광배는 주형거신광으로 불꽃무늬를 새기고 두광에는 당초무늬를 넣었다.

전체적으로 조각이 평면적이고 광배나 대좌의 문양이 도식화된 점, 옷 주름이 경직된 점 등으로 미뤄보아 고려시대 작품으로 추정된다.

⊙ 찾아가기

- 주소 : 대구광역시 동구 신무동 235-7
- 내비게이션 : 신무동 마애불좌상 / 구룡사
  중앙고속도로 다부IC → 팔공산 도립공원 방면 → 팔공산로 → 구룡사
  파계사에서 부인사 · 동화사 방면으로 팔공산 순환도로를 따라 4km쯤 달리면 신무교가 나오고 다리를 지나자마자 오른쪽으로 방향을 바꿔 다리 밑을 통과한다.

암벽 속에서 얼굴을 들이내미는

읍내동 마애불

구분 : 미지정 | **시대 :** 통일신라시대 | **규모 :** 본존불 높이 1.8m

'W' 자를 뒤집어놓은 모양의 대형 바위 중앙에 높이 1.8m의 본존불이 조각되어 있고, 그 상하좌우 바위 면에 불상, 마애탑, 관음보살상 등 총 33기의 크고 작은 불조각이 새겨져 있다면 우리나라 최대 불상군이 아닐 수 없다.

불상이 조성된 곳은 대구광역시 북구와 경북 칠곡군의 경계에 위치한 명봉산(明峰山) 자락의 안양 마을이다. 불상군이 처음 발견된 것은 1990년대 중반인데, 당시에는 문화재적 가치가 없다고 평가되었다. 불상의 뾰족한 코 모양 등이 우리의 전통 불상과 다르고, 주변에 사지의 흔적이 없는 점 등으로 미뤄보아 근대에 불상 조성을 연습하기 위한 수련장 정도로 여겨졌다. 그러다가 최근에 한 대학 박물관 팀에서 선각상 30기를 추가로 발견하면서 더욱 면밀한 연구가 필요해졌다.

불상군의 크기는 1.8m부터 0.2m의 소품까지 각양각
색이다. 본존불을 제외하고는 모두 선각상이고 상의

크기도 작아서 알아보기 힘들다. 조각품이 새겨진 사암(砂巖)이 북동쪽을 향해 있어 햇살이 잘 들
지 않고 바위 색깔도 어두워서 주로 무속인이 자주 찾는다.

본존불은 양쪽에 삼산보관을 쓴 협시보살과 2인 승려상, 공양 중인 속인 2인상 등을 거느리고 있
다. 좌우의 바깥 면으로도 크고 작은 25기의 불상과 보살상이 어우러져 있다. 특히 우측 2면 상단
의 밝게 웃고 있는 반가삼존상이 보이는데, 반가상이 삼존상으로 발견된 것은 처음이라고 한다.
희소한 의상(倚像)도 3기나 확인되었고, 이존상(二尊像)도 여럿 발견되었다. 시무외인과 여원인을
짓고 있는 본존불. 시공을 뛰어넘어 말없이 미소 짓는 부처님의 얼굴이 이제 막 암벽 속에서 얼굴
을 들이밀 듯 생생하다.

⊙ 찾아가기
• 주소 : 대구광역시 북구 읍내동(안양동) 산 36
• 내비게이션 : 안양사
  중앙고속도로 칠곡IC → 칠곡우체국 → 칠곡 중앙대로 → 안양사

원효를 그리는 마음

경산 원효암 마애여래좌상

구분 : 경상북도 유형문화재 제386호 | **시대** : 통일신라시대 | **규모** : 좌불 높이 1.1m, 감실 1.6m

팔공산 갓바위로 향하는 길목인 경산 와촌에 원효의 수행처로 알려진 원효사가 있고, 절 뒷산에 경산 원효암 마애여래좌상(慶山 元曉庵 磨崖如來坐像)이 조성되어 있다.

동북향의 바위 전면에 배 모양의 얕은 감실을 만들고 그 안에 반양각으로 불상을 새겼다. 불상은 연화좌 위에 결가부좌했는데, 육계가 크고 귀도 길어 안정감이 있어 보인다. 법의는 통견의로 무릎을 덮고 있다.

바위 전체 높이 4m, 좌불 1.1m, 감실 1.6m의 아담한 규모로, 조각 기법상 통일신라시대 작품으로 여겨진다.

경산 원효사는 대한불교 조계종 제10교구 본사인 은해사(銀海寺)의 말사로, 668년(문무왕 8)에 원

효대사가 창건했다. 1882년(고종 19)에 긍월대사(亘月大師)가 중창했으며, 1986년 팔공산 일대를 덮친 큰 산불로 전각 등이 소실되었다가 1990년에 중창하여 오늘날에 이른다. 현존하는 당우로는 법당을 비롯해 산신각, 요사채 등이 있다. 절 위에는 삼복더위에도 얼음같이 찬 약수가 있어서 지역 주민들은 냉천사(冷泉寺)라고도 부른다.

⊙ **찾아가기**
- 주소 : 경상북도 경산시 와촌면 대한리 산 31-1
- 내비게이션 : 경산 원효암 마애여래좌상
  익산포항고속도로 청통 · 와촌IC → 갓바위 방면 → 박사북 교차로 → 신한 교차로에서 약 4km 지점에서 원효사 이정표를 따라 진행 → 원효사
  원효사 우측으로 돌아 뒤로 난 오솔길을 200m쯤 따라가면 높이 4m의 바위가 돌출되어 있다.

장수의 목숨을 구해준 처녀
구미 황상동 마애여래입상

구분 : 보물 제1122호 | **시대** : 통일신라시대 | **규모** : 높이 7.2m

구미국가산업단지 안에 7m가 넘는 대형 석불인 구미 황상동 마애여래입상(龜尾 黃桑洞 磨崖如來立像)이 자리 잡고 있다. 대형 바위에 고부조로 새긴 당당한 불상으로 한눈에 보기에도 통일신라시대 작품임을 알 수 있다.

이 불상은 삼국시대 당나라 장수가 조성했다는 전설이 전해진다. 백제와 나당연합군의 전투가 치열하던 때 한 장수가 백제군에 쫓겨 목숨을 잃을 지경이 되었다. 그때 한 여인이 나타나 큰 바위를 가리키며 숨으라고 해서 목숨을 건졌는데, 나중에 나와서 보니 여인은 온데간데없었다. 이에 장수는 자신의 목숨을 구해준 그 여인을 부처님의 현신으로 여기고 그 바위에 마애불을 새겼다는 것이다.

불상은 소발의 머리 위에 높은 육계가 있고, 부풀어 오른 얼굴에 활짝 핀 미소는 골굴암 마애불을 연상케 한다. 머리와 양어깨 부분은 거의 원각에 가깝다. 가늘고 긴 눈, 긴 코와 큰 입, 팽만한 뺨, 만연한 미소 등이 통일신라시대 말기의 특징을 잘 보여준다. 양손을 가슴께에 들어 올렸는데 오른손은 외장하고 왼손은 내장하여 설법인을 맺었다. 통견의 법의는 양팔에 걸쳐 길게 아래로 드리웠고, 가슴에서 배에 이르는 옷 주름은 다리 부분에서 활처럼 휘어져 흐르다가 발목 부분에서 다시 큼직한 옷 주름으로 합쳐진다.

당당하고 건장한 어깨와 넓은 가슴은 장대하고 팽창된 하체와 함께 박력을 느끼게 한다. 원만한 상호와 정제된 각 부위, 유려한 법의 등 통일신라시대 걸작품의 진수를 보여준다.

⊙ **찾아가기**

- 주소 : 경상북도 구미시 황상동 산 90-14
- 내비게이션 : 구미 황상동 마애여래입상 / 마애사
  경부고속도로 구미IC → 수출탑 로터리 → 인동광장에서 군위 방면으로 1km 지점 → 마애사
  최근 들어 불상 옆에 금강선원 마애사가 들어섰고 보물로 지정된 후 훼손 및 안전을 위해 투명 구조물이 설치됐지만, 진입로는 여전히 협소한 편이다. 공장 마당에 주차한 뒤 마애사 이정표를 따라 들어가야 한다.

지게꾼 대신 자동차를 굽어보는

군위 불로리 마애보살입상

___

구분 : 경상북도 유형문화재 제265호 | **시대** : 고려시대 | **규모** : 높이 2.4m

___

경북 군위 효령면에서 군위읍 쪽으로 5km가량 떨어진 국도변에 군위 불로리 마애보살입상(軍威 不老里 磨崖菩薩立像)이 서 있다. 7m 높이의 암벽에 서향한 보살상으로 바위를 다듬어 감실을 만들고 그 안에 불상과 광배, 대좌를 조각했다. 감실 위에는 넓은 판석으로 처마를 만들어 비바람을 피할 수 있게 했다. 불상 조성 당시에는 야산의 중턱쯤으로 짐작되는데, 지금은 4차선 도로가 개설되면서 암반의 많은 부분이 절개되어 불상의 위치가 가파른 절벽으로 변했다.

불상은 머리에 두건 모양의 보관을 썼고 얼굴은 턱이 넓은 사각형이다. 목에는 삼도가 있고 이마에는 보주를 박기 위한 구멍이 나 있다. 통견에 우견편단의 전형적인 법의를 걸쳤지만, 머리에 관을 쓰고 있어서 보살상으로 여겨진다. 하지만 부근의 군위 하곡동 석조여래입상(軍威 下谷洞 石造如來立像, 경상북도 유형문화재 제103호)이 보관형 여래인 점을 감안하면 이 불상도 여래상일 가능성도 배제할 수 없다고 한다.

수인은 항마촉지인을 짓고 있고 발끝은 '팔(八)' 자 모양이다. 가슴 윗부분은 돋을새김으로 조각하고 아래쪽은 얕게 새기거나 선각 처리해 도식화했다.

이 불상에는 남양 홍씨 관련 이야기 한 토막이 전해진다.

옛날에 남양 홍씨가 불로리 북쪽 마을에 많이 살았는데, 인근의 큰 부자로 소문이 나서 흉년일 때에도 밤낮없이 찾아오는 손님이 너무 많아 대접하느라 정신이 없었다. 날이 갈수록 곳간이 비는 것을 아까워하던 부자가 하루는 시주하러 온 스님에게 물어보았다. 어떻게 하면 손님이 줄어들겠냐고. 그러자 스님은 건너편 산 암벽을 골라 미륵불을 새기라 했고, 부자는 시키는 대로 했다. 그러자 정말 손님의 발길이 뜸해지기 시작했고, 홍씨의 가세도 기울어 3년 만에 망하고 말았다. 이후 홍씨 집안 사람들이 모두 타지로 떠나버리면서 이곳에선 더 이상 홍씨를 찾아볼 수 없게 되었다고 한다.

⊙ 찾아가기
- 주소 : 경상북도 군위군 효령면 불로리 산 1
- 내비게이션 : 군위 불로리 마애보살입상
  중앙고속도로 군위IC → 경북대로 → 간동 삼거리 → 효령 삼거리에서 유턴 → 군위 불로리 마애보살입상

절터로 가는 길목의

금릉 은기리 마애반가보살상

___

구분 : 경상북도 유형문화재 제247호 | **시대** : 고려시대 | **규모** : 높이 2.9m

___

경북 김천 어모면 은기리 은석 마을에서 묘함산(卯含山)으로 향하는 산기슭 바위에 금릉 은기리 마애반가보살상(金陵 殷基里 磨崖半跏菩薩像)이 새겨져 있다.

머리에는 고려 때 유행하던 삼산보관을 썼고 우견편단의 두꺼운 법의를 걸쳤다. 자세는 연화 대좌에 앉아 오른발을 왼쪽 무릎에 얹은 반가상이다. 오른손은 여원인의 수인을 지었고 왼손은 반가한 왼쪽 무릎을 살짝 덮었다. 불신은 원통형에 가깝게 조각했는데, 상체는 크고 길게 표현했지만 하체는 소략하게 처리했다. 팔도 지나치게 가늘고 길어 보이고 하체 역시 사실적인 표현은 찾아보기 힘들다.

276

통일신라시대의 형식을 계승한 고려 초기 작품으로 추정되며, 불상에서 1.5km쯤 떨어진 계곡 상류에 폐사지가 있어 연계 가능성을 시사해준다.

⊙ **찾아가기**
- 주소 : 경상북도 김천시 어모면 은기리 산 22
- 내비게이션 : 금릉 은기리 마애반가보살상
  경부고속도로 동김천IC → 김천산업단지 → 공단 삼거리 → 시청로 → 도암 교차로 → 금릉 은기리 마애반가보살상

위풍당당한 국보

봉화 북지리 마애여래좌상

구분 : 국보 제201호 | **시대** : 통일신라시대 | **규모** : 높이 4.3m

봉화 북지리 마애여래좌상(奉化 北枝里 磨崖如來坐像)은 암벽을 파서 거대한 감실형 석실을 만들고 그 안에 4m 규모의 대형 불상을 높은 돋을새김으로 조각했다. 광배에는 일부가 파손된 화불이 배치되었고, 불상 좌우에도 공간이 있어 협시불이 안치되었을 가능성이 높다. 큼직한 얼굴에는 양감이 풍부하지만 마멸이 심한 상태다. 당당한 체구에 비해 가슴과 무릎이 파손되어 있고 윗부분만 연꽃으로 조각된 대좌 역시 마멸이 심하다. 통견의 법의도 가슴 부분이 깨져 있다. 수인은 항마촉지인을 지었고, 왼팔을 거쳐 길게 늘어진 옷 주름은 대좌까지 덮고 있다.

오랜 세월 풍화되어 깨지고 균열이 심한 편이지만 당당한 위용은 여전하다. 조각 기법이 고부조로 거의 원각불에 가까워서 더욱 위엄이 넘쳐 보인다.

이곳 북지리 일대는 신라 때 '한 절'이라는 큰 절이 있었고, 인근에 수십 개의 암자가 있어 500명이 넘는 승려가 한꺼번에 수도했다고 전해진다. 마애불은 1947년 용지를 정리하는 도중에 발견되었고, 불상은 보존하기 위해 목조 보호각이 지어졌다. 현재는 지림사(智林寺)가 터를 잡아 불상을 관리하고 있다.

⊙ 찾아가기
• 주소 : 경상북도 봉화군 물야면 북지리 산 108-2
• 내비게이션 : 북지리 마애여래좌상 / 지림사
  중앙고속도로 풍기IC → 36번 국도 봉화 방면 → 봉화읍사
  무소 → 915번 지방도 물야 방면 → 지림사

천년 세월 기다려 마음을 공양 받는

봉화 동면리 마애비로자나불입상

구분 : 경상북도 유형문화재 제273호 | **시대** : 고려시대 | **규모** : 높이 2.2m

소내골 지나 속칭 '미륵골'로 통하는 들머리에 병풍바위가 버티고 있고, 그 중턱에 불상이 조각되어 있다. 봉화 동면리 마애비로자나불입상(奉化 東面里 磨崖毘盧遮那佛立像)이다. 진리의 세계를 두루 통솔하는 비로자나불을 형상화했다. 불상이 새겨진 바위는 사암(砂巖)류로 높이 30m, 너비는 거의 100m에 달한다. 불상 높이는 2.2m로 결코 작지 않지만, 병풍바위 품에서는 마치 숨바꼭질을 하는 아이처럼 작아 보인다.

불상의 위치도 한없이 고적해 보인다. 오지 중의 오지인데다 들에 나가 일하는 마을 노인들뿐인 두메산골로, 어쩌다 찾아드는 무속인들이 그나마 외로움을 달래줄 뿐이다.

불상의 머리는 소발에 낮게 육계를 표현했으며 네모난 얼굴에는 이목구비가 단정하다. 두 귀는 길어서 어깨에 닿았으며 목에는 삼도가 뚜렷하다. 두광을 돋을새김으로 표현했는데 가장자리에 불꽃무늬가 보인다. 거신광은 가는 음각으로 처리했다. 통견의 법의 목깃은 중간에서 한 번 접혀 반전하고 옷주름은 양어깨에서 겨드랑이

아래로 비스듬히 흘러내린다. 하반신은 생략되었다.

대개의 비로자나불이 좌상인 데 반해 입상인 점이 특이하고, 수인이 지권인지도 확실치는 않다. 따라서 비로자나불이 아니라 '동면리 마애여래좌상'으로 봐야 한다는 견해도 있다. 육계와 상호의 표현 방식, 움츠린 불신 등은 고려 초기에 조성된 양식으로 보인다.

◉ 찾아가기
- 주소 : 경상북도 봉화군 재산면 동면리 산 268
- 내비게이션 : 봉화 동면리 마애비로자나불입상
  중앙고속도로 풍기IC → 36번 국도 봉화 방면 → 금봉 교차로 → 봉성면사무소 → 명호면사무소 → 재산면사무소 → 현동2리 → 소내골 → 봉화 동면리 마애비로자나불입상
  동면리 소내골에서 농로를 따라 남쪽으로 350m쯤 진행하다 보면 병풍바위가 보인다.

장중하고 활력이 넘치는

영주 가흥동 마애삼존불상

———

구분 : 보물 제221호 | **시대** : 통일신라시대 | **규모** : 본존불 높이 3.2m, 좌협시불 2.0m, 우협시불 2.3m

경북 영주 가흥동 암반 꼭대기에 조성된 영주 가흥동 마애여래삼존상 및 여래좌상(榮州 可興洞 磨崖
如來三尊像－如來坐像)은 삼존불상과 여래 좌상 한 구로 구성되었는데, 2003년 여름 집중호우 때
불상의 왼쪽 암벽이 무너지면서 처음 세상에 그 모습을 드러냈다. 도심 개발로 주변은 아파트촌으
로 변했고 불상 주변은 근린공원으로 조성되어 있다.

삼각형의 커다란 화강암 벽을 쪼아 중앙의 넓은 면에는 본존불을 조각하고 좌우에 입상의 협시보
살을 새겨 넣었다. 조각은 고부조로 거의 원각에 가까운데, 인접한 봉화 북지리 마애여래좌상과
비슷한 방식이다.

부풀어 오른 뺨, 큼직한 코, 꽉 다문 입 등 본존불의 각진 얼굴은 장중하면서도 활력이 넘쳐 보인다. 소발의 머리에는 큼직한 육계가 표현되었고 코와 두 눈은 모두 파괴되었는데, 부처의 코와 눈을 갈아 먹으면 아들을 낳는다는 미신 때문으로 추측된다. 약간 움츠린 듯한 어깨와 양감이 없는 신체, 결가부좌한 무릎 등에서도 팽팽한 힘이 느껴진다. 시무외인과 여원인의 수인도 자연스럽다. 양어깨를 감싼 통견의 법의는 앞가슴이 U자형으로 터졌고, 손목을 감싸고 흘러내리는 옷 주름 역시 묵직해 보인다. 광배는 원형두광으로 겹잎의 연꽃무늬를 둘렀고 다섯 구의 화불도 배치했다. 두광 밖에는 넓은 불꽃무늬를 조각하여 상승하는 기운을 박력 있게 묘사했다.

원형 두광을 두른 우측 보살은 두 손을 합장한 모습인데, 짧은 듯하면서도 당당한 신체를 지녔다. 천의는 배 부근에서 X자형으로 교차했다. 좌측 보살은 한 손을 어깨까지 들어 올렸고 다른 한 손은 가슴에 댔는데 우측 보살과 비슷한 형태다.

전체적으로 장중하고 활력이 넘치는 통일신라시대의 마애삼존불이다.

⊙ **찾아가기**
- 주소 : 경상북도 영주시 가흥동 264-2
- 내비게이션 : 영주 가흥동 마애여래삼존상
  중앙고속도로 풍기IC → 영주시청 방면 → 가흥 교차
  로 → 영주 가흥동 마애여래삼존상

언덕 위 보호각 아래

영풍 월호리 마애석불좌상

구분 : 경상북도 문화재자료 제243호 | **시대** : 통일신라시대 | **규모** : 높이 1m

영풍 월호리 마애석불좌상(榮豊 月呼里 磨崖石佛坐像)은 월호리 동산골로 들어가는 길가 좌측 언덕에 있다. 독립된 바위 동쪽 면을 다듬어 얕게 조성했다.

불상의 머리와 양손의 양감은 좋은 편이다. 소발의 머리에 육계 대신 작은 소라 모양의 머리칼을 붙여놓았다. 눈·코·입의 윤곽은 희미하고 귀도 보이지 않지만 짧은 목에는 삼도가 보인다. 법의는 우견편단으로 왼쪽 어깨에만 걸쳤으며, 왼쪽 어깨에서 오른쪽 배 쪽으

로 부드러운 반원형 옷 주름이 보인다. 왼손은 펴서 배 아랫부분에 댔고 오른손은 시무외
인을 지었다.

통일신라시대 말기의 작품으로 추정된다.

⊙ 찾아가기
- 주소 : 경상북도 영주시 문수면 월호리 산 221
- 내비게이션 : 영풍 월호리 마애석불좌상
  중앙고속도로 영주IC → 영주시민운동장 → 문수면사무소 → 월호교 → 영풍 월호리 마애석불좌상

마애삼존불과 석조여래불의 조화

흑석사 마애삼존불상

구분 : 경상북도 문화재자료 제355호 | **시대** : 통일신라시대 | **규모** : 본존불 높이 3.1m

흑석사는 대한불교 조계종 제16교구 본사인 고운사(孤雲寺)의 말사이다. 신라 때 의상대사가 창건했다고 전해지는데, 임진왜란 이후 폐사되었던 것을 1945년 초암(草庵)이 중건했다.

흑석사 마애삼존불상(黑石寺 磨崖三尊佛像)은 높이 5.7m, 너비 3m의 바위 면에 얕게 조각한 삼존불로, 상체는 양호한 편이지만 하체는 손상이 심해 불분명하다. 삼존의 광배와 입술 부분에는 채색한 흔적이 남아 있다.

중앙의 본존불은 높이 3.1m로, 정사각형에 가까운 머리에 육계가 크다. 이목구비는 도식적으로 표현했는데, 코가 작고 입술도 간략하게 새겼다. 귀는 어깨까지 닿아 있고 목이 없어서 머리가 어깨 위에 얹힌 것처럼 움츠려 보인다. 수인과 법의 등은 확인하기 힘들다. 본존에 비해 낮게 새긴

좌우 협시보살은 머리에 보관을 썼고 본존불과 같은 원형 두광만 둘렀다.

삼존불 앞쪽에 배치된 석조여래좌상(보물 제681호)은 절 인근에 매몰되어 있던 것을 발굴하여 옮겨온 것이다. 높이는 1.79m이고 광배와 대좌는 경내에 별도로 보관하고 있다. 양감 있는 얼굴에 은은한 미소가 감돌지만 어깨가 움츠러들었고 무릎 폭이 좁아 보이는 등 통일신라시대 후기 때 작품으로 보인다.

통견의 얇은 옷은 자연스러운 주름을 형성하며 두 발 앞에서 부채꼴로 흘러내렸다. 광배는 두광과 신광을 구분하여 연꽃무늬와 구름무늬를 표현했으며 가장자리에는 불꽃 무늬를 도드라지게 조각했다.

9세기의 석불좌상 양식을 이어받은 작품으로 평가된다.

⊙ 찾아가기
- 주소 : 경상북도 영주시 이산면 석포리 산 1380-1
- 내비게이션 : 흑석사 마애삼존불상 / 흑석사
  중앙고속도로 영주IC → 영주시민운동장 → 술바위 교차로
  → 이산면사무소 → 흑석사

풍요로운 들녘을 염원하는

영주 신암리 마애삼존석불

구분 : 보물 제680호 | **시대** : 통일신라시대 | **규모** : 본존불 높이 1.4m

흑석사에서 봉화 쪽으로 향하다가 신암리 쪽으로 방향을 틀어 길을 달리다 보면 좌측 논 한쪽에 보호각이 설치된 영주 신암리 마애삼존석불(榮州 新岩里 磨崖三尊石佛)이 보인다. 논 가운데 솟은 바위에 조성한 마애불로, 원래는 사면불로 조성했다고 하나 현재는 삼존불만 겨우 알아볼 수 있다.

오랜 풍화작용으로 세부적인 표현은 알아보기 힘들다. 좌상인 본존불은 불꽃무늬가 새겨진 원형 두광을 둘렀는데, 무릎 이하는 땅에 묻혀 있다. 소발의 머리에 큼직한 육계가 솟아 있고 얼굴은 갸름하면서도 볼이 탱탱하다. 이목구비는 뚜렷하지 않지만 눈 부위가 깊

게 파였고 두 귀는 어깨까지 늘어져 있다. 수인은 시무외인과 여원인을 결했으며 통견의 법의는 굵고 부드러운 옷 주름을 흘린다. 좌우 협시보살 역시 불꽃무늬가 새겨진 원형 두광을 지녔으며, 얼굴에는 본존불처럼 갸름하면서도 팽팽한 양감이 느껴지고 머리에는 보관을 썼다. 이목구비가 불분명하고 신체의 굴곡도 없는 편이다.

전체적으로 양감이 넘치고 장중하면서도 부드러운 조각 기법, 커다란 육계, 광배의 불꽃무늬, 상호와 옷 주름 등이 영주 가흥동 마애삼존불상과 비슷해 보인다.

⊙ 찾아가기

- 주소 : 경상북도 영주시 이산면 신암리 1127-6
- 내비게이션 : 신암리 마애삼존석불
  중앙고속도로 영주IC → 영주시민운동장 → 상망 교차로 → 단운 교차로 → 신암 교차로 → 신암1교 → 신암리 마애삼존석불

여섯 장군의 화신

청도 장육산 마애여래좌상

구분 : 경상북도 유형문화재 제393호 | **시대** : 고려시대 | **규모** : 높이 1.5m

청도 장육산 정상에서 북쪽으로 200m쯤 내려온 곳에 청도 장육산 마애여래좌상(淸道 將六
山 磨崖如來坐像)이 있다. 임도에서 우측 샛길로 빠지는 바위 군락 중앙에 새긴 불상으로
5m 높이의 바위에 선각되어 있다. 조각 기법상 고려 말기의 작품으로 추정된다.

통견의를 걸치고 있는 불상은 머리에 관을 쓰고 있어서 꼭 투구를 쓴 장군처럼 보이기도
한다. 귀는 길어서 어깨에 닿을 정도이고 목에는 삼도가 보인다. 어깨는 당당하고 수인은
선정인을 지었다. 굵은 다리는 결가부좌했으며 발바닥을 앞으로 드러내 보이고 있다. 대
좌와 광배는 보이지 않는다.

경주 산내면과 청도 운문면에 걸쳐 있는 장육산(將六山)은 낙동정맥과 비슬지맥의 분기점

인 사룡산에서 곁가지를 친 능선 상에 위치한다. 신라 때 여섯 장군이 무술을 연마한 곳이라고 하여 장육산이란 이름을 얻었고, 그래서 산 아래 흐르는 산내천에는 여섯 장군이 밥을 짓기 위해 솥을 걸었다고 하는 솥바위와 걸터앉아 놀았다는 놋다방구가 있다. 또 육장굴은 여섯 장군이 심신을 수련하던 장소로 알려져 있다.

장육산은 기점을 어디로 잡느냐에 따라 다양한 등산 코스를 조합할 수 있다. 북쪽의 정족산과 연계해 산행을 하거나, 사룡산에서 구룡산으로 이어지는 코스의 출발점으로 삼을 수도 있어 등산객들이 좋아하는 산이다.

⊙ 찾아가기

- 주소 : 경상북도 청도군 운문면 지촌리 산 18
- 내비게이션 : 청도 장육산 마애여래좌상 / 신원1교 / 장육산상회

  경부고속도로 건천IC → 청도 방면 20번 국도 → 산내면사무소 → 장육산상회 → 청도 장육산 마애여래좌상

  신원1교에서 볼 때 장육산상회 좌측에 난 샛길을 따라 올라간다. 농가와 비닐하우스 등을 지나 계속 진행하면 3.5km 지점에서 정면에 비포장길이 보이는 작은 삼거리가 나온다. 비포장길을 따라 5분 정도 더 진행하면 내리막과 함께 우측에 외딴집이 나오고, 이곳에서 눈앞에 장육산 정상이 보인다. 주변에 차를 세우고 가파른 임도를 따라 20분쯤 오르면 이정표가 나오고 우측으로 접어들면 바위 군락이 나타난다.

  인적이 뜸한 임도는 큰비라도 내리고 난 다음이면 길 상태가 엉망이 된다. 삼거리에서 마애불까지는 호젓한 산길이므로 트레킹 삼아 걷는 것도 좋다. 왕복 한 시간 정도 잡으면 된다.

삼존불 옆 또 하나의 여래불

칠곡 노석동 마애불상군

구분 : 보물 제655호 | **시대** : 통일신라시대 | **규모** : 본존불 높이 1.5m

경북 칠곡 기산면 노석리 뒤편 도고산(道高山) 중턱에 칠곡 노석동 마애불상군(漆谷 老石洞 磨崖佛像群)이 자리 잡고 있다. 커다란 화강암 한 면에 조성한 불상군이다. 본존불을 중심으로 좌우 협시보살을 배치했는데, 우협시 옆에 또 다른 불상이 딸린 독특한 구도다.

삼존불의 주존은 아미타여래불이고 관세음보살과 대세지보살이 협시불이다. 세 불상 모두 넓은 원형 두광을 갖추었으며 본존불만 거신광을 거느리고 있다.

아미타여래의 머리에는 높다란 육계가 솟아 있고, 사각형에 가까운 얼굴에 눈·코·입이 얼굴 중앙에 몰려 있다. 양 귀 위쪽은 보이지 않고 귓밥 부분만 길게 늘어져 있다. 통견의 법의는 왼쪽 어깨에서 오른쪽 허리께로 평행한 옷 주름이 흘러내리고, 가슴에는 군의의 띠 매듭이 보인다. 왼손은 파손되어 수인을 알 수 없으나 오른손은 중품중생인을 결했다.

좌협시는 머리에 보관을 썼고, 왼손에 연꽃봉오리를 들고 본존을 향했다. 천의는 통견으로 가슴

부근에 큼직한 천의대가 표시되어 있다. 우협시 역시 좌협시와 똑같은 보관을 쓰고 본존을 향해 앉았다. 네모지고 각진 얼굴과 떡 벌어진 어깨 때문에 강인해 보이지만 팔이나 무릎 등의 윤곽이 부드러워서 풍만한 느낌을 준다. 통견의 가슴에는 의대가 뚜렷하다.

우협시 우측에 있는 여래불도 삼존불과 마찬가지로 넓은 두광을 갖추고 정면을 향해 앉아 있다. 소발의 머리에 육계가 뚜렷하며 상호도 원만하지만 각 부분은 마멸되었다.

⊙ **찾아가기**

- 주소 : 경상북도 칠곡군 기산면 노석리 산 43-2
- 내비게이션 : 칠곡 노석동 마애불상군
  경부고속도로 왜관IC → 칠곡 방면 → 매원 사거리 → 제2왜관교 → 영리 교차로 → 노석동 마애불상군
  주소를 입력하고 접근하면 산 아래 이정표가 보인다. 등산로를 따라 450m쯤 오르면 된다.

사면 석불의 전설

대승사 마애여래좌상

구분 : 경상북도 유형문화재 제239호 | **시대** : 고려시대 | **크기** : 높이 6m

대승사 마애여래좌상(大乘寺 磨崖如來坐像)은 경북 문경 대승사에 딸린 윤필암과 묘적암 사이의 커다란 바위에 선각된 마애불이다. 옛 미륵암 터로 알려진 곳이다. 마애불을 조각한 바위가 앞으로 약간 숙여져 있고 머리 위에 갓바위가 설치되어 있어서 상태가 양호해 보인다.

불상의 머리는 소발에 큼직한 육계가 솟아 있는데 독특하게도 불두 위에 연꽃무늬의 뿔처럼 생긴 것이 두 개 솟아 있다. 갸름한 얼굴에 눈은 지그시 감았고 입술은 두꺼우며 귀는 길다. 목의 삼도는 두 줄만 표현했다. 넓은 어깨에 통견의 법의를 걸쳤고 가슴에는 왼쪽

어깨에서 내려오는 엄액의 깃과 군의의 매듭이 보인다.

불상은 연꽃송이가 새겨진 연화 대좌 위에서 결가부좌했고, 오른손은 어깨까지 들고 왼손은 일직선으로 뻗었다. 두광과 신광을 갖춘 불상으로 전체적인 조형미가 뛰어난 고려시대 마애불이다.

사불산(四佛山) 기슭에 자리한 천년 고찰 대승사(大乘寺)는 대한불교 조계종 제8교구 본사 직지사(直指寺)의 말사로 고려 고종 때 창건한 것으로 알려져 있다. 현존하는 당우로 대웅전과 극락전, 나한전, 시왕전, 선원, 요사채 등이 있으며, 부속 암자로 묘적암, 윤필암, 상적암 등이 있다.

마애불을 보려면 윤필암을 찾아가야 하는데, 차로 이동하거나 대승사에서 1km쯤 산길을 걸으면 된다. 야트막한 오솔길을 산책 삼아 걷다 보면 약수터도 있고 사면석불상(四面石佛像)에 대한 이야기도 듣게 된다. 사불바위는 대승사를 품고 있는 사불산의 기원이 된 바위다.

『삼국유사』에 의하면 587년(신라 진평왕 9) 하늘에서 갑자기 사면이 한 길이나 되는 커다란 돌이 떨어졌다. 붉은 비단으로 감싸인 그 돌의 사방에는 여래상이 새겨져 있었다고 한다. 이 소식을 듣고 왕이 직접 찾아와 예불을 올리고는 바위 옆에 절을 창건하고 대승사라 명명했다. 그리고 이름은 전해지지 않지만

'법화경'을 동송하는 한 비구승에게 절을 맡겼다고 한다. 비구승은 사면 석불에 대한 공양을 게을리하지 않았고, 향불이 끊이지 않았으며, 늘 법화경을 동송했다고 한다. 그때부터 사람들은 그 산을 역덕산(亦德山) 혹은 사불산이라고 불렀다. 비구승이 죽고 난 뒤 그의 무덤에 한 쌍의 연꽃이 피어났다는 것이다.

⊙ 찾아가기
- 주소 : 경상북도 문경시 산북면 전두리 산 38-1
- 내비게이션 : 대승사 마애여래좌상 / 윤필암
  중부내륙고속도로 문경새재IC → 3번 국도 → 별암
  삼거리 → 34번 국도 → 대승사
  전두리에서 올라가다가 대승사를 1km쯤 앞두고 삼
  거리가 나오면 문필암 쪽으로 향한다. 또 대승사 만
  세루 앞에서 왼쪽을 보면 윤필암으로 향하는 산길이
  보인다. 윤필암에서 묘적암 쪽으로 200m쯤 걷다
  보면 우측으로 보이는 계단 위에 마애불이 자리 잡
  고 있다.

1년에 딱 하루만 볼 수 있는

봉암사 마애보살좌상

구분 : 경상북도 유형문화재 제121호 | **시대** : 고려시대 | **규모** : 높이 4.5m

옥구슬 같은 계곡물이 쉴 새 없이 휘돌아가는 백운대계곡 북벽에 앉아 있는 불상이 물결처럼 무심한 세월을 바라보고 있다. 봉암사 마애보살좌상(鳳巖寺 磨崖菩薩坐像)으로 천태종의 개조 의천(義天)의 원불(願佛)로 알려진 불상이다.

불상의 머리 주위를 약간 깊게 파서 감실처럼 만들고 광배를 겸했다. 불두는 두드러지게 표현했지만 아랫부분은 얕게 선각 처리했다. 머리는 소발이고 나지막한 육계에 계주(髻珠)가 뚜렷하다. 갸름한 얼굴에는 큰 귀와 우뚝한 코, 치켜진 가느다란 눈, 꾹 다문 입이 조화롭고 미간에 백호공이 보인다. 목에는 삼도가 표현되었고 통견의 법의에 군의의 띠 매듭과 옷 주름 선이 유려하다. 왼손을 무릎 위에 놓고 오른손은 들어 한 줄기 연꽃 가지를 잡

았다. 대좌는 단판 연화 대좌인데 마멸이 심해 보인다.

봉암사는 879년(신라 헌강왕 5) 지증국사(智證國師) 도헌(道憲)이 창건했다. 이곳을 둘러본 국사는 "산이 병풍처럼 사방에 둘러쳐져 있어 봉황의 날개가 구름을 흩는 것 같고 강물이 멀리 둘러싸여 있는 즉 뿔 없는 용의 허리가 돌을 덮은 것과 같다"며 흔쾌히 절터로 삼았다. 그 뒤 이곳에서 선풍을 떨치니 이것이 신라 말 구산선문(九山禪門) 중 하나인 희양산문(曦陽山門)이다.

이후 퇴락과 부흥을 거듭하다가 1947년 또다시 결정적인 운명을 맞이하는데, 바로 '봉암사 결사'이다. 성철스님을 필두로 청담·자운·우봉스님 4인이 앞장서서 "부처님 법대로 살자"는 기치를 내걸고 선풍 운동을 일으켰고 그 뜻을 같이하는 젊은 수좌들이 몰려드니 향곡, 월산, 보문, 성수, 도우, 혜암, 법전 등 모두 20인이었다. 당시 결사 대중은 '공주규약(共住規約)'을 제정하여 추상같은 법도를 세워 오늘날 수행의 근간을 마련했다.

해방 직후 한국불교의 혁신을 이끈 결사 도량에서는 지금도 많은 스님들이 청정가풍을 고수하며 수행에 매진하고 있다. 그래서 평소에는 일반인의 출입을 엄격히 제한하고 1년에 딱 하루 초파일에만 개방하고 있다.

⊙ 찾아가기
• 주소 : 경상북도 문경시 가은읍 원북리 산 54-1
• 내비게이션 : 봉암사
중부내륙고속도로 문경새재IC → 상주·문경 방면 → 가은읍 → 가은초등학교 → 봉암사

금오산의 보물

금오산 마애보살입상

구분 : 보물 제490호 | **시대** : 고려시대 | **규모** : 높이 5.6m

금오산 마애보살입상(金烏山 磨崖菩薩立像)은 금오산의 해발 800m 지점, 약사암(藥師庵)이 바라보이는 동향의 절벽에 서 있다. 불상의 중심선이 거대 암벽의 모서리에 정확히 일치하여 바위 양쪽으로 조각한 구도를 갖추었다. 두상과 어깨 부분이 거의 원각에 가깝고 광배와 대좌도 갖춘 완성도가 높은 작품이다. 머리에는 삼면보관을 썼고, 얼굴은 갸름하고 풍만하며 이목구비도 섬세하게 묘사했다. 짧은 목에 삼도는 어깨 위로 드리워져 있고 양 귀는 길게 늘어져 있다.

통견의 법의이고 양팔에 걸쳐 옆으로 펼쳐진 옷의 주름과 배로부터 원호를 그리면서 두 다리까지 흘러내린 옷의 주름이 유려하다. 가슴이나 팔, 하체 등은 조금 둔탁하게 처리했다. 오른손은 아래로 내려 손바닥을 안으로 향했고 왼손은 팔을 약간 굽혀 손바닥을 바깥으로 향한 채 옷자락을 잡

고 있다. 곧게 선 두 발에 발가락이 매우 큼직해 보인다.

광배는 이중의 주형 거신광으로, 원형 두광의 내부에는 아무런 장식이 없고 안으로 굽어진 외광 머리 부분은 보주형이다. 신광도 똑같이 이중으로 표현했으며 대좌의 측면에는 11엽의 단판 복련이 새겨져 있다.

불상 앞 공터에는 주춧돌이 보이고 주변에 기와 파편이 널려 있는 것으로 보아 옛 절터로 보이는데, 기록에 의하면 옛 보봉사(普峰寺) 절터라고 한다. 또 산 정상 바로 아래쪽에 있는 약사암은 신라 때 창건한 사찰로 약사전, 삼성각, 일주문, 종각, 요사 등을 거느리고 있다. 기암절벽 아래에 남향으로 자리 잡은 약사전에는 화강암으로 조성한 석조여래좌상이 모셔져 있다.

마애불 아래쪽 까마득한 절벽 위에 세워진 돌탑군은 마치 하늘을 향해 날아갈 듯한데, 이 '오형 돌탑'에 얽힌 사연도 애처롭다.

한 할아버지가 학교도 못 가보고 세상을 떠난 손주의 넋을 기리기 위해 10여 년에 걸쳐 손수 돌을 날라다 쌓은 것으로, 금오의 '오' 자와 손주 이름 형석의 '형' 자를 넣어 오형 돌탑이라 했다고 한다.

⊙ 찾아가기

• 주소 : 경상북도 구미시 남통동 산 33
• 내비게이션 : 금오산 케이블카
  경부고속도로 구미IC → 구미 중앙로 → 금오산 네거리 → 금오산 케이블카
  금오산 마애보살입상을 보려면 금오산에 올라야 하는데 주 등산로인 금오산성 → 해운사 → 다혜폭포 → 할딱고개 → 정상인 현월봉까지 4km, 왕복 네 시간쯤 걸린다. 산의 8부 능선쯤 되는 갈림길에서 오형 돌탑 쪽으로 방향을 잡으면 되고, 정상에 올랐다가 약수암을 거쳐 마애불을 보고 하산해도 된다. 입구에서 케이블카를 이용하면 시간을 3분의 1쯤 단축할 수 있다.

석굴사원의 부조상 | 가섭암지 마애삼존불상

해인사를 끌고 가는 선장불 | 합천 치인리 마애불입상

밤나무 숲의 아미타여래불 | 함양 대덕리 마애여래입상

강건하면서도 온화한 얼굴 | 함양 마천면 마애여래입상

양천 강변의 부처덤 | 도전리 마애불상군

십리벚꽃길 너머 돌부처 | 쌍계사 마애불

시루떡 바위 불상 | 이명산 마애석조여래좌상

남해 전망대 아래 | 하동 금오산 마애불

방어산의 보물 | 방어산 마애불

베틀바위의 슬픈 전설 | 감리 마애여래상

가야고분군 옆 여래불 | 창녕 송현동 마애여래좌상

장군바위의 전설 | 삼정자동 마애불

대통령으로 환생했던 부처 | 진영 봉화산 마애불

거등왕의 초상화 | 초선대 마애석불

물망골의 아미타불 | 구산동 마애불

원효의 수도처 반고굴 | 양산 호계리 마애불

금개구리를 보았는가? | 양산 통도사 자장암 마애아미타삼존불

경남의 최대 마애불 | 가산리 마애여래입상

한 폭의 불화처럼 섬세한 | 양산 원효암 마애아미타삼존불입상

방바위의 약사여래불 | 어물동 마애여래좌상

마애불을 찾아가는 여행 ⑦

울산 · 경남

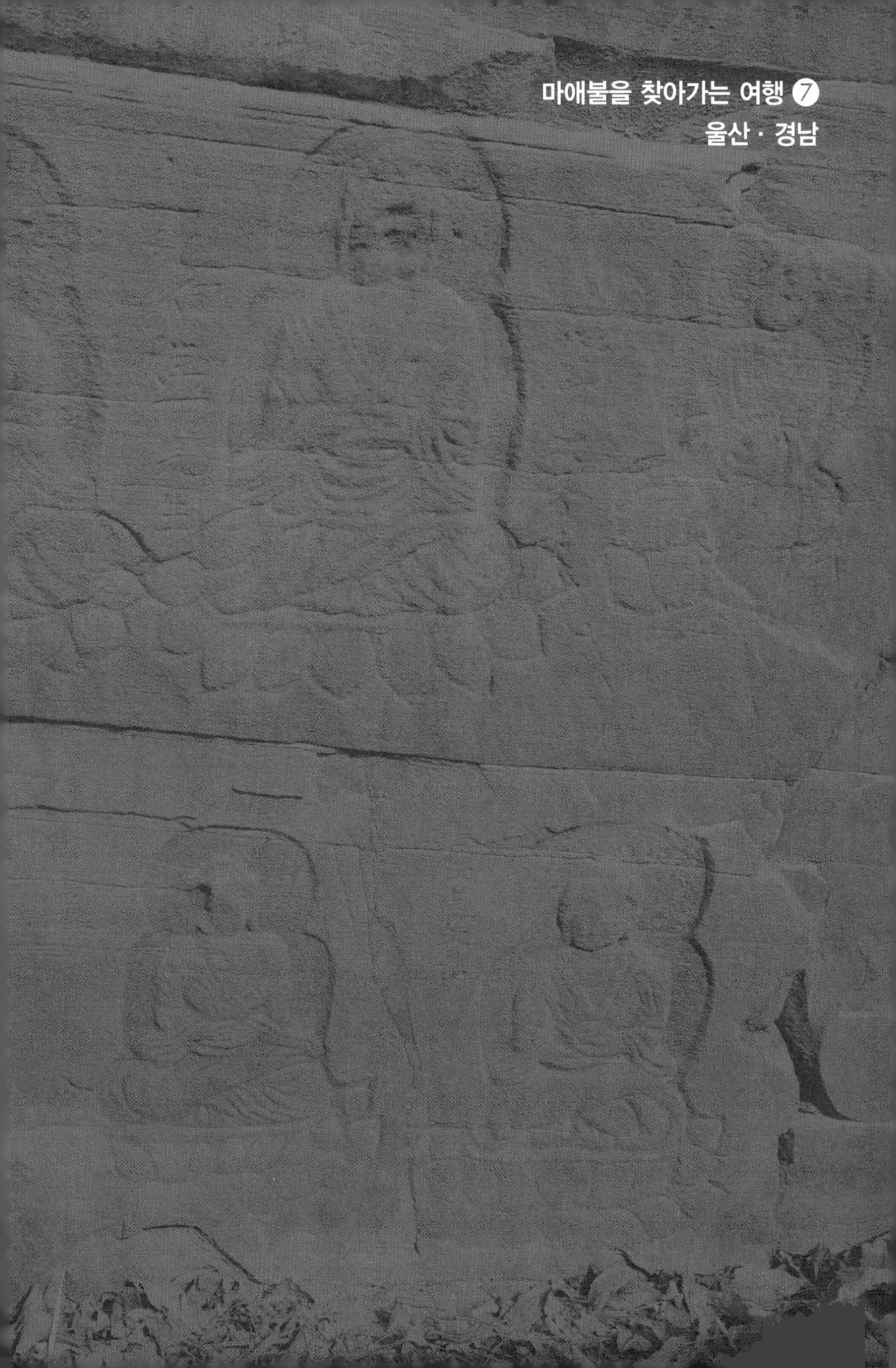

석굴사원의 부조상

가섭암지 마애삼존불상

구분 : 보물 제530호 | **시대** : 고려시대 | **규모** : 본존불 높이 1.5m

경남 거창 금원산(金猿山)의 북쪽 골짜기 대형 바위 굴 속에 가섭암지 마애삼존불상(迦葉庵址 磨崖三尊佛像)이 새겨져 있다. 바위 한 면을 보주형으로 파서 광배를 만들고, 그 안에 얕게 삼존불입상을 부조했다. 본존불은 넓적한 얼굴에 삼각형 코, 작은 눈과 입, 커다란 귀 등이 둔중하고 토속적인 인상을 풍긴다. 직각으로 꺾인 사각형의 어깨, 밋밋한 가슴, 가슴에 모은 팔, 사각형의 하체, 막대처럼 보이는 다리와 두 발 등 모든

표현이 형식적이고 도식적이다. 통견의 법의도 형식적으로 음각했다. 수인은 상품중생인을 맺은 아미타불이고, 대좌 윗면에는 5엽의 앙련이 있고 그 안에 3엽의 복련을 표현했다.

좌우협시도 본존불과 비슷해 보인다. 약간 여성적인 얼굴에 화려한 화관을 썼고, 어깨선을 제외하고는 별다른 양감 없이 도식적이다.

전체적으로 통일신라시대의 양식을 계승하면서도 고려시대의 도식화가 반영된 불상으로, 석굴사원의 부조상으로서 가치가 있는 작품이다. 좌협시불 옆에서 불상 조성기가 발견되어 조성 연대가 1111년(고려 예종 6) 10월임이 확인되었다. 효심 지극한 예종이 모친의 극락왕생을 기원하기 위해 조성했다고 전한다. 동굴 바위 아래 옛 사지에 암자를 재건하려는 움직임이 있는데, 가섭암은 1770년대까지만 해도 건물이 남아 있었다고 한다.

거창과 함양을 연결하는 금원산은 멀리서 볼 때 산이 검게 보인다고 하여 '검은 산'이라는 옛 이름을 갖고 있는데, 산봉우리와 골짜기마다 전설을 간직하고 있다.

옛날 금원숭이가 하도 날뛰는 바람에 한 도승이 바위 속에 가두었는데, 그 바위가 꼭 원숭이 얼굴처럼 보여서 낯바위라고 하다가 지금은 납바위가 되었다. 또 비 내림을 미리 안다는 지우암(知雨岩), 달암 이원달 선생과 그의 부인 김 씨의 사연이 얽혀 있는 금달암(金達岩), 효자 반전이 아버지를 업고 무릎으로 기어올랐다고 하는 마슬암(磨膝岩) 등 사연들이 끝도 없다. 특히 문바위와 가섭암지 마애삼존불이 위치한 지재미골은 공민왕과 혼인하기 위해 원나라에서 온 노국공주를 수행했던 이정공 서문기(理政公 西門記)가 식읍으로 받아 살았던 곳이다.

금원산 자연휴양림은 전국에서도 때 묻지 않은 원시림을 자랑하는 곳으로, 여름날 두 개의 폭포가 이어지는 유안청 계곡이 아름답다.

⊙ 찾아가기

- 주소 : 경상남도 거창군 위천면 상천리 산 6-2
- 내비게이션 : 가섭암지 마애삼존불상 / 금원산 자연휴양림
  88올림픽고속도로 거창IC → 거창읍에서 금원산·수승대 방면 → 마리 삼거리 → 장풍 삼거리 → 위천면사무소 → 금원산 자연휴양림 휴양림 매표소를 통과한 뒤 갈림길에서 우측 문바위를 지나면 바로 동굴 바위를 만날 수 있다.

해인사를 끌고 가는 선장불
합천 치인리 마애불입상

구분 : 보물 제222호 | **시대** : 고려시대 | **규모** : 높이 7.5m

2013년 가을에 개최된 '대장경세계문화축전'의 중심은 단연 합천 치인리 마애불입상(陜川 緇仁里 磨崖佛立像)이었다. 1,200년 된 마애불이 처음 공개되자 부처님을 친견하려는 불자들로 해인사(海印寺) 뒤쪽 골짜기가 가득 찰 정도였다.

불상은 지금까지 스님들의 기도처로만 쓰이고 대중에게 공개되지 않았는데, 배가 바다를 지나는 행주(行舟) 모양의 가람 구조를 지닌 해인사와 관련된 상징성 때문이라고 한다. 마애불이 해인사라는 반야선(般若船)을 이끌고 고해(苦海)를 헤쳐 나가는 선장과 같은 역할을 한다는 것이다.

불상은 화강암을 다듬어 자연 광배를 만들고, 높은 돋을새김으로 두광과 불신을 조각하고 발 아래에는 대좌를 마련했다.

불상의 얼굴과 두 손은 정교한 편이다. 소발의 머리에는 육계가 큼직하고 이마는 좁아 보인다. 풍만한 직사각형 얼굴에 눈을 뜨고 있으며 눈초리가 치켜 올라갔다. 오뚝한 코에 입이 작고 귀는 어깨까지 닿았으며 목에는 삼도가 뚜렷하다.

둥글고 넓은 어깨가 당당해 보인다. 통견의 법의가 두꺼워서 신체의 굴곡은 드러나지 않는다. 왼쪽 어깨에서 매듭짓고 고리로 붙들어 맨 착의법이 독특한데, 지장보살상이나 고승의 영정에서 볼 수 있는 형식이다. 가슴을 드러낸 법의는 U자형 옷 주름을 하체까지 흘린다.

양손은 사실적으로 섬세하게 표현했는데, 오른손은 어깨까지 들어 올려 엄지와 중지를 맞댄 채 손바닥을 밖으로 향했고, 왼손은 검지와 중지를 구부려 가슴에 대고 손등을 보이고 있다.

전체적으로 각 부분의 표현이 섬세하면서 당당하고 세련된 불상으로 9세기경에 조성된 작품으로 추정된다.

법보사찰(法寶寺刹)로 알려진 해인사는 불보사찰(佛寶寺刹) 통도사, 승보사찰(僧寶寺刹) 송광사와 더불어 삼보사찰(三寶寺刹)로 불린다. 대한불교 조계종 제12교구 본사로, 고려팔만대장경판(高麗八萬大藏經板)을 소장하고 있는 큰 절이다. 신라 제40대 애장왕(哀莊王) 때 순응(順應)과 이정(利貞)이 당나라에서 돌아와 이곳에 초당(草堂)을 지으면서 시작되었다. 그들이 선정(禪定)에 들었을 때 마침 애장왕비가 등창이 났는데 그 병을 낫게 해주자 이에 감동한 왕이 가야산을 찾아와 해인사

창건에 착수했다고 한다. 918년 고려 태조는 이 절을 고려의 국찰(國刹)로 삼았고, 세조는 팔만대장경판을 보관할 장경각(藏經閣)을 확장·개수했다. 성종(成宗) 때는 가람을 대대적으로 증축했으며, 근세에 이르러서는 불교 항일운동의 근거지가 되기도 했다.

현재는 불교학원인 해인총림(海印叢林)이 있어 많은 학인(學人)들로 붐빈다. 150여 개의 말사를 거느리고 있으며 부속 암자로 백련암(白蓮庵), 홍제암(弘濟庵), 약수암(藥水庵), 원당암 등이 있다. 유물로는 단연 대장경판과 대장경판고(大藏經板庫)가 유명한데, 불가사의하게도 몇 차례의 화재를 당하면서도 팔만대장경판과 장경각만은 화를 입지 않았다.

한편 2011년 팔만대장경 간행 1,000년을 기념하여 처음 개최된 대장경세계문화축전은 유네스코 지정 세계기록유산인 해인사 팔만대장경의 우수성을 홍보하기 위한 국제 행사로, 대장경 운행 행렬 재현, 대장경 원판 전시, 소원등 달기, 전통 공연, 해인사 암자 비경 탐방 행사 등 다양하고 이채로운 행사가 진행된다.

⊙ 찾아가기
• 주소 : 경상남도 합천군 가야면 치인리 산 1-1
• 내비게이션 : 해인사
　중부내륙고속도로 성주IC → 가야로 → 수륜 삼거리 → 야천 삼거리 → 해인사
　해인사 일주문에서 마애불까지는 2.7km, 두 시간쯤 걸린다. 대장경세계문화축전 기간에 방문해야 한다.

밤나무 숲의 아미타여래불

함양 대덕리 마애여래입상

구분 : 경상남도 유형문화재 제319호 | **시대** : 고려시대 | **규모** : 높이 1.8m

경남 함양 상림(咸陽 上林) 앞길을 따라 들어가면 죽장 마을이 있는데, 마을 뒤쪽 메사이골 (메아리골) 암벽에 함양 대덕리 마애여래입상(咸陽 大德里 磨崖如來立像)이 조각되어 있다. 주변 환경이 옛 절터로 추정되는 곳이고, '부처골'로 불리는 곳이지만 절터에 대한 기록은 남아 있지 않다.

가는 선각으로 처리한 불상 머리에는 육계가 뚜렷하고 둥근 얼굴은 부드러운 인상을 풍긴다. 목에는 삼도가 있고 양어깨를 감싼 법의는 가슴 아래로 U자형 옷주름을 흘렸다. 수인은 상품중생인을 결한 아미타여래불로 대좌에는 소박하면서도 생동감 있는 연꽃잎이 새겨져 있다. 광배는 원형의 두광만 이중 선으로 표현했다.

인근에 있는 함양 상림은 1,100여 년의 역사와 문화를 간직하고 있어 '천 년의 숲'이라 불린다. 신라 때 최치원이

이곳 태수로 있으면서 보호수림으로 조성한 우리나라 최초의 인공림이다. 숲에는 400여 종의 천연수림이 우거져 있어 봄의 꽃, 여름의 녹음, 가을의 단풍이 유명하고 공원 안에는 넓은 연꽃단지가 조성되어 있어 사철 탐방객이 끊이지 않는다. 공원 안에 자리 잡고 있는 함양 이은리 석불(咸陽 吏隱里 石佛, 경상남도 유형문화재 제32호)도 찾아보자.

⊙ 찾아가기

• 주소 : 경상남도 함양군 함양읍 대덕리 159-7
• 내비게이션 : 함양 대덕리 마애여래입상
  88올림픽고속도로 함양IC → 본백 삼거리 → 함양 상림 → 함양 대덕리 마애여래입상
  주소지로 접근하면 주변 야산에 커다란 바위 두 개가 보이는데, 마애불은 그 뒤편 밤나무 숲에 있다.

강건하면서도 온화한 얼굴

함양 마천면 마애여래입상

구분 : 보물 제375호 | **시대** : 고려시대 | **규모** : 높이 5.8m

함양 마천면 마애여래입상(咸陽 馬川面 磨崖如來立像)은 거대한 천연 암벽 전면에 조각한 마애불로, 고려 때 유행하던 거불 방식을 따르고 있다. 전체적인 규모에 비해 육계가 작아 보인다. 또 발이 두툼하고 큼직한 데 반해 손은 작게 묘사했다. 불상의 얼굴은 강건하면서

도 원만하고 온화한 인상인데, 코 주위와 꾹 다문 입가의 표현 등은 통일신라시대 후기 작품인 거창 양평동 석조여래입상(居昌 陽平洞 石造如來立像, 보물 제377호)과 비슷해 보인다.

널찍한 양어깨에는 통견의 법의를 걸쳤는데 가슴에서 한 번 반전되었다. 이러한 착의법은 인도에서 발생하여 중국을 거쳐 통일신라로 유입된 8세기 불상에서 흔히 보이는 양식이다. 특히 배와 다리 부분에서 접힌 옷 주름은 이른바 우다야나 왕식(Udayana 王式)인 Y자형이다.

광배는 주형거신광으로 두광과 신광이 두 줄의 양각선으로 조각되었는데 그 안에는 연주문이, 밖에는 불꽃무늬가 돌려져 있다. 대좌는 앙련좌와 그것을 받치는 하대로 구분되는데 하대에는 모서리 기둥과 받침 기둥이 새겨져 있다.

⊙ **찾아가기**
- 주소 : 경상남도 함양군 마천면 덕전리 768-6
- 내비게이션 : 함양 마천면 마애여래입상 / 고담사
  중부고속도로 함양IC → 남원 · 인월 방면 → 24번 국도 → 지리산 방면 → 오도재 → 마천면사무소 앞에서 백무동 · 벽소령 방면 → 함양 마천면 마애여래입상

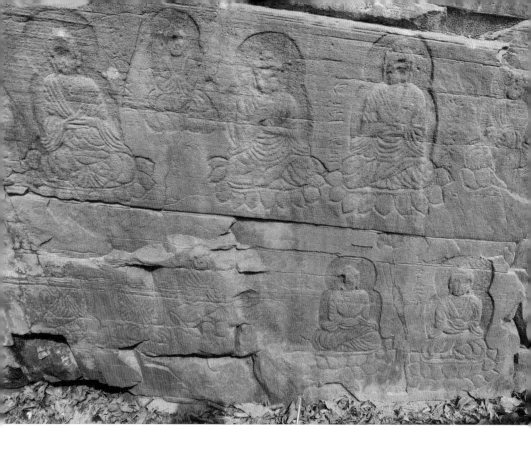

양천 강변의 부처덤

도전리 마애불상군

구분 : 경상남도 유형문화재 제209호 | **시대** : 고려시대 | **규모** : 높이 약 0.3m

경남 산청군 생비량면 양천 강변을 따라 이어지는 20번 국도변에 고려 때 조성된 것으로 추정되는 도전리 마애불상군(道田里 磨崖佛像群)이 자리 잡고 있다. 속칭 '도전리 부처덤'으로 불리는 언덕의 바위에 늘어선 약 29기의 불상을 찾아볼 수 있다. 절벽에 30cm 내외의 불상과 보살상이 4층으로 줄을 지어 새겨졌는데 1층 14기, 2층 9기, 3층 3기, 4층 3기 등으로 배치되었다.

작은 불상들은 연꽃이 새겨진 대좌 위에 앉아 있는데, 얼굴은 둥글며 단아하지만 눈·코·입의 마멸이 심한 편이다. 몸은 사각형이면서도 단정하고, 우견편단의 법의는 밀집되게 표현하여 고려 초기 불상의 특징을 잘 보여준다. 불상들 모두 비슷한 형태이지만, 옷이나 손 모양 등 세부 표현에

서는 조금씩 차이가 난다. 특히 수인의 경우 선정인, 시무외인, 보주를 든 모양 등으로 다양하게 묘사되어 있다. 대량의 불상군을 이루고 있는 희귀한 사례이며, 불상 옆에는 '○○선생(○○先生)'이라는 명문이 새겨져 있다.

⊙ 찾아가기

- 주소 : 경상남도 산청군 생비량면 도전리 산 61-1
- 내비게이션 : 도전리 마애불상군
  중부고속도로 단성IC → 단성면사무소 → 신안면사무소에서 지리산대로를 따라 6.5km 지점
  도전교를 지나자마자 어은 마을로 진입한 뒤 이정표를 따라 마을 초입의 야산으로 오르면 된다.

십리벚꽃길 너머 돌부처

쌍계사 마애불

구분 : 경상남도 문화재자료 제48호 | **시대** : 고려시대 | **규모** : 높이 1.4m

쌍계사 마애불(雙磎寺 磨崖佛)은 경남 하동 쌍계사 대웅전 동쪽에 홀로 우뚝한 바위에 조성된 불상이다. 바위 한 면을 마치 감실처럼 파내고 그 안에 여래 형태의 좌불을 두껍게 돋을새김했다. 머리에는 육계가 큼직하고 법의는 두툼해서 무릎 부분 말고는 옷 주름을 구분하기 힘들다. 왼손은 오른손 위에 올려 무언가를 받쳐 든 모습이다. 불상은 마치 승려상처럼 매우 소박해 보이고 법의나 손 모양도 매우 독특한 고려시대 작품이다.

대한불교 조계종 제13교구 본사인 쌍계사는 840년(신라 문성왕 2) 진감선사(眞鑑禪師)가 개창하여 처음에는 옥천사(玉泉寺)로 불리다가 나중에 쌍계사로 개칭했다. 그 후 두어 차례 화재로 소실되었다가 1632년(인조 10) 벽암(碧巖) 등에 의해 중수되었는데 경내에는 국보 제47호인 진감선사대공탑비(眞鑑禪師大空塔碑), 쌍계사 부도와 대웅전 등 보물과 문화재를 소장하고 있다. 쌍계사는 무엇보다도 십리벚꽃길로 유명하다. 화개장터에서 쌍계사로 들어가는 6km 구간에 50년 된 벚나무가 빽빽하게 늘어서 있는데, 봄마다 새하얀 꽃망울을 터뜨리며 상춘객을 불러 모은다.

⊙ 찾아가기
- 주소 : 경상남도 하동군 화개면 운수리
- 내비게이션 : 쌍계사 마애불 / 쌍계사
  순천완주고속도로 구례화엄사IC → 19번 도로 지리산
  방면 → 토지면사무소 → 화계 삼거리 → 쌍계사

시루떡 바위 불상

이명산 마애석조여래좌상

구분 : 경상남도 유형문화재 제136호 | **시대** : 통일신라시대 | **규모** : 높이 0.8m

이명산 마애석조여래좌상(理明山 磨崖石造如來坐像)은 켜켜이 쌓인, 일명 '시루떡바위'의 떨어져 나가고 남은 바위 면을 활용하여 석불을 조성했다. 불상의 머리는 돋을새김으로 조성하고 목 아래쪽은 선각으로 윤곽만 묘사했다.

소발의 머리에 육계가 크고 높으며, 눈·코·입은 마멸이 심해 상호를 알아보기 힘들다. 그러나 볼에는 양감이 풍부하고 가늘게 뜬 눈, 꾹 다문 입에서는 근엄함이 엿보인다. 넓은 어깨에는 통견의 법의를 걸쳤고, 옷 주름은 신체 전반에 걸쳐 얇게 선각 처리했다. 오른손은 들고 왼손은 팔을 구부려 무릎 위에 올렸는데, 자료에 의하면 시무외인과 여원인을 지었다고 한다. 광배는 주형거신광이라고 하나 파악하기 힘들다. 불상의 무릎 이하는 윤곽을 알아보기 힘들고 대좌도 결실되었다. 불상 앞의 넓은 공간은 고대 시대 절터인 석불사지(石佛寺址)로 알려져 있다.

이명산은 보통 봉명산으로 많이 불리는데, 옛 이름 '이맹산'에 얽힌 전설을 간직하고 있다. 옛날

산 정상에 용지(龍池)가 있었는데, 이 용지 때문에 서라벌에서 맹인이 많이 태어난다는 소문이 돌았다. 이에 서라벌 사람들이 몰려와 불에 달군 쇠와 모래, 돌을 던지기 시작했다. 그러자 연못 속에 살던 용이 견디지 못하고 진교(辰橋) 아래 깊은 호수로 도망쳤고, 그 뒤 서라벌에서 맹인이 사라졌다는 것이다. 지금도 산 정상 부근에는 구운 돌과 못의 흔적이 남아 있다.

다솔사 입구에서 시작되는 등산로를 따라 정상에 오르면 금오산과 다도해, 백운산, 지리산 능선, 웅석봉 등이 한눈에 조망된다.

경남 하동 북천역은 가을 코스모스 축제로 유명하다. 하루 이용객이 열 명도 안 되어 폐쇄될 뻔했던 간이역이 코스모스 축제 기간에는 3만~4만 명이 붐비는 감성적인 여행지로 탈바꿈했다.

⊙ 찾아가기
- 주소 : 경상남도 하동군 북천면 직전리 산 74-1
- 내비게이션 : 이명산 마애석조여래좌상
  남해고속도로 곤양IC → 곤북로 → 원동 삼거리에서 약 4km 지점 → 부일수련원
  → 이명산 마애석조여래좌상
  북천에서 곤양으로 향하는 1005번 도로가 이명산 옆을 지나는데, 도로변 약수터 근처를 살펴보면 이정표가 보인다. 내비게이션은 부일수련원 쪽으로 안내하는데, 수련원에서 외딴집을 지나 산길을 올라가면 산마루에 작은 사거리가 나온다. 여기서 좌측으로 방향을 잡아 5분쯤 오르면 시루떡바위와 마애불이 보인다.

남해 전망대 아래

하동 금오산 마애불

구분 : 경상남도 유형문화재 제290호 | **시대** : 고려시대 | **규모** : 높이 1.9m

하동 금오산 마애불(河東 金鰲山 磨崖佛)은 탁 트인 남해를 한눈에 조망할 수 있는 금오산 정상 부근에 선각된 마애불이다. 앞면이 기역자 모양으로 터진 거대한 바위의 한 면에 불상을 새겼는데, 바위 위로 또 다른 바위가 천장처럼 덮고 있어서 예불 공간을 구성하고 있다. 비바람을 피할 수 있어 보존 상태가 양호한 작품으로, 1m 높이의 작은 불상이 구름을 타고 달을 업은 채 하늘을 나는 형상이다.

불상 옆에 9층 석탑이 함께 조각된 구도가 독특해 보인다. 결가부좌한 불상의 머리 위에는 상투 모양의 육계가 큼직하고 법의는 양어깨를 감싸며 흘러내린다. 광배는 두광과 신광을 구분하여 표현했는데 광배 안에는 아무런 장식이 없다. 전체적인 선각의 깊이가 얕고 표

면이 마멸되어 앉은 자세나 수인, 착의법 등을 알아보기 힘들다.

금오산 전망대는 드라이브 코스로도 좋은데, 해무 없는 이른 새벽에 찾아가면 환상적인 일출을 감상할 수 있는 포인트다.

⊙ **찾아가기**
- 주소 : 경상남도 하동군 금남면 중평리 산 100-3
- 내비게이션 : 하동 금오산 마애불 / 금성사 / 석굴암
  승용차로 산 정상 부분의 금오산 KT 중계소 부근에 설치된 전망대를 찾아가면 된다. 내비게이션에 '석굴암'이 검색되지 않으면 '금성사'를 입력하고 계속 산 정상을 향해 진행하면 된다. 전망대 데크 주변에 주차하고 군부대 부근에서 아래쪽 길을 따라가면 마애불 이정표가 보이고, 10분쯤 내려가면 된다. 중평리 하동 청소년수련원에서 오르려면 한 시간 남짓 산행을 해야 한다.

방어산의 보물

방어산 마애불

구분 : 보물 제159호 | 시대 : 고려시대 | 규모 : 본존불 높이 3.5m

방어산 마애불(防禦山 磨崖佛)은 함안 마애사를 병풍처럼 둘러싼 방어산의 7부 능선에 위치한 대형 마애불이다. 거대한 청석 면에 선각한 불상으로 산신각 뒷길을 따라 500m쯤 오르면 만날 수 있다. 5m 높이의 암벽에 삼존불을 조각했다.

약사여래를 본존으로 삼고 좌우로 일광·월광보살을 협시했는데, 본존을 향한 협시보살들의 표정이 매우 생동감 넘친다. 불상 우측에 조성기가 남아 있는데, '貞元十七年辛巳三月(정원십칠년신사삼월)'이란 명문으로 볼 때 801년(신라 애장왕 2)의 작품임을 알 수 있다. 발목 이하는 땅에 묻혀 있다. 본존불은 얼굴에 비해 신체가 장대해 보이는데, 보통의 체격에 긴장감은 느껴지지 않는다. 왼손에 큼지막한 약합을 받들고 있어 약사여래불임을 알

수 있다. 일광보살은 인상이 강해 보이는 남성상이고, 월광보살은 머리를 올려 묶고 간단한 목걸이를 한 여성상으로 온화하고 부드러워 보인다. 두 협시 모두 본존을 향해 몸을 틀고 있는데, 본존보다 너무 작게 묘사해서 삼존불로서의 조화로움은 떨어져 보인다. 목의 삼도는 아래로 처져 있고 얼굴이나 신체의 윤곽선, 옷 주름 등에서도 도식화가 도드라져 보인다. 전체적으로 탄력이나 긴장감이 크게 떨어지는 작품으로, 8세기 사실주의 양식이 감퇴해가는 시기의 전형을 보여주고 있다.

마애불에서 산 쪽으로 50m를 더 오르면 옛 암자 터로 보이는 넓은 공터와 병풍바위가 나오는데, 그 중앙의 작은 돌탑 위에 금동 비로자나불이 모셔져 있다. 사바세계를 굽어보는 광명의 부처님을 친견하는 느낌이 법당에서와는 사뭇 다르다.

경남 함안 방어산은 말 그대로 '병란(兵亂)을 방어했다'는 산으로 함안 군북면과 진주 지수면에 걸쳐 있다. 이 산에는 양 겨드랑이에 날개가 달려 사방을 날아다니며 300근짜리 활을 쏘았다는 묵신우(墨神祐) 장군의 전설이 전해진다. 장군은 병자호란 때 이곳에 성을 쌓고 성문을 닫아건 채 한 달을 버텨 적을 물리쳤다고 하는데, 방어산 정상에는 지금도 그 성의 흔적들이 남아 있다. 산 정상 근처에 있는 흔들바위는 바위가 기울어진 쪽으로 부자가 난다고 하여 서쪽 진주 사람과 동쪽 함안 사람들이 서로 자기 쪽으로 기울게 하려고 다툰다고도 한다.

마애사는 근래에 조성된 사찰로, 5월이면 꽃향기 그윽한 산사음악회가 열린다.

⊙ 찾아가기
- 주소 : 경상남도 함안군 군북면 하림리
- 내비게이션 : 방어산 마애불 / 마애사
  남해고속도로 군북IC → 군북면사무소 → 하림 삼거리 → 마애사
  마애사 주차장에서 마애불까지는 500m에 불과하지만, 계속 오르막길이라 40분쯤 소요된다.

베틀바위의 슬픈 전설

감리 마애여래상

———

구분 : 경상남도 유형문화재 제46호 | **시대** : 통일신라시대 | **규모** : 높이 3.2m

———

감리 마애여래상(甘里 磨崖如來像)은 경남 창녕 고암면 감리 산 64번지, 화왕산의 화강암 벽에 새겨진 통일신라시대의 마애불이다. 주변에서 고려시대의 기와 조각들이 발견되는 점으로 미뤄볼 때 작은 암자가 있었을 것으로 추정된다.

불상은 화강암 벽에 돋을새김으로 조성했는데 불신 윤곽 주변을 움푹하게 파내어 부조의 두께를 더욱 강조했다. 양어깨 위쪽과 왼손, 오른팔과 손, 신체의 하부 등이 훼손되었고 전체적인 마멸이 심한 편이다. 머리에는 둥근 육계가 표현되었고 시멘트로 보수한 흔적이 있다. 얼굴은 눈이나 코, 입 등 세부 표현이 남아 있지 않지만 턱 밑으로 남아 있는 윤곽선

으로 볼 때 둥근 형태이다. 목에는 삼도의 흔적이 뚜렷하고 귀는 어깨까지 내려오는데 왼쪽 귀는 떨어져 나갔다. 법의는 통견의로 가슴 위를 드러내며 늘어진 옷자락은 U자형 주름을 형성하며 무릎까지 길게 늘어졌다. 오른손은 들어 가슴에 댔는데 팔 부분은 떨어져 나갔다. 광배는 각각 외줄로 두광과 신광을 표현했는데, 내부에는 아무런 꾸밈도 없다. 대좌는 마멸되어 확인하기 힘들다. 고부조의 단정한 자세와 함께 탄력 있는 신체, 몸 앞으로 유려하게 늘어지는 옷 주름 등으로 미뤄보아 통일신라시대 작품으로 추정된다.

마애불 아래에 있는 베틀바위는 서글픈 전설을 간직하고 있다. 고려 중기 평장사(平章事) 이공(李公)이라는 사람이 서울에 살았는데, 그의 딸과 혼인을 약속한 김상서의 아들이 혼례일을 코앞에 두고 불의의 병을 얻어 죽고 말았다. 애지중지하던 딸이 시집도 못 가보고 평생 수절해야 하는 신세가 된 것이다. 이에 얼굴도 예쁘고 서화에도 솜씨가 뛰어난 양갓집 규수는 출가를 결심하고 집을 떠나 수도의 길을 나섰다. 오랜 유랑 끝에 어느덧 이곳 감리까지 흘러들었고, 천연 동굴을 발견한 그녀는 이곳에 자리를 잡고 길쌈을 하면서 한 많은 세월을 보냈다고 한다. 그때 이공의 딸이 베틀을 차려놓고 베를 짰다고 하여 베틀바위라 하고, 마애불은 그녀가 치성을 드리던 곳이라고 한다. 지금도 석굴에는 누군가 기도하는 흔적이 역력하고 바위에도 또 다른 선각의 흔적이 희미하게 남아 있다.

⊙ 찾아가기

- 주소 : 경상남도 창녕군 고암면 감리 산 64
- 내비게이션 : 감리 산림욕장

중부고속도로 창녕IC → 송현 사거리 → 20번 국도 → 고
암면사무소 → 감리 산림욕장

산림욕장에 도착해서 화왕산 정상으로 이어진 임도를 따라
올라가면 된다. 20분쯤 오르면 석축이 보이고 그 위로 나
오는 작은 삼거리에서 우측 길로 접어든다. 삼거리 좌측은
사방댐이다. 한 굽이를 돌아서면 길가에 이정표가 보이고
계곡으로 내려가 200m쯤 산길을 오르면 되는데 민묘를
거쳐 조릿대 숲을 지나면 오른쪽으로 베틀바위가 보이고,
그 위 또 다른 민묘 뒤로 불상이 보인다. 산림욕장에서 왕
복 한 시간쯤 걸린다.

가야고분군 옆 여래불

창녕 송현동 마애여래좌상

구분 : 보물 제75호 │ **시대 :** 통일신라시대 │ **규모 :** 높이 1.4m

작은 전각 안에 봉안된 창녕 송현동 마애여래좌상(昌寧 松峴洞 磨崖如來坐像)은 커다란 바위 전면에 돋을새김으로 조각한 불상이다. 바위 자체를 광배로 삼았고 소발에 육계가 큼직하다. 귀는 길어 어깨까지 닿았고 목은 긴 편이지만 삼도는 보이지 않는다. 볼륨감 있고 둥그스름한 얼굴은 온화한 인상을 풍긴다. 어깨와 가슴은 떡 벌어져 있고, 수인은 항마촉지인을 짓고 있다. 우견편단의 법의는 신체에 얇게 밀착되었는데, 계단식 옷 주름은 도식적이다.

대체로 석굴암(石窟庵, 국보 제24호) 본존불(本尊佛)과 같은 양식이지만, 사실성이 줄어들고 긴장감이 떨어지는 점 등으로 볼 때 통일신라 후기에 조성된 불상으로 보인다.

한편 송현동 마애불 바로 옆에 펼쳐진 송현동 고분군은 5세기 가야시대 고분군으로, 인근

의 교동 고분군과 함께 목마산
(牧馬山) 남쪽 기슭에 넓게 분포
되어 있는 유적이다. 원래 80기
가량의 대고분군이었으나 현재
는 직경 20m 이상의 대형 고분
을 비롯해 중·소형 고분 16기
가 산재해 있다. 이 지역 고분
군은 일제 강점기에 약탈적인
발굴 수모를 겪으면서 엄청난
양의 유물이 일본으로 유출되
었다고 한다.

그런데 2007년 창녕 송현동 15
호 고분 발굴 당시 무덤의 주인
으로 보이는 왕족의 유골과 함
께 네 구의 순장 인골이 발견되
었다. 법의학자들의 정밀 분석

결과 이들은 2명의 남자와 남녀 각 두 명으로, 그중 가장 온전한 인골은 사망 당시 17세 소녀로 밝혀졌다. 죽은 자를 위해 산 사람을 함께 묻는 잔혹한 고대 장례 풍습의 실체가 1,500년 만에 드러난 것이었다.

⊙ **찾아가기**

- 주소 : 경상남도 창녕군 창녕읍 송현리 105-4
- 내비게이션 : 창녕 송현동 마애여래좌상
  중부고속도로 창녕IC → 송현 사거리에서 만옥정공원 방면 → 화왕산 방면 → 창현 송현동 마애여래좌상
  화왕산 군립공원 자하곡 진입로 입구에서 다리를 건너면 2층 건물인 창화사가 나오고, 그 앞을 50m쯤 오르면 작은 전각이 보인다.

장군바위의 전설

삼정자동 마애불

___

구분 : 경상남도 유형문화재 제98호 | **시대** : 통일신라시대 | **규모** : 높이 1.4m

___

경남 창원 서남쪽 대암산(大巖山)에서 뻗어 내린 남쪽 계곡에 '장군바위' 라 불리는 천연 암반에 돋을새김으로 삼정자동 마애불(三亭子洞 磨崖佛)이 조각되어 있다. 높이 1.4m의 불상이 대좌 위에 결가부좌로 앉아 있다.

소발의 머리 위로 소라고둥처럼 틀어 올린 육계가 보인다. 얼굴은 갸름한 계란형인데 오른쪽 부분이 떨어져 나갔지만 적당히 부풀어 올라 따뜻함이 느껴진다. 목에는 삼도가 뚜렷하고 장식 없는 광배를 갖추고 있다. 오른팔은 어깨부터 두께의 절반이 떨어져 나갔고 두 손도 잘려 있지만, 항마촉지인임을 알 수 있다. 어깨는 부드럽게 굴곡을 이루고 U자형 법의는 대좌까지 드리워져 있다. 팔각형 대좌가 돋을새김되었는데 중앙에 세 개의 기둥을 표현해 전체적으로 안정감을 준다.

박락과 마멸이 심하지만 건장하고 당당한 체격에 안정감 있는 자세, 신체의 비례가 조화

롭다. 고부조로 표현한 볼륨감 있는 신체와 세부 표현 등에서 통일신라시대 작품임을 알 수 있다.

아들바위로도 불리는 장군바위에는 슬픈 전설이 전해진다.

조선시대 왜구들이 노략질을 일삼던 때에 이 마을의 한 농가에서 사내아이가 태어났다. 입에 풀칠할 것도 없던 산모는 아이 탯줄을 억새 잎으로 잘랐다. 비록 가난했지만 아이는 병치레 한 번 없이 무럭무럭 자라났다. 그리고 열 살이 되자 어머니에게 콩 한 되와 좁쌀 한 되를 구해달라고 하고서는 장차 나라를 구할 장군이 되겠다고 말한 뒤 집을 나섰다. 탯줄을 억새 잎으로 잘랐다는 말은 절대 하지 말라고 신신당부하고 길을 떠난 아이는 '아들바위' 속으로 들어갔다.

얼마나 지났을까. 노략질을 일삼던 왜장은 마을에서 장차 장군이 될 아이가 태어났다는 소문을 듣고 아이의 어머니를 붙잡아다 심문했다. 모진 고문 끝에 어머니는 끝내 아들이 들어간 바위와 '억새 잎으로 탯줄을 잘랐다' 는 말을 흘리고 말았다.

그 말을 들은 왜장은 아이가 들어간 바위를 억새 잎으로 내리쳤는데 바위가 한순간에 두 동강 나버렸다. 바위 안에서는 어느덧 어엿한 장군이 되어 있는 아들과, 아들이 갖고 들어간 콩과 좁쌀들이 병졸로 변해 막 바위를 깨고 나오려던 참이었다. 왜장은 그 즉시 아들의 목을 베어버렸고, 주위에 있던 병졸들도 순식간에 사라지고 말았다.

⊙ **찾아가기**
- 주소 : 경상남도 창원시 성산구 삼정자동 산 48
- 내비게이션 : 삼정자동 마애불
  남해고속도로 제2지선 장유IC → 대청 지하차도 → 금관대로 → 창원터널 통과 후 우회전 → 약 1km 진행 후 우회전 → 삼정자동 마애불
  용지봉 산행이 시작되는 산불통제소 부근, 내리 마을 뒤쪽의 산 입구에 있는 약수터 옆에 장군바위가 있다.

대통령으로 환생했던 부처

진영 봉화산 마애불

구분 : 경상남도 유형문화재 제40호 | **시대** : 고려시대 | **규모** : 높이 2.5m

사람 사는 세상을 꿈꾸었던 대통령, 귀향하여 농사꾼으로 살고자 했으나 끝내 비운의 칼날을 피하지 못하고 서거한 노무현 대통령의 마지막 현장인 부엉이바위 옆에 진영 봉화산 마애불(進永 烽火山 磨崖佛)이 자리 잡고 있다.

고려 때 조성된 것으로 보이는 여래좌상은 봉화산의 중턱 바위틈에 끼여 옆으로 드러누운 상태로 발견되었다. 마애불의 시선은 해가 뜨는 정동향을 향해 있고 머리는 대통령 생가를 가리키고 있다. 불상은 오래전부터 그렇게 쓰러져 있었고, 그래서 노무현 대통령을 이 마애불이 환생한 부처라고 믿는 사람들이 있다.

광배 없는 불상의 머리는 소발에 육계가 큼직하다. 위엄 있는 표정의 얼굴은 볼이 풍만하

고 반쯤 감은 눈 끝이 위로 치켜졌으며, 균형 있는 콧등과 작은 입, 어깨까지 늘어진 귀 등이 매우 세련된 조화미를 보인다.

불신 전체를 돋을새김했으나 내부의 옷 주름은 선각 처리했다. 통견의 법의는 가슴에서 서너 단의 U자형 옷 주름을 형성하며 흘러내린다. 다리 부분은 마멸되어 알아보기 힘들다. 오른손은 시무외인을, 왼손은 여원인을 짓고 있다. 어깨가 넓고 당당하며 무릎 폭도 넓은 안정된 자세에 신체 비례도 조화로운 점 등으로 미뤄보아 통일신라시대의 양식을 계승한 고려시대 작품으로 추정된다.

이 마애불에는 전설 하나가 전해진다. 당나라 황후의 꿈에 한 청년이 자꾸 나타나 자신을 괴롭히므로 신승의 힘을 빌려 그 청년을 바위틈에 넣어 김해 땅 봉화산의 석불이 되게 했다는 것이다. 아마도 이곳이 낙동강에 인접해 있어 외부와의 문물 교류와 왕래가 잦았음을 짐작케 하는 이야기일 것이다.

마애불 앞에는 제법 넓은 공터가 있는데, 전설에 의하면 허황후(許皇后)가 바다를 건너와 김수로왕과 혼인하게 된 은혜를 기리기 위해 지어진 네 개의 절 가운데 하나인 자은암(子恩庵) 터로 알려져 있다.

『삼국유사』에는 유명한 이야기가 있다.

사람들이 '구지봉'에 모여 제를 올릴 때 하늘에서 붉은 천에 감싸인 황금상자가 내려왔다. 상자를 열어보니 황금알 여섯 개가 담겨 있었고 곧 귀여운 아기들이 깨어났는데 제일 먼저 나온 것이 김수로왕(金首露王)이요, 나머지 다섯 모두 왕이 되었으니 이들이 육가야국(六伽耶國)의 시조라는 것이다.

하루는 남해에서 붉은 돛에 붉은 기를 단 돌배[浮石船] 한 척이 다가왔는데, 그 배에는 훗날 김해 허씨의 시조가 되는 아유타국(阿踰陀國)의 공주가 타고 있었다. 공주는 별포나루에서 육지로 오른 후 자기가 입고 있던 비단 바지를 벗어 산신에게 바쳤고, 여러 사람들과

보화를 가지고 수로왕을 알현했다. 그리고 자신이 멀리서 가락국을 찾아오게 된 사연을 말했다.

"저는 아유타국의 공주인 허황옥(許黃玉)이라고 합니다. 본국에 있을 때 부모님이 꿈에서 상제님을 보았는데, 상제께서 '가락국왕 수로는 하늘에서 내려 왕위에 오르게 했으나, 아직 배필을 정하지 못했으니 공주를 보내라'라고 하셔서 저를 이곳에 보냈습니다."

수로와 공주는 곧 혼례를 치렀고, 허황후는 이후 157세의 나이로 세상을 떠날 때까지 열 명의 아들을 낳았다고 한다. 지금도 김해시에 허황후의 묘를 비롯한 여러 유적이 있으며, 당시 그녀가 인도에서 가져왔다는 파사석탑이 남아 있다.

봉화산은 해발 150m밖에 되지 않는 산이지만, 정상인 사자바위에 서면 봉하 마을 일대와 멀리 화포천까지 조망할 수 있는 '낮지만 높은 산'이다. 마애불을 출발해 정토원과 사자바위, 봉수대, 호미 든 관음상, 편백 숲길, 본산 배수장으로 내려온 뒤 생태연못을 거쳐 추모의 집으로 돌아오는 '봉화산 숲길(5.8km)'은 트레킹 코스로 인기가 높다. 대통령이 평소 즐기던 산책 코스를 따라 걸으며 수많은 이들의 마음속에 살아 숨 쉬는 한 사람을 추억해보자.

⊙ **찾아가기**
- 주소 : 경상남도 김해시 진영읍 본산리 4-3
- 내비게이션 : 진영 봉화산 마애불 / 노무현 대통령 생가
  남해고속도로 동창원IC → 진영 방면 → 본산 입구 삼거리 →
  노무현 대통령 생가

거등왕의 초상화

초선대 마애석불

————

구분 : 경상남도 유형문화재 제78호 | **시대** : 고려시대 | **규모** : 높이 5.1m

————

초선대 마애석불(招仙臺 磨崖石佛)은 경남 김해 안동에 있는 고려시대 마애불이다. 아담한 동산 규모의 초선대는 가락국의 거등왕(居登王)이 칠점산(七点山)의 선인(仙人)을 초대하여 거문고와 바둑을 즐겼다는 전설이 남아 있는 곳이다. 그래서 불상을 거등왕의 초상이라고도 한다. 불상은 천연 암반이 무리 지어 있는 초선대의 바위에 조각했는데, 현재는 금선사(金仙寺)라는 절이 들어서서 불상이 절 안쪽 담장과 이어져 있다.

소발의 머리에 낮은 육계가 있고 직사각형 얼굴에 이마가 좁은 데 반해 백호는 매우 커 보인다. 눈은 옆으로 길고 코는 작으며 입술은 두툼하고 크다. 귀는 길고 목에는 형식적으로 표현한 삼도가 보인다. 넓은 어깨에는 통견의 법의를 걸쳤으며 옷 주름은 양어깨부터 네다섯 개의 세로줄로 표현

했다.

수인은 자세히 파악하기 힘들고, 광배는 원형의 두광과 상체 윤곽을 따라 표현된 신광을 갖췄다. 대좌는 떨어져 나가 오른쪽만 남아 있는 앙련의 연화좌로, 하부에 이중의 물결 같은 것이 보인다.

전체적으로 평판적이고 표면의 박락이 심한 편이며 윤곽이나 내부의 선들이 정교하지 않다. 그러나 굵은 선각으로 거구의 신체를 묘사한 고려시대 마애불의 전통을 잘 따르고 있다.

◉ 찾아가기

- 주소 : 경상남도 김해시 안동 685-1
- 내비게이션 : 초선대 마애석불
  남해고속도로 동김해IC → IC 앞 사거리에서 우회전한
  뒤 300m 지점에서 우회전 → 초선대 마애석불

물망골의 아미타불

구산동 마애불

구분 : 경상남도 유형문화재 제186호 ㅣ **시대** : 고려시대 ㅣ **규모** : 높이 1.4m

경남 김해시 구산동, 속칭 물망골의 미륵당 동쪽 능선에 구산동 마애불(龜山洞 磨崖佛)이 자리 잡고 있다. 암벽의 한 면을 평평하게 다듬어 선각한 작품으로, 연화좌 위에 결가부좌로 앉아 있다. 머리에는 육계가 솟아 있으며 갸름한 얼굴에는 눈, 코, 입 등이 얕게 조각되었다. 어깨와 무릎 폭이 넓어 안정되고 강건한 인상을 풍기는데, 오른손은 가슴 위로 들고 왼손은 왼쪽 무릎에 댄 아미타불이다. U자형으로 넓게 터진 통견의 법의에는 팔 위에 몇 가닥의 옷 주름이 선각되었다. 앙련과 복련의 연화 대좌에도 연꽃을 단판으로 간단하게 새겼고, 광배도 둥근 두광과 신광을 한 줄 선으로 음각했다.

⊙ **찾아가기**

- 주소 : 경상남도 김해시 구산동 산 2
- 내비게이션 : 김해공설운동장

  남해고속도로 서김해IC → 금관대로 → 연지2교 사거리 → 이구 삼거리 → 김해공설운동장

  주소를 입력하면 찾아가기 힘들다. 김해공설운동장에서 운동장 우측 펜스를 따라 이어진 산길을 10분 정도 올라가면 보이는 작은 삼거리에서 좌측으로 방향을 잡는다. 운동장과 산 정상에 있는 김해천문대의 중간쯤 되는 곳이다.

원효의 수도처 반고굴

양산 호계리 마애불

구분 : 경상남도 유형문화재 제96호 | **시대** : 통일신라시대 | **규모** : 불상 높이 2.2m, 대좌 포함 3.2m

---

경남 양산 호계리 월전 마을 뒤쪽 산 중턱의 커다란 바위 남쪽 면에 양산 호계리 마애불(梁山 虎溪里 磨崖佛)이 새겨져 있다. 불상은 근래에 문화재로 지정되면서 보호각이 씌워졌는데, 바위 밑에는 10여 명이 머물 수 있는 커다란 동굴이 자리 잡고 있다. 신라 때 원효대사가 수도하던 반고굴(磻高窟)로 전해지며, 현재는 '석굴암 굴법당'이 조성되어 있다. 동굴에는 온돌 흔적이 남아 있고 주변에서 많은 기와 조각과 그릇 파편 등이 발견되어 조선시대 초기까지 절이 있었을 것으로 짐작된다.

마애불은 커다란 직사각형 바위 한복판에 좌불로 조성되었다.

오른쪽 어깨가 떨어져 나갔고 오른손과 무릎, 발도 마멸되어 세세한 표현은 알아보기 힘

들다. 머리에는 굵은 나발이 보이고 육계는 불분명하다. 전체적으로 선각인 데 반해 양각한 얼굴이 넓고 크며 이마의 백호공에는 장식물을 박은 흔적이 엿보인다. 눈은 한 줄의 음각선으로 깊이 새겼고, 코는 크고 입은 작게, 입가에는 희미한 미소를 머금었다. 넓은 어깨에 통견의 법의를 걸쳤는데, 길게 트인 U형 옷깃 사이로 가슴을 가로지른 내의가 보인다.

왼손은 항마촉지인을 지었고, 가슴께에 들어 올린 오른손은 무언가를 들고 있는 것처럼 보이기도 해서 약사여래불일 수도 있다. 원형의 거신광은 흔적만 남아 있고, 불상에 비해 크게 묘사한 연꽃 대좌에는 커다란 홑꽃잎을 중첩하여 선각했다.

⊙ **찾아가기**
- 주소 : 경상남도 양산시 양산읍 호계리 404
- 내비게이션 : 양산 호계리 마애불 / 석굴암
  경부고속도로 양산IC → 산막공업지구 → 호계리 → 석굴암
  석굴암 마당에 도착하면 주차하고 걷는 편이 낫다. 가파른 산길을 1km쯤 올라야 하는데,
  코가 땅에 닿을 정도로 경사도가 심하다.

금개구리를 보았는가?

양산 통도사 자장암 마애아미타삼존불

구분 : 미지정 | **시대** : 조선시대 | **규모** : 높이 4m

양산 통도사 자장암 마애아미타삼존불(梁山 通度寺 慈藏庵 磨崖阿彌陀三尊佛立像)이 있는 지
장암은 통도사를 창건한 자장율사(慈藏律師)가 통도사를 짓기 전에 이곳 석벽 아래서 수도
했다고 알려져 있다. 회봉(檜峰)의 중창과 두어 차례 중건을 거쳐 오늘날에 이르고 있다.
당우로는 인법당과 자장전, 독성각 등을 거느렸는데, 인법당과 자장전 사이 높이 4m 규모
의 거대한 마애불이 압도적이다. 천연 바위를 '冂(경)' 자로 다듬고, 앞쪽을 조금 더 벌려
세운 병풍 모양의 바위 삼면에 불상을 암각했는데 중앙에는 아미타좌불을, 좌우에는 대세
지보살과 관세음보살을 새겼다.
본존인 아미타불은 오른손을 가슴까지 들어 올려 엄지와 검지를 맞댄 중품상생을 지었고,

왼손은 아래로 내려 중품하생을 지었다. 두광은 특별히 표현되지 않았는데, 군데군데 '옴' 자가 범어로 음각되어 있다. 왼쪽 대세지보살 아래쪽에 기다란 명문이 남아 있어 불상이 1896년에 조성되었음을 알 수 있다.

통도사의 여러 전각과 사찰들 중 이 암자가 흥미로운 것은 금개구리 설화 때문이다. 관음암 뒤쪽 암벽에서 맑은 석간수가 흘러나오고 그 위의 석벽에 엄지만한 구멍이 나 있는데, 율사가 신통력으로 바위에 구멍을 뚫어 금개구리를 살게 했다고 한다. 그 내용이 『조선불교통사』에 자세히 기록되어 있다.

'자장암 금개구리는 몸은 청색이고 입은 금색인데 벌, 나비, 거미 등으로 변하기도 하며 여름철에 바위가 달아올라도 그 위를 자유로이 뛰어다닌다고 한다. 산문 밖으로 나가지 않으며 가지고 나갈 수도 없는데, 이는 자장율사의 신통력으로 자라는 것이라 한다.'

그러나 한때 관리인이 개구리를 잡아 함에 봉해서 들고 돌아다니다가 잃어버렸다고도 하고, 지금도 참배객이 보살로 칭하면서 그 개구리를 친견하려고 하면 어두운 굴 속의 개구리를 보는 이도 있고 못 보는 이도 있어서 그것으로 불심을 측량한다는 것이다.

한편, 통도사는 부처님의 진신 사리를 모신 우리나라 3대 불보사찰에 해당하는 큰절이다. 기록에 의하면 통도사라는 이름은 이 절이 위치한 산의 모습이 부처님이 설법하던 인도 영취산과 똑같아서 통도사라 칭했고, 승려가 되고자 하는 이는 모두 이 계단(戒壇)을 통과해야 한다는 의미에서 통도라 했으며, 모든 진리를 회통(會通)하여 일체중생을 제도한다는 의미에서 통도라 지었다고 한다.

이 절의 창건 유래에 대한 『삼국유사』의 기록을 보면 신라의 자장율사가 당나라에서 불법을 배우고 돌아와 신라의 대국통(大國統)이 되었는데 왕명에 따라 통도사를 창건하고 승려

의 규범을 관장, 법식(法式)을 가르치는 등 불법을 널리 전한 데서 비롯된다. 이때 부처님의 진신 사리를 안치하고 금강계단(金剛戒壇)을 쌓아 승려가 되고자 하는 이들을 득도케 했다고 한다.

통도사는 대웅전과 대광명전을 비롯해 영산전 · 극락보전, 그리고 열두 개의 법당과 보광전 · 감로당 외에 6방(房), 그리고 천왕문 · 불이문 · 일주문 · 범종각 등 65동 580여 칸에 달하는 대규모 사찰이다. 진신 사리를 안치한 대웅전과 은입사동제향로(銀入絲銅製香爐), 봉발탑(奉鉢塔) 등 수많은 문화재와 극락암, 백운암, 비로암 등 열세 개의 암자를 거느리고 있다.

⊙ **찾아가기**

• 주소 : 경상남도 양산시 하북면 지산리
• 내비게이션 : 통도사 자장암
  경부고속도로 통도새IC → 통도사 입구 삼거리 → 통도사
  통도사 일대는 '절골'에 해당하는 곳으로, 단순한 사찰이 아닌 대규모 사찰 군락이다. 딸린 암자도 방대한 지역에 분포되어 있는데, 자장암도 본사에 딸린 암자로는 드물게 고개 하나를 넘어야 하는 거리에 있다. 매표소에서 3.5km나 떨어져 있다.

경남의 최대 마애불

가산리 마애여래입상

구분 : 경상남도 유형문화재 제49호 | **시대 :** 고려시대 | **규모 :** 높이 12m

가산리 마애여래입상(架山里 磨崖如來立像)은 금정산(金井山) 정상부, 낙동강이 훤히 굽어보이는 화강암 절벽에 새긴 불상이다. 높이 12m, 폭 2.5m의 거대한 규모로 용 꼬리 모양의 기암괴석 맨 끝자락에 조성되어 있다. 마애불 앞에 서면 20m 높이의 바위를 쳐다보는 것도 아찔한데 어떻게 불상을 조성했을까 싶을 정도로 경외감이 앞선다.

가는 선각으로 새긴 불상은 오랜 풍화작용으로 크게 손상되어 있다. 머리에는 둥글게 육계가 솟아 있고 귀는 어깨까지 늘어져 있다. 얼굴은 네모나 보이고 활 모양의 가는 눈, 큰 코 등이 토속적인 인상을 풍긴다. 깊게 표현된 눈썹은 분명하지만 눈은 알아보기 힘들고 큰 코에 비해 입이 작은 편이다.

목에는 삼도가 표현되었고, 옷은 오른쪽 어깨를 드러낸 듯하나 가슴 아랫부분은 마멸되었다. 무릎 아래쯤에 완만한 V자형을 그리는 법의 끝단이 남아 있지만 마멸과 바위의 균열로 알아보기 힘들다. 수인도 명확하지 않은데, 오른손은 가슴 부근까지 들어 올리고 왼손은 아래로 내려뜨린 것 같다. 토속적인 지방색이 느껴지는 고려시대 작품으로 추정된다.

금정산은 고당봉을 주봉으로 장군봉과 상계봉, 백양산이 길게 이어진 양산의 명산이다. 산 정상부에 가뭄에도 마르지 않는 금빛 샘이 있어 금정(金井)산이라 했는데, 옛날에 금색 물고기가 오색구름을 타고 내려와 이 샘에서 놀았다고 한다.

울창한 숲에 골골이 맑은 물이 흐르고 있어 동식물의 서식이 다

양하고 많은 약수터와 공원, 편의시설 등이 갖춰져 있어 시민들에게 훌륭한 휴식처가 되어주고 있다. 또 삼국시대에 축조된 금정산성(金井山城)은 총 길이가 1만 7,336m로 동래와 양산, 기장을 잇는 우리나라 최대 산성이다.

산 아래 범어사(梵魚寺)는 해인사 · 통도사와 함께 영남의 3대 사찰로 꼽힌다. 678년(문무왕 18)에 의상대사가 창건했다. 전성기 때 범어사의 가람 배치는 미륵전, 대장전, 비로전, 천주신전, 유성전, 종루, 강전 등이 별처럼 늘어서고 360개의 요사가 계곡 양쪽에 꽉 찼으며, 사원에 딸린 토지가 360결(結)이고 소속된 노비(奴婢)가 100여 호에 달하는 대찰이었다고 한다. 하지만 임진왜란 때 모두 불타서 10여 년간 폐허였다가 1602년(선조 35)에 중건했지만 또다시 화마를 입었고, 1613년(광해군 5)에 다시 중창하여 법당 · 요전, 불상과 시왕상 등을 갖추기 시작했다. 현재 보물

제434호로 지정된 대웅전을 비롯해 3층 석탑, 당간지주, 일주문, 석등(石燈), 동·서 3층 석탑 등 수많은 문화재를 거느리고 있다.

⊙ 찾아가기

- 주소 : 경상남도 양산시 동면 가산리 산 3-2
- 내비게이션 : 가산리 마애여래입상 / 범어사

경부고속도로 구서IC → 범어사 방면으로 7km 지점

가산리 마애불을 만나려면 금정산에 올라야 한다. 범어사 좌측 계곡을 따라 한 시간쯤 오르면 북문을 거쳐 고당봉에 이르고, 눈앞에 보이는 두 개의 철탑 방향으로 내려가 장군봉 쪽으로 10여 분쯤 오솔길을 따라가면 고당봉, 장군봉, 가산리로 갈리는 작은 삼거리가 나온다. 가산리 쪽으로 200m쯤 내려가면 된다. 하산할 때는 삼거리 뒤쪽으로 보이는 또 다른 철탑 쪽으로 방향을 잡으면 된다.

한 폭의 불화처럼 섬세한

양산 원효암 마애아미타삼존불입상

구분 : 경상남도 유형문화재 제431호 | **시대** : 조선시대 | **규모** : 높이 4m

봄에는 진달래와 철쭉, 가을에는 억새 능선이 장관을 이루는 천성산(千聖山) 정상 부근에 원효암이 자리 잡고 있다. 646년(선덕여왕 15)에 창건된 이 암자는 전국 10여 개의 원효암 가운데 으뜸이라고 한다. 주위를 병풍바위가 감싸고 있으며, 맑은 날에는 남해뿐 아니라 대마도까지 바라보이는 경관을 자랑한다.

원효암이라는 편액이 걸려 있는 법당을 중심으로 미륵전, 산령각, 범종각 등을 갖추고 있다. 법당에는 석조약사여래좌상(경상남도 유형문화재 제430호)이 모셔져 있고, 법당 밖 동쪽 석벽에 삼존불이 새겨져 있는데 정식 명칭은 양산 원효암 마애아미타삼존불입상(梁山 元曉

庵 磨崖阿彌陀三尊佛立像)이다.

삼존불 모두 선각되어 있고, 둥근 두광과 신광을 갖추었다. 본존인 아미타여래를 중심으로 좌우에 협시보살을 배치했는데, 입상인 본존불은 하반신이 길어 안정감이 느껴진다. 양쪽의 협시보살은 본존을 향해 합장인(合掌印)을 하고 있다. 왼쪽의 관음보살은 화려한 보관을 쓴 여성의 모습이지만 오른쪽 대세지보살은 조금 둔탁해 보인다.

전체적으로 평면적이며 삼존불 위쪽에 새겨진 명문을 통해 아미타불이라는 본존명을 알 수 있고, 우협시 우측에 음각된 글자를 통해 조성 연대가 1906년임을 알 수 있다.

⊙ 찾아가기
- 주소 : 경상남도 양산시 상북면 대석리 산 6-1
- 내비게이션 : 원효암 마애아미타삼존불입상 / 경도 입구

    경부고속도로 양산IC → 양산대로 → 1.8km 지점에서 우회전 → 경도 입구 → 원효암 마애아미타삼존불입상

    원효사는 상북에서 홍룡사로 들어가는 도로를 따라가다가 갈림길(경도 입구)에서 천성산 정상 쪽 임도를 따라 올라가면 되는데, 최근 운전자의 안전과 환경오염 방지를 위해 입구에서 진입을 차단하고 있다. 따라서 암자를 방문하려면 경도 앞에서 하루 네 차례 운행하는 원효암 셔틀버스를 이용해야 한다. 운행 시간은 오전 9시, 10시, 11시, 오후 1시 30분이다. 홍룡폭포로 유명한 홍룡사에서 산행을 할 경우 2km, 한 시간 반쯤 걸린다.

방바위의 약사여래불

어물동 마애여래좌상

구분 : 울산광역시 유형문화재 제6호 | **시대** : 통일신라시대 | **규모** : 본존불 높이 5.2m, 좌우 협시불 각 3.5m

---

어물동 마애여래좌상(於勿洞 磨崖如來坐像)은 울산 북구 어물동의 방바위라 불리는 거대한
바위에 조성되어 있다. 약사삼존불을 중심에 두고 일광·월광보살을 좌우 협시로 배치한
통일신라시대 작품이다.

불상은 높게 돋을새김하여 입체감이 뛰어나다. 본존인 약사여래는 높이 5.2m, 어깨 폭
2.9m의 대형 좌불로 딱 벌어진 당당한 어깨에는 통견의 법의가 걸쳐져 있는데 세부적인
옷 주름 선은 거의 남아 있지 않다. 오른손은 가슴에 붙였고 배 앞에 댄 왼손에는 약합을
들고 있어 약사불임을 알 수 있다.

좌우 협시보살은 입상이면서도 본존불보다 작게 새겼는데 몸체에 비해 얼굴을 매우 크게 묘사했다. 머리에는 보관을 썼고 보관 위에는 원형의 보주형 장식이 보이는데 이 장식 안에 일·월상을 표현한 것으로 짐작된다.

삼존불을 조성한 암벽의 재질이 단단하지 못한 사암제(砂岩製)여서 전면적인 손상이 심한 편이고, 상호나 옷 주름 등 세부 표현도 분명치 않다. 삼존불 주위에는 많은 기와 조각이 묻혀 있고, 바위 뒤쪽에 돌을 파낸 흔적이 보이는데 옛날 바위에 집을 지어 석불을 안치했던 것으로 이것 때문에 '방바위'로 불리는 것이다.

삼존불로 오르는 길에 표시된 '마애사 암각화'는 청동기시대 유물로 추정되고, 불상 옆으로 수백 년 동안 사람들이 찾아와 소원을 빌었다고 하는 '아그락 돌할매'도 찾아볼 수 있다.

⊙ 찾아가기
• 주소 : 울산광역시 북구 어물동 산 122
• 내비게이션 : 어물동 마애여래좌상
  울산IC → 신복 로터리 → 남부순환도로 → 북부순환
  도로 → 구남 교차로 → 어물동 마애여래좌상

금학산의 명물 | 동송읍 마애불상

둥근 바위에 둥글게 새긴 불상 | 영월 무릉리 마애여래좌상

점점 잊혀가는 | 원주 수암리 마애삼존불상

부처님은 어디에? | 원주 평장리 마애공양보살상

사바세계를 굽어보는 치악산의 부처님 | 원주 흥양리 마애불좌상

절벽에 매달려 부처님을 새긴 간절한 마음 | 주포리 미륵불

금학산의 명물

동송읍 마애불상

구분 : 강원도 문화재자료 제33호 | **시대 :** 신라시대 | **규모 :** 높이 5.8m

동송읍 마애불상(東松邑 磨崖佛像)은 강원도 철원군 동송읍이 한눈에 조망되는 금학산(金鶴山) 동쪽 자락에 동남향을 향해 조성된 여래불이다. 불상의 전체 높이 5.76m, 불신 4.5m, 불두 1.3m다. 거대한 화강암에 불신을 음각하고 불두는 따로 입체감 있게 조성하여 합치했다.

머리에 반달 모양의 육계가 있고 원통형의 굵은 목에는 삼도가 뚜렷하다. 긴 타원형 얼굴에 눈썹이 둥근 원만한 상인데 미신으로 훼손된 코끝 일부를 제외하고는 보존 상태가 좋은 편이다.

수인은 시무외인과 여원인을 짓고 있다. 밑으로 내린 오른손은 법의를 잡았고 왼손은 가슴께로 들어 올려 손바닥을 밖으로 해서 약지와 중지를 살짝 구부렸다.

불상 주위 평지에서 석탑과 부도를 만들기 위한 옥개석(屋蓋石), 탑신석(塔身石) 등 부재들과 기와

조각이 발견된 점으로 보아 제법 규모가 있는 사찰 터로 추정된다. 수인과 법의 형태로 볼 때 신라 말기에 조성된 것으로 추정된다.

⊙ 찾아가기

- 주소 : 강원도 철원군 동송읍 이평리 산 76
- 내비게이션 : 동송읍 마애불상 / 금학체육공원
마애불을 보려면 금학산 등산로를 타야 한다. 철원여고 옆으로 접근하는 금학체육공원에 주차한 뒤 등산로를 오르다가 비상도로 부근에서 이정표를 확인하고 마애불 방향으로 꺾는다. 걷기 편한 길로 1.5km다. 등산을 병행하려면 매바위를 거쳐 정상에 올랐다가 산 중턱에 위치한 마애불을 보고 하산하면 된다. 금학정 → 매바위 → 헬기장 → 정상 → 마애불 → 약수터 → 원점 회귀까지 세 시간 20분쯤 걸린다.

둥근 바위에 둥글게 새긴 불상

영월 무릉리 마애여래좌상

구분 : 강원도 유형문화재 제74호 | **시대 :** 고려시대 | **규모 :** 높이 3.5m

이름을 알 수 없는 옛 절터 위에 요선정(邀仙亭)이라는 정자가 세워졌는데, 옛 영화를 추억하기라도 하듯 커다란 바위에 영월 무릉리 마애여래좌상(寧月 武陵里 磨崖如來坐像)이 남아 있다. 둥근 마애불 바위가 주춧돌 같은 바위 위에 얹혀 있는데 마치 흔들바위 같다.

주천강(酒泉江)은 평창 · 횡성의 경계인 태기산에서 발원하여 영월의 수주 · 주천 · 서면에

걸쳐 흐르는 강인데, 절터에 서면 굽이쳐 흐
르는 주천강 물줄기를 시원스레 조망할 수
있다.

고려 때 조성된 것으로 보이는 마애불은 광
배와 대좌를 모두 갖춘 불상으로 조각은 고
부조로 되어 있다. 소발의 머리에 육계가 크
고, 두 귀도 크고 길어서 어깨에 닿을 정도
다. 타원형 얼굴에는 힘이 느껴지고 눈 ·
코 · 입도 큼직큼직하다. 둥근 어깨에 통견
의 법의를 두르고 있으며 신체의 굴곡은 드
러나지 않는다. 배 위에는 군의의 띠 매듭이
선명하다.

상체는 길고 원만한 데 비해 결가부좌한 하
체는 크고 불균형이다. 하체는 간략히 선각
처리했다. 결가부좌한 발도 손에 비해 너무
크고 위압적이다. 두 손은 사실적으로 표현
했는데, 오른손은 펴서 손등을 보이고 왼손
은 오른손과 평행하게 들었다. 광배에는 두
광과 신광을 표현했는데 두광은 연꽃무늬
로, 신광은 두 줄의 선으로 구분 지었다. 대
좌는 단판 연화문을 양각했다.

전체적으로 양감이 뛰어나지만 균형이 맞지 않다는 느낌이 든다.

⊙ 찾아가기
- 주소 : 강원도 영월군 수주면 무릉리 산 139
- 내비게이션 : 영월 무릉리 마애여래좌상
  중앙고속도로 신림IC → 신림면 → 88번 도로 → 주천면 → 수주면 → 법흥사 방면
  수주면에서 법흥사 이정표를 따라 2km쯤 가다 보면 요선정 이정표가 나타난다. 요선교 직전에서 좌회전하여 농로를 따라 미륵암으로
  진입, 암자에서 3분쯤 산길을 오르면 된다.
  인근에 있는 법흥사(法興寺)는 우리나라 5대 적멸보궁(寂滅寶宮) 중 하나로 대표적인 불교 성지다.

점점 잊혀가는

원주 수암리 마애삼존불상

구분 : 강원도 유형문화재 제118호 | **시대** : 고려시대 | **규모** : 본존불 1.5m

원주 수암리 마애삼존불상(原州 壽岩里 磨崖三尊佛像)은 소초면 수암리 신양 마을 뒤쪽 야산에 있는 바위에 선각한 삼존불상이다. 중앙에 본존불이 있고 양옆에 협시보살이 서 있는데, 얼굴 부분은 물론이고 전체적으로 마멸이 심해 그 윤곽을 알아보기 힘들다.

연화좌 중앙에 배치된 본존불은 둥근 광배에 두광과 신광을 갖추고 있다. 양어깨에 걸친 옷자락에는 굵은 선으로 표현된 옷 주름이 보인다. 수인은 파손이 심해 자세히 알 수는 없지만 비로자나불을 형상화한 것으로 보인다. 두 보살상도 머리 광배를 갖고 있고 문수보살과 보현보살을 표현했다고 하지만 알아보기는 힘들다.

비로자나삼존불 형식과 신체 표현이 장신인 점에서 신라 말기의 양식을 따르고 있고, 전체적으로 살이 찐 탄탄한 체구와 조각 기법 등으로 볼 때 고려시대 불상 양식도 혼재되어 있음을 알 수 있다.

원주 소초면에 쉽게 둘러볼 수 있는 불상 3기가 있는데, 이곳 수암리 마애삼존불과 평장리 마애공양보살상, 그리고 교항리 석조불두(橋項

里 石造佛頭)가 있다. 모두 직선거리 3km 이내에 있으므로 한 꺼번에 찾아보는 것이 좋다. '수암리 마애불 → 평장리 보살 상→ 교항리 불두' 순이 편리하다.

⊙ **찾아가기**
• 주소 : 강원도 원주시 소초면 수암리 1346-3
• 내비게이션 : 원주 수암리 마애삼존불상
  소초면사무소에서 수암리 방면으로 1.5km 거리이고
  고속도로 밑을 빠져나가 저수지 위쪽으로 접근한다.

부처님은 어디에?

원주 평장리 마애공양보살상

구분 : 강원도 유형문화재 제119호 | **시대** : 고려시대 | **규모** : 높이 3.5m

원주 평장리 마애공양보살상(原州 平庄里 磨崖供養菩薩像)은 원주에서 안흥 방면의 국도
42호선 탑고개 한쪽에 조성되어 있다. 교항리 불두와 동서(東西)로 마주 보는 위치다.
높이 3.7m, 넓이 0.6m의 커다란 암벽에 얕은 선으로 조각했는데, 보살상의 크기는 높
이 3.5m, 넓이 2m 정도다.

정면에서 오른쪽으로 45도 정도 돌려
앉은 옆모습을 새긴 보살상으로 얼굴과
상체 등에 총탄 자국이 보이고 전체적
으로 상태가 양호하고 신체 각 부분의
비례도 훌륭하다.

머리에는 보관을 쓰고 있으며 상호는
원만한 편이다. 목 뒤로 내려진 머리카
락은 어깨에 닿을 듯하고 목에는 삼도
가 돌려졌다. 상체에 걸친 옷은 서너
가닥의 선으로 왼쪽 어깨에서 오른쪽
허리로 흐르고 하체의 옷 주름도 몇 줄
로 간략히 표현했다.

두 손은 어깨까지 들어 올려 공양물을
바치는 모습인데, 가늘고 긴 손가락에
양 팔목에는 팔찌가 그려져 있다. 공양
상이 흔히 취하는 자세로, 오른쪽 무릎
은 꿇어 땅에 닿고 왼쪽 다리는 세우고
있다. 단순하면서도 선의 표현이 유려
한 작품으로 공양보살상만 새긴 희귀한
경우이다.

⊙ 찾아가기
• 주소 : 강원도 원주시 소초면 평장
  리 산 78-2
• 내비게이션 : 원주 평장리 마애공
  양보살상
  소초면사무소에서 교향리 방면으
  로 1.5km 거리이고, 이정표를 보
  고 우측으로 잘 빠져서 도로와 건
  물 사이 샛길로 진입한다.

사바세계를 굽어보는 치악산의 부처님

원주 흥양리 마애불좌상

구분 : 강원도 유형문화재 제117호 | **시대** : 고려시대 | **규모** : 높이 1.1m

원주 흥양리 마애불좌상(原州 興陽里 磨崖佛坐像) 앞에 서면 저 멀리 섬강이 바라보이고, 가까이로는 황골과 원주 시가지가 탁 트여 보인다. 치악산 입석사 바로 위쪽 입석대에서 30m 거리의 암벽에 불상이 조각되어 있다. 자연 암벽 아래쪽에 3m 정도 깎여나간 곳에 마애불을 새겼는데, 얼굴은 고부조로 새기고 불신은 얕게 조각했다. 불상을 가로지르는 균열이 대각선으로 나 있지만 보존 상태는 양호한 편이다.

불신 주변에 두광과 신광이 있고, 아래로는 앙련과 복련의 연꽃 대좌를 갖추었다.

얼굴은 풍만해 보이고 눈, 코, 입 등 전체적인 비례가 훌륭하다. 머리카락은 굵직한 소발로 표현되었고, 양 귀는 어깨까지 늘어져 있으며 목의 삼도는 보이지 않는다. 오른손은 어깨까지 들어 손

바닥을 밖으로 향했고, 왼손은 배 앞에 두고 손바닥을 위로 했다.

통견의 법의는 두꺼운 편이고 옷 주름은 간략하게 표현했다. 결가부좌한 다리의 폭이 넓어 안정감이 느껴지고 오른발을 위로, 왼발을 아래로 한 길상좌(吉祥坐)의 자세다.

대좌 아래 좌측에 '元祐五年庚午三月日(원우오년경오삼월일)'이라는 명문이 남아 있다고 하는데 '경오삼일(庚午三日)'만 겨우 읽을 수 있다. 원우 5년은 고려 선종 7년(1090)이다.

입석사는 치악산 입석대 바로 아래에 자리 잡고 있는 대한불교 조계종 사찰이다. 신라 때 원효가 창건했다고 하는데 정확한 근거나 알려진 연혁은 없다. 다만 고려 때 조성된 석탑과 마애불좌상으로 인해 오랜 역사를 지녔음을 짐작할 수 있다.

⊙ 찾아가기
- 주소 : 강원도 원주시 소초면 흥양리 산 1
- 내비게이션 : 원주 흥양리 마애불좌상 / 황골 매표소 / 입석사
  영동고속도로 원주IC → 흥양 삼거리 → 황골 매표소
  접근로가 치악산 국립공원 입구라 탐방안내소에서 차량을 통제한다. 포장도로를 1.2km 걸어 올라가야 한다.

절벽에 매달려 부처님을 새긴 간절한 마음

주포리 미륵불

구분 : 강원도 문화재자료 제22호 | **시대** : 고려시대 | **규모** : 높이 20m

강원도 원주 귀래면 주포리에 있는 경천묘(敬天廟)는 경순왕(敬順王, 927~935)의 영정을 모신 영정
각(影幀閣)이다. 태조 왕건에게 나라를 빼앗긴 경순왕은 이곳 용화산〔지금의 미륵산〕에 들어와 암자
를 세웠다. 그때 한 화승(畫僧)이 그린 경순왕의 영정을 고자암에 모시고 제사를 지낸 것이 훗날
경천묘가 되었다.

경천묘에서 미륵산 등산로를 따라 오르다 보면 옛 절터 황산사지(黃山寺址)를 외롭게 지키고 서 있
는 3층 석탑이 나타난다. 황산사는 신라 경순왕 때 창건되었다고 하나 연혁은 거의 전해지지 않는
다. 석탑은 절터에 흐트러져 있던 것을 추슬러 다시 세운 것으로, 기단(基壇) 없이 탑신(塔身)만 남
아 있다. 주포리 미륵불(周浦里 彌勒佛)을 만나려면 절터에서 등산로를 따라 1km쯤 올라가야 한

다. 정상이 가까워질수록 경사가 급해지고 계단과 로프도 보인다. 절벽에 가까운 대형 바위에 마애불로 조성된 미륵불은 화사한 연꽃 받침에 앉아 있다. 각진 얼굴은 높은 돋을새김으로 새겨 입체감이 살아 있고, 이목구비가 큼직큼직하여 토속적인 인상을 풍긴다. 얇게 새긴 옷은 양어깨에 걸쳐 있고, 옷 주름과 수인은 분명하지 않다. 소발의 머리에 육계를 낮게 표현했는데 머리에 비해 체구가 작아 균형감이 떨어진다.

마애불 앞에 예불할 수 있는 평지가 마련되어 있지만, 정면에서 불상 전체를 바라보기는 힘들다. 오히려 입구인 경천묘 근처에서 바라보면 멀리서나마 전경을 볼 수 있다. 불상 옆에 마련된 밧줄을 잡고 불상 바위 위로 올라가 가까이 다가가려 하면 다리가 절로 후들거리는 절벽이다. 겨우 한 번 찾아보는 것도 이런데, 그 옛날 어느 석공은 자신의 목숨을 밧줄 하나에 매달고 부처님을 새겼을 것이다. 그런 생각이 들자 마음이 숙연해진다.

⊙ 찾아가기

- 주소 : 강원도 원주시 귀래면 주포리 25-2
- 내비게이션 : 주포리 미륵상 및 3층 석탑 / 경천묘

  귀래면사무소에서 4km쯤 떨어져 있다. 경천묘에서 미륵불까지 1.1km, 왕복 50분쯤 소요된다.

부처님의 모습과 특징

- **광배**(光背) : 회화나 조각에서 부처님의 성스러움을 상징적으로 표현하기 위해 머리나 등 뒤에 새겨 넣은 둥근 빛. 보통 두광, 신광, 거신광 등이 있다. 광배에 작은 화불(化佛)을 배치하여 여러 형태로 변화되어 나타나는 영겁의 불타세계를 상징하기도 한다.
- **두광**(頭光) : 부처님과 보살의 정수리에서 나오는 빛.
- **신광**(身光) : 부처님과 보살의 몸에서 발하는 빛.
- **거신광**(擧身光) : 부처님과 보살의 온몸에서 나오는 빛.
- **상호**(相好) : 불상의 얼굴. 부처님의 몸에 갖추어진 훌륭한 용모와 형.
- **백호공**(白毫孔) : 눈썹 사이에 오른쪽으로 말리면서 나와 있는 희고 부드러운 터럭. 대승불교에서는 광명을 비춘다고 하여 부처님뿐 아니라 여러 보살도 백호를 갖추고 있다. 작은 원형을 도드라지게 새기거나 수정 같은 보석을 끼워 넣기도 한다.
- **소발**(素髮) : 민머리.
- **나발**(螺髮) : 오른쪽으로 말린 꼬불꼬불한 나선형 머리카락. 소라 껍데기처럼 틀어 말린 모양이어서 나발이라 한다.
- **육계**(肉髻) : 부처님의 정수리에 혹과 같이 살이 오르거나 머리뼈가 튀어 올라 상투처럼 보이는 것으로, 지혜를 상징한다.
- **삼도**(三道) : 부처·보살상에서 볼 수 있는 목 주위에 표현된 세 개의 주름. 생사(生死)를 윤회하는 인과(因果)를 나타내며 번뇌도(煩惱道), 업도(業道), 고도(苦道)를 의미한다. 원만하고 광대한 불신(佛身)을 나타내는 상징적 형식이다.
- **통견의**(通肩衣) : 부처님이나 승려가 입는 의복을 법의(法衣) 또는 가사(袈裟)라고 하는데, 통견(通肩)은 양어깨를 모두 가리는 방식이고 우견편단(右肩偏袒)은 오른쪽 어깨를 드러낸 방식이다.
- **천의**(天衣) : 천인(天人)이나 선녀의 옷. 보통 보살상이 나신의 상체에 숄처럼 어깨에 걸쳐 두른다.
- **연화좌**(蓮花座) : 불상을 안치한 연꽃무늬 대좌. 연화대라고도 한다. 부처님과 보살만 앉을 수 있다.
- **고부조**(高浮彫) : 높은 돋을새김. 모양이나 형상의 표현을 매우 두껍게 드러내게 한 부조.
- **환조**(丸彫) : 대상을 입체적으로 조각하여, 주위를 돌아가며 만져볼 수 있도록 한 3차원 조각.
- **선각**(線刻) : 부처님의 얼굴이나 신체를 선으로 새겨 표현하는 것.
- **화불**(化佛) : 여러 형태로 변화되어 나타나는 영겁의 불타세계를 상징하는 것으로, 응신불(應身佛) 또는 변화불(變化佛)이라고도 한다. 불·보살이 중생을 제도하기 위해 때와 장소를 가리지 않고 나타나는 것으로, 작은 여래의 형태로 표현된다. 보통 관음보살과 대일여래는 보관(寶冠)에 화불이 표현되고, 광배에 작은 화불을 배치하는 경우도 있다.

수인

- **수인**(手印) : 모든 불상·보살의 서원을 나타내는 손 모양 또는 수행자가 손이나 손가락으로 맺는 인(印)이다. 부처님이 내자증(內自證)의 덕을 표시하기 위해 열 손가락으로 여러 가지 모양을 만드는 표상이다. 석가여래불의 경우 주로 선정인(禪定印)·항마촉지인(降魔觸地印)·전법륜인(轉法輪印)·시무외인(施無畏印)·여원인(與願印)을 취하고 있다. 또 비로자나불의 지권인(智拳印)과 법계정인(法界定

印), 아미타불의 미타정인(彌陀定印), 합장인 등이 있다. 삼국시대에는 여원인·시무외인이 유행했고 통일신라시대인 8세기에는 항마촉지인이, 9세기 이후에는 지권인이 유행했다. 고려시대에는 더욱 다변화된 형태가 나타나고, 조선시대에는 불상의 존명에 따라 수인의 형태가 정립되었지만, 항마촉지인이 가장 많이 나타나고 있다. 우리나라 불상은 수인만으로 그 명칭을 판단하기 힘들다. 선정인의 경우 아미타 선정인일 수도 있고, 석가 근본 5인 가운데 나타나는 선정인일 수도 있다. 수인은 그 불상이 지니고 있는 불성(佛性)의 표상일 뿐, 존명 자체를 결정짓지는 않는다.

- **선정인** : 법계정인과 동일한 형태로, 삼마지인(三摩地印)이라고도 한다.
- **항마촉지인** : 석가모니의 정각(正覺) 성취를 상징하는 수인이다. 결가부좌한 자세의 선정인에서 오른손을 오른쪽 무릎에 얹어 손가락으로 땅을 가리키는 모습이다. 그래서 촉지인(觸地印) 또는 지지인(指地印)이라고도 한다. 정각을 성취한 석가모니가 악마의 장난을 물리쳤음을 지신(地神)으로 하여금 최초로 증명하게 하는 수인이다.
- **전법륜인** : 석가모니의 설법(說法)을 상징하는 수인이다. 처음 정각을 이룬 석가모니는 그를 따라다니면서 수행하던 다섯 비구를 위해 녹야원(鹿野苑)에서 고(苦)·집(集)·멸(滅)·도(道)의 사제(四諦) 법문을 설하였다. 이 같은 설법의 모습을 나타내는 수인으로, 왼손과 오른손의 엄지와 검지를 각각 맞대고 나머지 손가락은 펴며, 두 손은 가까이 접근시킨 모습을 나타낸다.
- **시무외인** : 모든 중생에게 무외(無畏)를 베풂으로써 두려움에서 벗어나 온갖 근심·걱정을 없애주는 수인이다. 다섯 손가락을 가지런히 펴서 손바닥을 밖으로 하여 어깨높이까지 올린 모습이다.

- **여원인** : 부처님께서 중생에게 대자(大慈)의 덕을 베풀어 중생이 원하는 바를 달성하게 하는 수인이다. 다섯 손가락을 편 상태에서 손바닥을 밖으로 하여 손 전체를 내린 모습으로, 시무외인과 반대 위치에 손이 있다.
- **지권인** : 왼손 검지를 펴서 오른손으로 감싸 쥐고 오른손 엄지와 왼손 검지를 서로 댄 손 모양이다. 이때 오른손은 불계(佛界), 왼손은 중생계를 상징하는데 부처님과 중생이 둘이 아니고 미혹과 깨달음이 하나라는 것이다.
- **법계정인** : 석가모니의 근본 5인과 동일한 형태로, 결가부좌에 두 손의 엄지를 단전 아래에서 서로 맞대는 모습이다. 손의 위치가 바뀌는 경우도 있지만, 오른손이 왼손 위에 놓이는 것이 원칙이다.
- **미타정인** : 선정인에서 조금 변형된 수인이다. 무릎 위 단전 아래에 왼손을 놓고 그 위에 오른손을 포개놓은 다음 검지를 구부려 엄지의 끝을 맞대어 검지가 서로 닿게 한다. 입상일 때는 설법인(說法印)으로 나타난다. 이 미타정인에는 9품(品)이 있어 이를 아미타여래 9품인이라고 한다. 즉 극락세계에 왕생하는 무리를 상·중·하 3품으로 나누고, 이를 각기 3생으로 나누어 9단계의 수인으로 나타낸다. 먼저 상품상생인(上品上生印)은 선정인과 동일한 것으로 왼손 위에 오른손을 놓고 손바닥을 위로 하여 검지를 구부려 엄지에 댄다. 상품중생인(上品中生印)은 같은 손 모양에서 중지를 구부려 엄지에 대고, 상품하생인(上品下生印)은 약지를 구부려 엄지에 댄 모양이다. 중품(中品)의 수인은 두 손을 가슴 앞까지 들고 손바닥은 밖으로 하는데 중품상생인은 두 손의 검지를 엄지와 마주 대고, 중품중생인은 장지를 서로 대고, 중품하생인은 약지를 댄다.

부처님

- **부처**〔붓다(Buddha)＝불타(佛陀)〕 : 우리가 흔히 말하는 부처님은 기원전 5세기 무렵 인도 카필라국의 왕자로 태어나, 스물아홉 살에 출가하여 일체의 번뇌를 끊고 깨달음을 이루어 중생을 설법하고 깨우쳐주었던 석가모니를 일컫는다. 원래 이름은 고타마 싯다르타로, 깨달음을 이루면서 세존, 석존, 붓다 등으로 불렸다. 석가(釋迦)란 현재 네팔령에 있는 사카족을 한자음으로 옮겨 부른 말이며, 모니(牟尼)는 인도어로 성자를 의미한다. 세존(世尊)은 신성한 사람, 이 세상에서 가장 존경받을 만한 사람을 의미한다. 즉 석가모니 세존이란 사카족 출신의 성자로, 이 세상에서 가장 존경받고 숭배되는 사람이라는 의미이다. 이 존칭을 우리는 부처라고 말하고 있는 것이다. 부처라는 말의 근원은 인도어로 깨달은 사람이라는 뜻의 붓다(Buddha)이다. 이것이 중국에 전해지면서 불타(佛陀)로 변하고, 우리나라에 와서 부처로 발음되었다. 부처님이라고 하면 고타마 싯다르타를 일컫지만 석가모니불 말고도 많은 부처님이 존재하는 대승불교에서는 '깨달은 사람(覺者)', '환히 아는 사람(知者)'을 의미한다. 따라서 지금은 부처님과 보살 등을 포함하여 불교 신앙의 대상을 부처님이라고 정의하는 것이 일반적이다.
- **불상**(佛像) : 부처님을 시각적인 조형 매체로 표현한 조각상. 좁은 의미로는 석가여래의 존상을, 넓은 의미로는 부처님뿐 아니라 비로자나, 아미타여래, 약사불, 미륵불 등과 보살상, 천왕상(天王像), 명왕상(明王像), 나한상(羅漢像) 등을 포함한다.
- **비로자나불**(毘盧遮那佛) : 현상세계에 나타난 화신 부처님의 원래 모습으로 진리 그 자체를 상징한다. 진신 또는 법신이라고도 한다. 화엄경의 주존불(主尊佛)로 부처님의 광명이 모든 곳에 두루 비치며 그 불신(佛身)은 모든 세계를 포용하고 있다는 의미이다. 그래서 비로자나불이 봉안된 불전을 대광명전 혹은 대적광전이라 한다. 형상은 보통 지권인을 취하며 협시로 문수보살과 보현보살이 배치되는 경우가 많다. 불전이 큰 경우에는 좌우에 노사나불과 석가불이 협시하는, 이른바 삼신불을 모시는 것이 보편화되고 있다.
- **아미타여래불**(阿彌陀如來佛) : 영원한 수명과 무한한 광명을 보장해주는, 즉 시공간적으로 영원한 부처님이라는 뜻으로 서방 극락세계에 살면서 중생을 위해 자비를 베푸는 부처님. 무량수불 또는 무량광불이라고도 한다. 어떤 중생이라도 착한 일을 하고 아미타불을 지극정성으로 부르면 서방극락의 정토로 맞아주는 부처님이다. 무량수전, 극락전, 아미타전 등의 불전에 봉안하며 아미타여래 9품인을 짓고 좌우에 관음보살과 대세지보살을 협시하는데, 대세지보살 대신 지장보살 등을 모시기도 한다.
- **미륵불**(彌勒佛) : 석가모니 다음에 올 부처님으로, 흔히 메시아로 통한다. 현재 도솔천에 머물면서 56억 7,000만 년 뒤 이 세상에 나타나 용화수 아래에서 성불하고 세 번의 설법으로 모든 중생을 남김없이 구제한다는 미래불이다. 미륵불이 봉안된 불전은 용화전이며, 보통 연꽃 봉우리나 꽃가지를 든 용화수인을 짓고 있다. 청광과 신광보살 등을 협시불로 거느린 삼존불을 구성하기도 한다. 국보 제78호인 금동미륵반가사유상은 가장 아름다운 불교 작품으로 손꼽힌다.
- **약사불**(藥師佛) : 질병의 고통을 없애주는 부처님으로, 동방유리광세계에 살면서 모든 중생의 병을 치료하고 수명을 연장해주는 의왕(醫王)으로 추앙되고 있다. 다른 여래와 달리 손에 약그릇이나 보주 등 지물을 들고 있다. 협시상으로 일광보살 및 월광보살과 함께 약사 십이지신상을 거느리고 있다.

보살

- **보살상**(菩薩像) : 불교의 진리를 깨우치기 위해 수행하는 동시에, 부처님의 자비행을 실천하여 모든 중생을 교화하고자 노력하는 대승불교의 이상적인 수행자 상을 가리킨다. 관음보살, 대세지보살, 문수보살, 보현보살, 지장보살 등이 있다. 보살은 단독으로 예불되는 경우도 있지만, 보통은 불상의 양 협시(脇侍)로 표현된다. 보살상은 불상과 달리 법의가 없고, 상체는 나신으로 천의라 불리는 숄 같은 것을 어깨에 걸쳐 두르며 치마와 같은 상의를 입는다.

- **문수보살**(文殊菩薩) : 지혜를 상징하는 보살로, 여래불이나 비로자나불 왼쪽의 협시불이다. 문수전에 단독으로 봉안되기도 한다. 문수보살의 신앙은 화엄경이나 반야경 등에서 가장 강조되고 있다.

- **보현보살**(普賢菩薩) : 불교 자비의 이치를 상징하는 보살로, 문수보살과 함께 여래불이나 비로자나불을 협시하는 2대 보살 중 하나이다. 보현전에 단독으로 봉안되기도 하는데, 법화경이나 화엄경의 으뜸 보살로 인기가 높다.

- **관음보살**(觀音菩薩像) : 보살의 특징인 자비를 가장 극명하게 나타내고 있는 '자비의 화신'으로, 보살 중의 보살로 통한다. 손에 정병이나 버들가지를 들고 있는 계인이며, 보관에 화불을 표현하고 있다. 천수천안관음보살의 경우 여러 개의 손과 눈을 지니고 있다. 관음보살은 아미타불을 협시하는 8대 보살에 해당하며, 여래불의 협시보살이나 다른 보살의 협시보살로 표현되기도 한다. 후대에 와서 관음보살상만 단독으로 모시는 경우가 많아졌다. 원통전은 관음보살이 주불로 모셔질 때 붙이는 명칭이고, 부속 불전인 경우에는 관음전에 봉안된다.

- **대세지보살**(大勢至菩薩) : 관음보살상과 함께 아미타불을 협시하는 보살. 보관에 보병을 새기거나 손에 보병이나 연꽃을 든 모습으로 서악 아미타삼존상의 대세지보살상이나 벽도산 대세지보살상 등이 대표적이다.

- **일광 · 월광보살**(日光 · 月光菩薩) : 약사불의 협시보살상으로, 이마나 보관에 해와 달을 표현하고 있다. 방어산 마애약사삼존불상의 좌우 협시 일광 · 월광보살상이 대표적이다.

- **지장보살**(地藏菩薩) : 지장보살은 지옥, 아귀, 축생, 수라, 사람, 하늘 등 6도의 윤회에 끝없이 방황하는 중생들을 구제하고 지옥의 고통에 허덕이는 중생들을 극락세계로 이끌어주는 구세주이다. 따라서 수많은 사람들이 죽은 후 지옥의 고통에서 벗어나고자 지장보살을 염원하며, 현실의 고통으로부터 해탈시켜주는 자비의 화신인 관음보살과 함께 민중들의 아낌없는 사랑을 받는 부처님이다. 명부전의 주불로 봉안되며 좌우에 명부를 주재하는 10대 왕을 거느리고 있다.

마음에 위로가 필요할 때

마애불을 찾아가는 여행

초판 1쇄 ㅣ 2014년 5월 1일

지은이 ㅣ 유동후
펴낸이 ㅣ 유동범
펴낸곳 ㅣ 도서출판 토파즈

출판등록 ㅣ 2006년 6월 26일 제313-2006-000137호
주 소 ㅣ 경기도 고양시 덕양구 행신동 746-7번지 써니빌 102호
전 화 ㅣ 02-323-8105
팩 스 ㅣ 02-323-8109
이메일 ㅣ topazbook@hanmail.net

ⓒ 2014 토파즈

ISBN 978-89-92512-42-8 (03220)